本书获得以下课题资助：

国家自然科学基金项目"农业生产性服务业发展的模式、机制、需求及不同区域支持重点的选择"（批准号71273070）

国家社会科学基金重大项目"产业链视角下的加快转变农业发展方式研究"（项目批准号12&ZD056）

中宣部文化名家暨"四个一批"人才自主选题资助项目"实施乡村振兴战略、推动农业农村经济高质量发展的重大问题和跟踪研究"

大国小农国情下的农业出路
——农业生产性服务业发展研究

姜长云　芦千文　等著

中国财经出版传媒集团
中国财政经济出版社

图书在版编目（CIP）数据

大国小农国情下的农业出路：农业生产性服务业发展研究／姜长云等著．——北京：中国财政经济出版社，2020.8

ISBN 978-7-5095-9884-9

Ⅰ.①大… Ⅱ.①姜… Ⅲ.①农业生产－生产服务－服务业－研究－中国 Ⅳ.①F326.6

中国版本图书馆 CIP 数据核字（2020）第 124748 号

责任编辑：胡 博　　　　　　　责任印制：刘春年
封面设计：陈宇琰　　　　　　　责任校对：张 凡

中国财政经济出版社 出版

URL：http://www.cfeph.cn
E-mail：cfeph@cfemg.cn

（版权所有　翻印必究）

社址：北京市海淀区阜成路甲 28 号　邮政编码：100142
营销中心电话：010-88191537
北京财经印刷厂印装　各地新华书店经销
710×1000 毫米　16 开　17.75 印张　284 000 字
2020 年 8 月第 1 版　2020 年 8 月北京第 1 次印刷
定价：69.00 元
ISBN 978-7-5095-9884-9
（图书出现印装问题，本社负责调换）
本社质量投诉电话：010-88190744
打击盗版举报热线：010-88191661　QQ：2242791300

前　言

农业是支撑发展的，服务业更具引领未来性。农业生产性服务业作为农业与服务业融合发展的产物，近年来正在广袤的中国大地蓬勃发展，深刻改变着中国农业的发展方式和商业模式，日益彰显其作为现代农业战略性新兴产业的发展潜能，成为培育农业农村产业发展新动能的重要途径。农业的根本出路在于发展农业生产性服务业，农业生产性服务业越来越成为推进农业高质量发展的"指南针"和"定盘星"。保障重要农产品有效供给、促进农民持续增收，都需要加快发展农业生产性服务业。近年来，丰富多彩的农业生产性服务业发展实践，不仅丰富了发展多种形式农业适度规模经营的深刻内涵，也拓展了推进脱贫攻坚与实施乡村振兴战略有机衔接的实践路径。基于大国小农的基本国情农情，实施乡村振兴战略，促进小农户与现代农业发展有机衔接，同时对健全面向小农户的农业社会化服务体系、发展农业生产性服务业提出了特殊要求。

一、本书缘起

本人长期研究"三农"问题。近 10 余年来，我在研究"三农"问题的同时，又将服务业问题纳入主要研究领域。因此，农业生产性服务业问题很自然地引起我的重点关注。自 2007 年参加由时任农业部部长主持的"农业生产性服务问题研究"课题后，10 余年来本人主持过原农业部软科学委员会委托的绝大多数农业生产性服务业相关课题研究。后来我又主持了国家自然科学基金课题"农业生产性服务业发展的模式、机制、需求及不同区域支持重点的选择"（批准号 71273070）和国家社会科学基金重大项目"产业链视角下的加快转变农业发展方式研究"（项目批准号 12&ZD056），并在国家社科基金重大项目中将农业生产性服务业作为研究重点之一。我主持的涉及"三农"发展的部分其他研究课题，也将农业生产性服务业作为关注的重要内容之一。近年来我又主持了中宣部委托的文化名家暨"四个一批"人才自主选题资助项目"实施乡村振兴战略、推动农业农村经济高质量发展的重大问题和跟踪研究"。本书汇集的成果是近年来结合这些课题，我独立完成或带领博士生共同完成的部分农业生产性服务业研究成果，本书出版时对其进行了系统化整理。

30多年来的研究体会告诉我，要注意坚持用转型发展的视角，来观察中国的"三农"问题；坚持站在国民经济和社会发展的角度，来认真思考中国的"三农"问题，并把农业经济学、农村经济学同制度经济学、发展经济学等结合起来，客观审视中国的"三农"问题。2006年我主持了农业部软科学委员会关于农村第三产业的课题研究，并参与了所在单位承担的国家发改委宏观经济研究院关于生产性服务业的课题研究。受此启发，我逐步形成了把服务经济学的思维方式引入农业农村经济研究的习惯。

农业生产性服务业是农业农村经济乃至国民经济转型发展的产物，也是用转型发展视角研究中国"三农"问题的理想领域。作为农业和服务业融合发展的结果，农业生产性服务业也是可以将农业农村经济学和服务经济学有效结合的地方。实际上，中国农业农村经济研究关注产业融合问题，主要是2015年以来的事；但在服务经济学研究中，产业融合问题很早就成为活跃地带。近年来，我在指导博士研究生的过程中，也比较注意鼓励博士生开展农业生产性服务业和农村一二三产业融合发展问题的研究。作为本书第二作者的芦千文博士自博士入学以后，也主要聚焦农业生产性服务业问题的研究，他的博士学位论文也是围绕这方面展开的。

二、本书主要内容

本书包括一个前言和十五章研究内容，共分为三篇。第一篇即总论篇，包括第一章至第三章，汇集的是我近期关于农业生产性服务业的最新研究成果。第二篇即专题研究和案例分析篇，包括第四章至第十章，汇集的是我和我的部分博士生围绕农业生产性服务业发展问题，从不同角度进行专题研究和案例分析的部分成果。第三篇为问卷分析篇，包括第十一章至第十五章，汇集的是我利用主持国家社科基金重大项目和国家自然科学基金项目之机，带领部分博士生就农业生产性服务业发展问题进行问卷调查和分析的部分研究成果。

前　言

第一章认为，大国小农是中国的基本国情农情，在推进农业农村现代化的过程中，既要看到发展适度规模经营是中国农业现代化的战略取向，又要看到在今后相当长的时期内小农户仍将是中国农业经营的基本面；既要看到大国小农基本国情给中国农业发展带来了不同于欧美的特殊难题，又要看到小农户的分化和转型是一个长期过程，对此需要保持历史耐心。在今后相当长的时期内，要辩证看待大国小农的基本国情及其对农业农村发展的影响，防止把小农户片面理解为中国农业的"万恶之源"，进而采取排斥小农户、排挤小农户的政策导向，要看到小农户的适度存在是维护粮食安全和保障农产品有效供给的积极力量。在当前乃至今后相当长的时期内，培育新型农业经营主体是发展农业适度规模经营的重要路径之一，但是培育新型农业服务主体是发展多种形式农业适度规模经营更为重要的路径；"新型农业经营主体＋农业服务主体＋小农户"可以成为大国小农背景下推进农业现代化的重要选择。要解决大国小农背景下中国农业发展的难题，出路在于发展农业生产性服务业。发展农业生产性服务业与健全农业社会化服务体系大同小异，但强调的重点有明显不同。发展农业生产性服务业需要科学处理公益性服务与经营性服务、专业服务与综合服务、阶段性服务与全程性服务、农业生产性服务主体与面向农业生产性服务主体的服务体系之间的关系。

那么，发展农业生产性服务业应该如何把握其历史方位？科学回答这一问题，有利于推进农业生产性服务业行稳致远，更好地实现可持续发展。第二章的研究显示，科学把握农业生产性服务业发展的历史方位，需要拓宽视野，注意以下问题。第一，经济服务化已经成为推进产业转型升级和抢占产业竞争制高点的大势所趋。在此背景下，发展农业生产性服务业日益成为推进农业服务化转型的重要路径，要科学把握推进农业服务化转型对发展农业生产性服务业的新要求，注意用现代服务业理念引领农业发展方式转变和农业生产性服务业发展。第二，推进高质量发展成为新时代建设现代化经济体系的紧迫任务。要科学理解农业生产性服务业高质量发展，准确把握推进农业生产性服务业高质量发展的方向。第三，建设高标准市场体系、更高水平开放型经济成为完善国家治理的战略取向。为此要注意强化竞争政策的基础和优先地位，推进农业生产性服务业发展更好地坚持市场导向、公平竞争。在农业生产性服务业发展中，对于健全外商投资国家安全审查和反垄断审查制度，应该超前谋划、前瞻应对。

　　近年来，中国农业生产托管服务迅速发展，成为促进小农户发展适度规模经营的重要途径，也为发展服务型农业规模经营提供了重要选择。廓清农业生产托管服务发展的重要关系，有利于科学认识其形成机理和演变逻辑，有效把握支持农业生产托管服务发展的重点、战略导向和政策选择。第三章的研究发现，支持农业生产性服务业要以帮助农户"下地干活"、发展农业生产托管为重点，但也要注意增强农业生产性服务业的系统功能。农业生产托管本质是农业作业托管，农业土地托管实质是农地经营权托管；前者是帮助农户，后者是代替农户；要防止混淆二者形成决策失误。推进农业生产托管服务网络建设，要科学处理本土化、区域化与全国化的关系，以推进本土化、区域化和都市圈一体化为重点，打造自主可控的农业供应链和服务链。要科学把握服务商、新型农业经营主体、行业组织与平台型企业的关系，注意引导农业生产托管服务商坚持服务思维，重视家庭农场、农民合作社在发展农业生产托管中的特殊作用，从战略上鼓励行业协会、产业联盟培育引领行业发展的能力，引导督促平台型企业更好地为农业生产托管服务商赋能发展。

　　剖析改革开放以来中国农业生产性服务业的发展历程，有助于我们更好地认识农业生产性服务业发展逻辑。第四章的研究将改革开放以来中国农业生产性服务业的发展大致分为六个阶段。2017年以来，中央有关部委明确出台支持农业生产性服务业发展的专门政策，尤其是党的十九大明确提出实施乡村振兴战略的重大任务，并将"健全农业社会化服务体系，实现小农户和现代农业发展有机衔接"作为实施乡村振兴战略的重要内容，开启了农业生产性服务业发展的新时代。在农业生产性服务业发展过程中，需求扩张是主要动力，规模经济是提升方向，因地制宜是客观要求，顺势而为是关键所在。促进农业生产性服务业加快发展和优质高效发展，是未来加快转变农业发展方式的必然要求。

　　科学分析农业生产性服务业发展模式和产业属性，有利于更好地把握农业生产性服务业发展趋势，完善农业生产性服务业支持政策。第五章通过研究，将当前农业生产性服务业的发展分为农业生产单一环节服务、农业产业服务链、农业产业服务平台或集成服务商、农业生产经营区域服务体系等四种模式，认为不同模式有其阶段匹配和适用范围。农业生产性服务业在发展中呈现出显著的阈值效应、范围经济、规模经济、空间协同、垄断竞争等特征。在当前阶段，需求扩张是农业生产性服务业发展的主要牵引力，其变化受农业经营主体结构演化的影响。产业支持政策应顺应农业经营主体结构的演化趋势，增强需求对农业生产性服务业发展的拉动力。结合这些分析，本章还就农业生产性服务业发展策略和政策创新建议进行了探讨。

近年来，农业农村部（原农业部）已经明确将农业生产托管作为发展农业生产性服务业的主推方式。但农业生产托管和农业土地托管这两个概念，都源于中国农民的实践创新，最先并非严格的学术概念。在农业生产托管服务发展的早期实践中，农业生产托管与农业土地托管两个概念往往被混同使用，有些地方所称的土地托管，实际上就是现在所称的农业生产托管。第六章基于对安徽宿州市 YLD 农业科技专业合作联合社的调研，揭示了其从土地流转到土地托管的经营方式变迁和从专业合作社到合作社联合社的组织制度演变，对此进行了案例分析。农业科技专业合作联合社从流转土地从事农业转向以提供专业化、精细化的农业作业服务为主，成立了农机、植保等作业服务部和农资经营、农技指导服务部，既可以帮助家庭农场提供从种到收的全程托管服务，又可以按需定制、提供面向家庭农场或小农户的菜单式作业服务，实际上就是发展农业生产托管服务。通过分析其经营方式转变的动因和影响、组织制度创新的动力及其与农业经营方式转变的互动，揭示了合作社联合社组织制度创新与农业经营方式转变的互动逻辑，提出农业经营方式转变和农业组织制度创新既是不同利益相关者利益协调和有机结合的产物，也是在现有制度环境约束下不断"试错"和优选的结果。土地托管和专业合作社的发展、联合社服务能力的提升，有利于解决现代农业发展中"谁来种地""如何种地"的问题。支持合作社的组织制度创新，应把营造有利于合作社企业家成长发育的环境放在重要地位。YLD 农业科技专业合作联合社已经成为全国最早的农业产业化联合体。本章在收录相关内容时，没有根据最新变化修改调整相关内容，尽可能保持原汁原味，力图借此让细心的读者更好地把握农业生产托管服务甚至农业产业化联合体形成演变的逻辑和机理。

近年来，农业产业化联合体迅速崛起，为农业产业化龙头企业、农民专业合作社、家庭农场优势互补，协同发展农业生产性服务业、合力带动小农户发展现代农业提供了重要途径，也为新型农业经营主体之间共生共推农村一二三产业融合发展探索了重要方式。第七章基于对安徽宿州市的调研,分析了农业产业化联合体的组织架构和经营模式,解析了其组织创新的动因、成长路径和内生发展机制,揭示了不同类型新型农业经营主体联合经营农业产业链的机理。农业产业化联合体的发展经验证明,联合经营是未来农业经营组织创新的重要方向,产业纵向—横向融合互动、机制设计、完善服务体系、示范引领是组织创新的重要经验。当然,从实践来看,农业产业化联合体的创新发展仍然面临若干挑战,如价格波动风险、政策期望落差、发展能力不足、带动小农户能力亟待提升等。不同类型新型农业经营主体联合经营农业产业链,可以为推进农村一二三产业融合发展提供有效路径。

近年来,平台经济迅速崛起,为发展农业生产性服务业提供了新的方式。许多涉农平台型企业还通过为农业生产性服务商赋能发展,帮助其拓展对接要素市场、人才市场、产品市场和推进信息化、智能化、数字化的路径。在许多地方,农业产业化龙头企业一直是推进农业发展方式转变的开路先锋,也是发展农业生产性服务业的领航力量。第八章的研究发现,近年来龙头企业通过发展涉农电商平台、综合性为农服务平台、农业产业链集成服务平台等涉农平台经济模式,加快了平台经济在农业农村经济领域的发展。涉农平台经济的发展,开辟了龙头企业引领不同主体协同创新的新路径,推动了农业产业化经营的机制创新,为推进农业农村经济现代化提供了新动力。龙头企业借助发展涉农平台型经济,帮助各类农业生产性服务商提升了发展能级,提高了资源整合和创新驱动能力,拓展了市场空间和增值空间,构建了不同经营主体间的新型协作共赢关系,有利于更好地把小农户导入现代农业发展轨道,增强了龙头企业在推进农业供给侧结构性改革中的引领作用。发展涉农平台型企业是培育新型农业服务主体的重要方式,也是实施乡村振兴战略的重要抓手。但发展涉农平台经济仍然面临盲目建设、功能雷同、盈利较难、制度约束等若干问题挑战。鼓励龙头企业发展涉农平台经济,应该按照推进农业供给侧结构性改革的要求,加快农业产业化经营机制创新。

近年来,农村一二三产业融合发展,成为加快农业发展方式转变的重要路径,也为发展农业生产性服务业、培育农业农村发展新动能提供了重要选择。第九章将农村一二三产业融合发展的主要路径归结为按顺向融合方式延伸农业产业链、按逆向融合方式延伸农业产业链、农业产业化集群型融合、农业功能拓展型融合、服务业引领提升型融合等5条路径。在此基础上提出，推进农村一二三产业融合发展与发展乡镇企业、推进农业产业化经营具有一定的历史渊源，科学辨识其相互关系，有利于更好地认识农村一二三产业融合发展。该章认为，可将推进农村一二三产业融合发展的主要着力点放在3个方面，即完善农村一二三产业融合发展的利益联结机制，搭建农村一二三产业融合发展增强创新驱动能力的平台，创新农业农村服务业发展理念和体制机制。

他山之石，可以攻玉。近年来，中国农业生产托管迅速发展，成为政府推进发展农业生产性服务业的主要方式，开拓了健全面向小农户的社会化服务体系的思维空间。第十章探讨了日本发展农业生产托管服务的历程、特点及其对中国的启示。日本发展农业生产托管已有近60年的历史，是对农地规模经营形式难以推进的被动替代，也是解决农业老龄化问题的策略选择，形成了较为规范的组织形式、工作流程、价格机制和政策体系。受限于资源禀赋和农业发展条件，日本农业经营主体进行农业作业外包的比重不高，但日本农业的经验仍然证明，农业生产托管是带动小农户发展现代农业的重要形式，也是解决当前农业问题的重要选择。在日本，受托管业务不稳定的影响，专职提供托管服务的主体较少，很多农业经营主体将其作为调剂业务的手段和扩大农地经营规模的阶梯；在发展农业生产托管的过程中，需要通过土地调整利用组织创造托管作业条件，通过合理的作业价格平衡各方利益，通过中介机构提供支撑服务弥补托管契约的不完全性；农户与农户组织也是具有成本优势的服务主体。由于具体国情不同，在我国发展农业生产托管服务的重要性很可能超过日本。要正确认识发展农业生产托管的重要作用，将其作为发展农业生产性服务业的重要方式，建立多元化托管中介服务体系，开辟新型农业经营主体"服务"生成路径，加快培育新型农业服务主体，形成农业服务规模经营和农地规模经营分工协作、相互促进的发展格局。

本书第三篇，即从第十一章开始到第十五章，主要基于我在主持国家社科基金重大项目（项目批准号12&ZD056）和国家自然科学基金项目（批准号71273070）期间组织的10省（自治区）农户问卷调查。这个问卷调查开展的时间比较早，但对于认识农业生产性服务业发展的供给、需求及其影响因素，还是有些启发意义的；而且，第三篇的五章基于问卷分析，分别从不同角度对农业生产性服务业进行了研究，将这五章结合起来，有利于更好地把握农业生产性服务业发展格局。

近年来在农业生产性服务业迅速发展的同时，农户对农业生产性服务的可得性如何？怎样辨识各种影响因素对服务可得性的影响？第十一章采用统计方法和计量经济学模型，分析了农业生产性服务的农户可得性及其影响因素。研究表明：农户对农业生产性服务的可得性亟待提高，经营类型对农田灌溉服务和农业技术服务可得性有显著影响，但对施肥撒药服务的可得性影响不显著；地区特征对农田灌溉服务和施肥撒药服务的可得性有显著影响，但对农业技术服务可得性影响不显著；家庭外出务工人数仅对农户接受农业技术服务产生显著的负向影响；家庭从事农业的劳动力人数和家庭离乡镇政府所在地距离对农业生产性服务可得性起负向影响；家庭总收入对农田灌溉服务和农业技术服务可得性有显著正向影响；经营规模对三类服务的农户可得性影响均不显著；农业生产决策者的个人特征对农户农业生产性服务可得性的影响存在较大差异。

需求是农业生产性服务业发展的真正动力。服务供给是满足服务需求的重要途径，服务供给创新还可以在相当程度上创造和引领需求。第十二章基于当前中国农业生产经营主体日益呈现的分化特征，将其分为农场类户、以农为主的普通农户、以农为辅的普通农户。通过问卷调查分析，比较了三种不同类型农户（农业生产经营主体）对农业生产性服务的供给评价和需求状况。在此基础上，实证分析了农户分化对农业产业链不同环节生产性服务需求意愿的影响，研究发现农户对农业生产性服务接受程度较低，对各类服务供给的满意度不高，对不同类型农业生产性服务需求的强烈程度存在较大差异。农户分化是影响农户生产性服务需求意愿的关键因素。反映交易费用和农户禀赋的因素对生产性服务需求意愿也有一定影响。

在小农户和新型农业经营主体的农业生产性服务需求中，金融需求举足轻重。工业化、城镇化和农业现代化的推进，加速了农户类型分化，也导致农村金融服务面临新的挑战。第十三章基于这种背景和问卷分析，探讨了不同类型农户的金融服务需求状况及其影响因素，研究表明当前我国农户金融服务需求主要集中在借贷服务和保险服务，不同类型农户的金融服务需求程度和需求类型已经呈现显著差异。从金融服务需求程度来看，主要代表家庭农场等新型农业经营主体的农场类户金融服务需求最强烈，以农为主的普通农户次之，以农为辅的普通农户最弱。从需求类型来看，农场类户对借款服务的需求最强烈，普通农户对农业保险的需求最强烈。农户类型和地区变量也会对农户金融服务的需求程度产生显著影响。

近年来在我国农业生产性服务业的发展中，农机服务业的发展最引人瞩目。第十四章基于问卷调查，分析比较了不同类型农户的农机使用行为和对农机服务的需求。基于这些分析，提出要把加强对农业机械化和农机服务业发展的支持，同顺应农户分化趋势加强分类指导有机结合起来。要在鼓励发展农业规模经营、积极培育新型农业经营主体的同时，健全农户分化的促进机制；加强对农业机械化重点领域、薄弱环节的支持，推进农机服务信息网络建设；要着力推进农机服务标准化建设，积极引导农机服务质量的提高；建议积极实施农机服务补贴政策，引导市场化、社会化农机服务业发展。

农机服务业的发展为解决"谁来种地、如何种地"问题提供了重要路径。小麦是我国第三大粮食作物，耕、种、收综合机械化水平在农作物中较高。第十五章基于问卷分析，就小麦种植户的农机社会化服务选择进行了分析，发现接受社会化服务已成为大多数小麦种植户农机作业的首选，东部地区小麦种植户的农机社会化服务水平高于中西部，平原地带高于丘陵和山区，高收入农户高于中低收入农户。进一步考察小麦种植户农机社会化服务选择的影响因素，结果发现服务价格、种植面积、地块面积、地貌特征、户主年龄与健康、家庭劳动力数量、离乡镇政府距离和从事农业的目的等因素，都对小麦种植户的农机社会化服务选择产生显著影响。

三、本书写作及其他

本书各章作者分别是：前言和第一章、第二章、第三章、第九章由姜长云撰写；第七章、第八章由芦千文撰写；第四章、第五章、第十章由芦千文、姜长云撰写；第六章由赵佳、姜长云撰写；第十一章由李显戈、姜长云撰写；第十二章由张晓敏、姜长云撰写；第十三章由刘明轩、姜长云撰写；第十四章由姜长云、郑秋芬撰写；第十五章由宋海英、姜长云撰写。除姜长云独立完成和作为第一作者完成的内容外，各章无论几个作者，在相关文章发表前都经我认真指导，并程度不同地参与修改。在本书出版过程中，中国财政经济出版社张晓彪先生、本书责任编辑胡博先生等付出了辛勤劳动，感谢他们的支持和高质量工作。本书部分章节曾在相关杂志发表，因篇幅所限，恕未一一注明。虽然在本书中作者对此进行了体系化处理,但仍要感谢相关文章发表过程中编辑和审稿人提出的宝贵修改意见。

推进农业农村现代化的实践需求,就是我们的研究使命!农业生产性服务业是个引人入胜的研究领域,为经济学研究者服务乡村振兴提供了可以大显身手的"热土"。各级政府和相关部门的大力支持、地方丰富多彩的发展实践,正在为农业生产性服务业研究者提供丰富宝贵的营养。但是,中国农业生产性服务业的研究在总体上仍然处于初级阶段,尽管近年来相关研究者越来越多,富有价值的研究文献显著增加,但是相对于发展农业生产性服务业、推进农业农村现代化的实践需求,深化农业生产性服务业的研究仍然需要有时不我待的紧迫感,增强相关研究的前瞻性更考验着研究者的智慧和努力。

为了国家发展和乡村振兴,为了促进小农户与现代农业发展有机衔接,让我们一起共同推动农业生产性服务业研究提质转型升级。也欢迎更多读者从农业生产性服务业的"旁观者",转变为发展农业生产性服务业的参与者和"热心人"。发展农业生产性服务业,需要你的关注、我的热心、他的参与。推进农业农村经济高质量发展,要靠你,要靠我,要靠我们这个伟大的新时代。让我们共同努力吧!

姜长云
2020 年 7 月于北京

目 录

第一篇 总 论

第一章 大国小农背景下农业发展的难题与选择 / 3
 一、辩证看待大国小农的基本国情 / 3
 二、两种形式的农业适度规模经营与农业生产性服务业 / 7
 三、大国小农背景下中国农业发展的难题与出路 / 12
 四、农业生产性服务业与农业社会化服务体系 / 18
 五、发展农业生产性服务业需要科学处理的几个关系 / 20

第二章 农业生产性服务业发展的历史方位 / 25
 一、经济服务化成为产业转型升级和抢占产业竞争制高点的大势所趋 / 26
 二、推进高质量发展成为新时代建设现代化经济体系的紧迫任务 / 31
 三、建设高标准市场体系、更高水平开放型经济成为完善国家治理的战略取向 / 40

第三章 论农业生产托管服务发展的四大关系 / 47
 一、支持农业生产托管服务与支持农业生产性服务业的关系 / 47
 二、农业生产托管服务与农业土地托管的关系 / 51
 三、农业生产托管服务网络本土化区域化与全国化的关系 / 56
 四、服务商、新型农业经营主体、行业组织与平台型企业的关系 / 62

第二篇 专题研究和调查报告

第四章 农业生产性服务业的发展历程与经验启示 / 69
一、农业生产性服务业的发展历程 / 69
二、发展农业生产性服务业的经验启示 / 86

第五章 农业生产性服务业发展模式和产业属性 / 91
一、农业生产性服务业主要发展模式 / 92
二、农业生产性服务业的产业属性 / 96
三、结论启示与政策建议 / 101

第六章 合作社联合社的组织制度创新与经营方式转变 / 103
一、YLD农业科技专业合作社联合社的发展过程和运作模式 / 104
二、YLD联合社经营方式转变的动因及影响 / 107
三、YLD联合社组织制度创新的动力及与农业经营方式转变的互动 / 115
四、研究结论与启示 / 119

第七章 现代农业产业化联合体的组织创新逻辑 / 122
一、现代农业产业化联合体发展的现状特点 / 123
二、现代农业产业化联合体产生的动因分析 / 125
三、现代农业产业化联合体发展的内在逻辑 / 127
四、现代农业产业化联合体创新的经验启示 / 129
五、联合体继续推进创新发展的挑战与对策 / 131

第八章 农业产业化龙头企业与发展涉农平台经济 / 135
一、平台、平台经济和涉农平台经济 / 135
二、龙头企业发展涉农平台经济的模式 / 136
三、龙头企业发展涉农平台经济的意义 / 139
四、龙头企业发展涉农平台经济面临的问题 / 143

五、龙头企业创新发展涉农平台经济的对策 / 146

第九章　推进农村一二三产业融合发展的路径和着力点 / 148
一、农村一二三产业融合发展的主要路径 / 148
二、农村一二三产业融合发展中的两个关系 / 155
三、推进农村一二三产业融合发展的主要着力点 / 159

第十章　日本农业生产托管服务的发展及其启示 / 162
一、日本农业生产托管服务的产生背景 / 163
二、日本农业生产托管服务的发展状况 / 165
三、日本农业生产托管服务的运行特点 / 171
四、日本农业生产托管服务发展的问题及启示 / 173

第三篇　问卷分析

第十一章　农户对农业生产性服务的可得性及影响因素 / 183
一、引言 / 183
二、文献回顾 / 184
三、模型设定、变量选择及数据来源 / 185
四、实证分析和结果 / 188
五、研究结论与政策建议 / 193

第十二章　农户对农业生产性服务的供给评价和需求意愿 / 195
一、前言 / 195
二、农户对农业生产性服务的供给评价和需求 / 196
三、变量、计量模型与实证分析 / 201
四、结论及政策启示 / 209

第十三章　农户分化背景下不同农户金融服务需求研究 / 211
一、前言 / 211

二、分析框架和模型设定 / 212

三、样本的统计性描述 / 215

四、农户金融服务需求的影响因素分析 / 219

五、结论与政策启示 / 222

第十四章　农户分化对农机服务使用与需求的影响及启示 / 224

一、文献回顾 / 225

二、农户的农机使用 / 226

三、农户对农机服务的需求 / 231

四、结论及启示 / 235

第十五章　农户对农机社会化服务的选择研究 / 239

一、问题的提出 / 239

二、文献述评 / 240

三、农机社会化服务状况分析 / 242

四、农机社会化服务的影响因素分析 / 247

五、结论与政策启示 / 251

主要参考文献 / 253

第一篇 总论

第一章

大国小农背景下农业发展的难题与选择

大国小农是中国的基本国情农情,也给中国农业发展带来了不同于欧美的特殊难题。化解这些难题的出路何在?我们认为,应该是发展农业生产性服务业。借此,培育新型农业服务主体,发展服务链接的农业适度规模经营(姜长云,2016),促进小农户与现代农业发展有机衔接,引导新型农业经营主体和各类农业服务主体增强对小农户发展现代农业的引领支撑能力,推动农业更好地实现节本增效提质降险。农业生产性服务业是现代农业的战略性新兴产业。发展农业生产性服务业,是发展壮大乡村产业、培育农业农村经济新动能的重要途径。在大国小农背景下,相对于通过推进土地流转培育新型农业经营主体主导的农业适度规模经营,通过培育新型农业服务主体、发展农业生产性服务业,形成服务链接型农业适度规模经营是更为重要的路径。发展农业生产性服务业,为解决大国小农背景下中国农业发展的难题提供了重要出路。发展农业生产性服务业与健全农业社会化服务体系大致相同,但强调的重点有明显不同。科学辨识二者差异,完善农业生产性服务业支持政策是重要的。发展农业生产性服务业需要注意科学处理公益性服务与经营性服务、专业服务与综合服务、阶段性服务与全程性服务、农业生产性服务主体与其服务体系的关系。

一、辩证看待大国小农的基本国情

尽管近年来中国农业规模经营迅速推进,但是小农户仍然是中国农业发展的基本面。目前,中国农户经营的平均规模明显低于世界平均水平,也低于以小规模农业经营著称的东亚近邻日本和韩国。根据孙中华(2016)的资料,目前中国户均经营耕地规模7.5亩,约为日本的1/4、欧盟的1/40、美国的1/400。在以2016年12月31日为普查标准时点、2016年度资料为时期资料的第三次全国农业普查中,全国共有登记农户23027.05万户,其中普通农户和规模农业经营户分别达到22629.01万户和398.04万户,分别占登记总户数的98.3%和1.7%;全国农业经营户20743.16万户,其中规模农业经营户仅占1.9%。① 如以耕种面积南方省份50亩以上、北方省份100亩以上,年出栏生猪200头以上,肉鸡、肉鸭年出栏10000只及以上,蛋鸡、蛋鸭存栏2000只及以上,鹅年出栏1000只及以上作为规模化标准,那么耕地规模化耕种面积占全部实际耕地耕种面积的比重为28.6%,规模化生猪养殖存栏占比为62.9%,规模化家禽养殖存栏占比达73.9%。② 当然,此处的规模化标准实际上还是比较低的,相对于欧美国家更低。如2012年,美国家庭农场平均土地规模相当于中国的1800多亩。③ 据农业农村部的资料,2018年在全国农户中,经营耕地面积10亩以下、10—30亩、30—50亩、50—100亩、100—200亩和200亩以上的农户数分别占农户总数的85.2%、10.5%、2.7%、1.0%、0.4%和0.2%;在经营耕地面积10亩以下的农户中,有占农户总数7.9%的农户未经营耕地。④ 据农业农村部2019年12月17日新闻发布会的资料,中国有2600万个养猪场户,其中99%是年出栏500头以下的中小场户,生猪规模养殖和中小养殖场户各提供了全国近一半的猪肉产量。⑤ 当前在中国生猪养殖中,500头以上母猪的大型规模化养殖场(户)约占28%,约72%是500头以下母猪的养殖场(户)。⑥

---

① http://www.stats.gov.cn/tjsj/pcsj/nypc/nypc3/d3cqgnypchzsj.pdf。
② 国家统计局农村司:"农村经济持续发展 乡村振兴迈出大步——新中国成立70周年经济社会发展成就系列报告之十三",http://www.stats.gov.cn/tjsj/zxfb/201908/t20190807_1689636.html。
③ 根据姜长云(2017)相关数据计算。
④ 参见农业农村部农村合作经济指导司、农业农村部政策与改革司编:《中国农村经营管理统计年报》,中国农业出版社,2019年。
⑤ 参见2019年12月17日农业农村部新闻办公室新闻发布会:"11月份生猪生产形势介绍",http://www.moa.gov.cn/hd/zbft_news/szscqk。
⑥ 资料来源:2019年3月1日农业农村部就非洲猪瘟有关情况进行新闻发布会,http://www.moa.gov.cn/hd/zbft_news/fzzwzt。

从中长期角度看，尽管中国农业规模经营仍将继续发展，并且随着农业劳动力转移特别是举家外出转移的推进，小农户平均经营规模也将经历逐步扩大的过程；但是小农户仍将是中国农业微观组织结构的基本面，小农户的分化和转型仍将是贯穿中国农业现代化过程的一条主线。小农户与家庭农场、农民合作社、龙头企业甚至进入农业的工商资本长期共存，仍将是中国农业的普遍特征。如果不进一步实行旨在扩大农户土地经营规模的引导干预政策，随着"50后""60后"外出农民工返乡的增多，在中国许多地区农户土地经营规模可能呈现总体上的规模扩大化和局部上的规模细碎化并行不悖的趋势。相当一部分"50后""60后"外出农民工返乡从事农业经营，多数是因为随着年龄增加，他们在城市或非农产业的就业竞争力明显弱化。其主要目的可能不是借此增加收入，而是满足自给需求和"打发时间"的需要，甚至出现农户经营商品化"退化"现象。这部分外出农民工返乡后，可能一方面将部分耕地流转给他人，为扩大所在地区的农户经营规模提供便利；另一方面仍保留部分耕地用于自身经营，导致其农户经营规模不增反减。

中国发展现代农业的一个重要趋势是，部分小农户逐步退出农业成为非农户，部分小农户会转型发展为家庭农场或参与农民合作社。但是，对此过程应该保持历史耐心。操之过急，可能适得其反。更不要把小农户误解为中国农业的"万恶之源"，采取歧视小农户、排挤小农户的政策导向。我们冷静地看，小农户是维护粮食安全和保障农产品有效供给的积极力量。我们曾经的研究显示，就总体而言，相对于普通农户，也即本章所说的小农户，多数新型农业经营主体具有较强的"非粮化"倾向，要警惕支持新型农业经营主体操之过急，形成妨碍粮食安全的隐患；普通农户是维护中国粮食安全的主力军，忽视普通农户的发展，容易形成对中国粮食安全保障机制的长期性损害（姜长云，2015）。

如果我们放宽视野，小农户的适度存在，也是维护畜产品有效供给稳定的积极力量。2019年下半年以来，随着猪肉价格的大幅上涨，关于保障生猪供给问题的讨论再度成为热点。有人认为，2019年以来中国猪肉供给的严重短缺，主要是由非洲猪瘟造成的，也有人认为是前几年环保政策实施力度过大过猛，导致许多地方不敢让农户养猪，随意扩大生猪限养禁养区、搞"无猪县市"造成的。实际上这些方面可能兼而有之。我们认为，换个角度看，当前的猪肉供给严重短缺,与近年来淘汰中小散养户、推进生猪规模化经营过快也有密切关系。这些中小散养户多属于畜牧业的小农户。当然,扩大生猪限养禁养区和搞"无猪县市",也会形成加快淘汰中小散养户的结果。但最近几年来,淘汰中小散养户还有一个重要原因,就是在理论和政策上片面推崇规模养殖,歧视小规模养殖。在此我们并不否认养殖业规模化经营代替小规模经营是大势所趋,也不否认引导推进养殖业适度规模经营有其合理性和必要性;只是强调中小散养户的适度存在是稳定畜产品有效供给能力的重要支撑,推进养殖业适度规模经营应该有个水到渠成、循序渐进的过程。这样有利于养殖业宏观调控体系的转型能够及时有效地跟进。如果过快推进养殖业规模化经营对中小散养户的替代,容易因养殖业宏观调控能力转型滞后,前瞻性、针对性、有效性不足,加大保障市场供给的难度和风险。

有人经常质疑中小散养户的经营效率没有规模化养殖主体高,许多中小散养户是兼营甚至副业化经营畜牧业。我们并不否认这一点。但是,中小散养户在保障畜产品有效供给方面的特殊作用可能正在于此。因为这些中小散养户,或者说养殖业的小农户,不太讲究经营效率,也不容易像规模化养殖户那样容易因市场价格的较大逆转而退出经营。当然,也有人质疑中小散养户的污染排放问题较重,不像规模养殖户做得那么好。但是,中小养殖户对农村环境方面的负面影响,可能也不像许多环境专家认为的那么大。因为中小散养户经营分散,单户排放强度低,可以较好地利用农村环境的自净化功能;甚至可以较好地实现农户边际资源的综合利用,减少因资源浪费形成的环境污染问题。在中国许多山区丘陵地区尤其如此。在中国农村一直有"富不养猪"的传统。许多地区随着农民收入水平的提高,中小散养户本身也会逐步退出养猪经营。对此过程可以适当地加以引导,但也不宜操之过急。否则,容易放大畜产品市场供给和价格波动的风险。

此外,小农户的适度存在,在传承农耕文化、维护农村社会稳定、消除农村贫困、保护生态环境和生物多样性等方面,还具有独特而重要的作用。这有利于推进农村一二三产业融合发展,更好地发挥小农户在乡村振兴中的特殊作用。

当然,此处强调大国小农是中国的基本国情农情,强调对小农户的转型和分化应该保持历史耐心,甚至强调小农户适度存在对于维护粮食和主要农产品有效供给的积极作用,并不否定发展适度规模经营的长期方向。关于这个问题,2019年2月中共中央办公厅、国务院办公厅印发的《关于促进小农户和现代农业发展有机衔接的意见》说得非常清楚,"当前和今后很长一个时期,小农户家庭经营将是我国农业的主要经营方式","既要把准发展适度规模经营是农业现代化必由之路的前进方向,发挥其在现代农业建设中的引领作用,也要认清小农户家庭经营很长一段时间内是我国农业基本经营形态的国情农情"。2020年3月3日由农业农村部印发的《新型农业经营主体和服务主体高质量发展规划(2020—2022年)》也明确,"立足大国小农和小农户长期存在的基本国情农情,正确处理扶持小农户发展和促进各类新型农业经营主体和服务主体发展的关系,实现新型农业经营主体和服务主体高质量发展与小农户能力持续提升相协调"。

二、两种形式的农业适度规模经营与农业生产性服务业

(一)培育新型农业经营主体是发展农业适度规模经营的重要路径之一

中央反复强调"加快转变农业发展方式,发展多种形式适度规模经营,发挥其在现代农业建设中的引领作用"。2020年的中央一号文件又进一步强调,"鼓励发展多种形式适度规模经营,健全面向小农户的农业社会化服务体系"。从国内外经验看,农业适度规模经营虽然形式多样,但主要有两条路径。一是通过农村土地经营权流转,扩大农户土地经营规模,培育家庭农场、专业大户;或引导农地向新型农业经营主体集中,形成以新型农业经营主体为主导的农业适度规模经营发展路径。二是在支持普通农户发展的同时,通过发展农业生产性服务业,将大量普通农户有效纳入分工协作的网络,引导农户特别是小农户在发展现代农业中兴利去弊,强化其与农业生产性服务业的网络联动关系,形成以新型农业服务主体为主导的农业适度规模经营发展路径。为简便起见,可将其简称为服务链接的农业适度规模经营。

1. 发展多种形式的农业适度规模经营，新型农业经营主体可以成为排头兵，但难成主力军

当今世界，无论是发达国家还是发展中国家，大多将农户家庭经营作为农业经营的主导形式。有些国家曾试图用公司式农业经营取代农户家庭经营，但并未取得具有普遍意义的成功，甚至严重破坏农业特别是粮食生产能力，导致农业农村经济社会结构畸形化。如农业生产更加"非粮化"，更加倾向于种植出口导向的非食品作物。从国际经验来看，大规模公司化农场经营容易破坏农村文化和环境，加剧农村的权利集中，导致家庭农场进入市场的机会减少、风险增加。在人多地少的东亚国家，要用大规模农场经营大面积替代农户家庭经营，往往很难取得成功（姜长云，2013）。1961年日本开始实施《农业基本法》，追求"建立一种以自立经营农户为主的农业结构"。但在之后40余年内，以小规模农户为主的农业结构并未得到根本改变，农户兼业经营特别是以农为主的兼业经营成为普遍事实。这是一个很好的说明。当然，近年来日本为升级优化农业经营结构而采取的一些政策调整，对规模化经营发展的促进作用也在迅速显现。2017年，在日本农业经营体中，5公顷和30公顷以上的农业经营体所占比例分别提高到了61.9%和32.8%，分别较2013年提高了7.1个和4.7个百分点；户均养殖业规模也显著提升。这些政策调整包括：要求地方政府严管农地流转，不得新增荒地；提升农地托管机构的服务能力；要求梳理、挖掘农地资源，促进农地向新农人和规模经营主体流转；支持农外资本租地务农，放宽无主农地使用管制，采取措施解决规模经营者雇工难问题（曹斌、倪镜，2019）。

近年来，中国新型农业经营主体迅速成长，家庭农场、专业大户、农民合作社、农业产业化龙头企业，甚至工商资本投资农业"八仙过海，各显神通"，有效促进了农业规模经营的发展。但从国际经验和具体国情来看，在中国发展现代农业的过程中，新型农业经营主体可以成为"排头兵"，但难以成为"主力军"；可以成为"尖刀班"，但难以成为"大部队"。发展农业适度规模经营也是如此。中国人多地少的农业资源禀赋特点，以及大量外出农民工就业不稳定、数以千万计的高龄农民工就业竞争力弱，需要农业农村为其提供就业"退路"等现实，决定了在中国以新型农业经营主体为主导发展农业适度规模经营，不能以大规模农场经营为"主菜"，公司化大规模农业经营更是

"盆景"难成"风景"。况且，在中国，农业政策既是产业政策，又绝非单纯的产业政策，必须兼顾就业、环境和社会影响。因此，建立在农户家庭经营基础上的农业适度规模经营，更符合中国国情；培育新型农业经营主体，应该坚持以农户家庭经营为基础的方向。

2. 依靠工商资本大规模流转农地搞农业规模经营，在中国不具普适性

近年来，在中国许多地方，工商资本投资农业成为发展农业规模经营的新亮点，有效带动了中国农业发展的理念创新、业态创新和商业模式创新，也拓展了农业融资渠道。但是，随着工商资本投资农业的推进，工商资本大规模流转耕地、盲目拓展农业经营领域的负面影响也在迅速扩大和深化，容易增加形成区域性、群体性事件的风险。

21世纪初期以来，许多地方政府强力推动工商资本进入农业搞规模经营，甚至不惜违反农民意愿，动员甚至强迫农民连片大面积转出土地，容易加剧土地流转纠纷，侵犯农民的土地权益。因市场逆转、外部环境变化和公司经营不善，公司毁约、老板"跑路"、区域性和群体性农民土地流转收益难以兑现的现象，近年来正迅速增加并有蔓延之势。[①] 对农业生产经营的复杂性和风险性认识不足，缺乏管理经验甚至关键技术，经营领域不具比较优势等，往往导致许多工商资本投资农业生产乘兴而来，败兴而归，苦不堪言！部分工商资本对农业经营效益和市场前景估计过高，为加快土地流转进程抬高流转租金，为解决用工难题抬高工价，不仅推高了农产品成本，助长了农地"非粮化""非农化"现象；还严重制约了农地在农户之间的流转，甚至容易因企业左右区域农地租金和农用工价，挤压了本土化新型农业经营主体的生产经营、发展空间乃至小农户生计。工商资本借助垄断地位和政府强势，压低土地流转价格、对农地实行掠夺式经营等现象也不鲜见。大量调查显示，过度扩大农业经营规模，还容易导致农业单产和亩均利润的下降。农业投入大，周期长，面临自然、市场双重风险。工商资本大规模投资农业生产，不仅会因现行农村金融体系的不适应，加剧融资难、长期融资更难的困境；还会因经营风险迅速集聚面

---

① 如2014年前在粮食收储价格逐年提高的背景下，许多工商资本投资农业的积极性较高；近年来，随着粮食价格形成机制改革的推进，稻谷、小麦最低收购价提高的趋势得到根本扭转，玉米、大豆临时收储价格取消，实行"市场化收购+补贴"，导致玉米、大豆市场价格波动加剧，甚至一度有较大幅度下降；因此导致许多地方工商资本投资农业的热情下降，加剧土地流转纠纷发生的风险。

临重重考验。

可见，除设施农业、有机农业和少数规模化种养业，由于专业化、集约化水平较高、受天气影响较小、现代技术较为可控且附加值较大，适合企业化经营外（姜长云、张立冬，2014），在中国依靠工商资本投资农业生产，可以打造发展农业规模经营的速成样板，但难以成为持久模板。补齐农业农村短板，走产出高效、产品安全、资源节约、环境友好的农业现代化道路，必须在发展农业适度规模经营的过程中，始终坚持农民主体地位，避免挤出小农户。

（二）培育新型农业服务主体是发展多种形式农业适度规模经营更为重要的路径

以新型农业经营主体为主导和以新型农业服务主体为主导两条农业适度规模经营发展路径，并非简单的排斥关系；甚至在许多情况下，新型农业经营主体和新型农业服务主体之间也无清晰界限，而是"你中有我、我中有你"。如许多家庭农场或专业大户作为新型农业经营主体，也是农机、农技或农产品流通等领域的新型农业服务主体；许多农民合作社或农业产业化龙头企业，甚至是行业性农业生产性服务的重要供应商或综合服务商。在许多地方，新型农业经营主体如种养大户、家庭农场、农业产业化龙头企业、农民合作社或投资农业的工商资本结合自身优势，积极推进向新型农业服务主体转型，增强对农业产业链的资源整合、优势集成和服务提升能力，成为发展农业生产性服务业的先行者，推动农业从生产导向向消费导向转变，从生产型农业向服务型农业转变。许多新型农业经营主体发展到一定程度后，自身规模小、层次低、功能弱、效率差的局限性也会日趋凸显，需要通过农业生产性服务业为其赋能，引导其联合，帮助其疏通对接资本、人才等优质要素和高端市场的通道，更好地实现节本增效提质降险。在当前乃至今后相当长的时期内，中国农业适度规模经营的发展应该选择两条路径并行发展、竞争合作的道路，但以新型农业服务主体为主导的发展路径更能体现坚持强农惠农富农政策的方向，让广大农民平等参与现代化进程，共同分享现代化成果。在中国发展多种形式的农业适度规模经营，新型农业经营主体是"硬菜"，新型农业服务主体才是"主菜"。发展多种形式农业适度规模经营，应该突出新型农业服务主体的主导作用。

中国发展多种形式的农业适度规模经营,应该突出以新型农业服务主体为主导,加快发展农业生产性服务业。这主要有以下两方面的原因。第一,有利于绕开土地产权不清对农地流转的影响,避免因此妨碍以新型农业经营主体为主导发展农业适度规模经营。通常,农地流转及以此为基础推进以新型农业经营主体为主导的农业适度规模经营,要以明晰产权、赋予农民更多的财产权利为基础。经过多年努力,当前中国已经基本完成承包地确权登记颁证工作,但仍然面临一些收尾工作和遗留问题。通过农地流转,以新型农业经营主体为主导发展农业适度规模经营,容易面临土地产权不清问题的困扰,甚至形成新的产权不清问题,影响对农民土地承包权益和新型经营主体经营权的保护,妨碍农业适度规模经营的稳定推进。第二,更重要的是,在像中国这样的东亚国家,以小农户为主体往往是农业经营主体结构不可回避的选择;通过加快发展农业生产性服务业,按照"现代农业企业家+发达的农业生产性服务业+为数众多的小农户"或"新型农业经营主体+农业服务主体+小农户"的思路,推进农业发展方式转变,可以有效解决"谁来种地""如何种地"问题。近年来,随着农村青壮年劳动力的大量进城,农业劳动力老弱化趋势日盛,由此很容易导致小农户在发展现代农业过程中迷失方向,影响农业劳动生产率和全要素生产率的提高。按照"现代农业企业家+发达的农业生产性服务业+为数众多的小农户"的模式,现代农业企业家带着小农户干,为数众多的小农户在发展现代农业的过程中就不会无所适从。这些现代农业企业家实际上是新型农业经营主体带头人,他们可以是新型职业农民或种养大户、家庭农场、农民合作社的带头人,也可以是农业产业化龙头企业,甚至是工商资本投资农业的企业家。通过他们"点燃一盏灯",照亮"一大片",为数众多的小农户在发展现代农业的进程中,也会感到前途光明,有奔头。发源于四川崇州的农业共营制、安徽宿州的现代农业产业联合体等,已经为此提供了很好的佐证。

农业生产性服务业是农业分工深化和社会化协作的产物。以新型农业服务主体为主导发展农业适度规模经营,就是要大力发展农业生产性服务业,通过发达的农业生产性服务业与为数众多的小农户之间的服务供求关系,将大量分散经营的小农户有效导入分工协作的轨道,推动小农户发展环境和行为方式出现"质的变化"。通过发达的农业生产性服务业,帮助农民有效化解疫病防治、农技采用、市场拓展、品牌提升、农业机械化、食品安全治理等难题,解决小农户发展现代农业"干不动""干不好""干得不经济"的问题,增进其与发展现代农业的相容性,实现区域适度规模经营。可见,在发展现代农业的过程中,发挥多种形式农业适度规模经营的引领作用,培育新型农业服务主体比培育新型农业经营主体更为重要,更加不可或缺。二者也可以共生共融,相得益彰。

三、大国小农背景下中国农业发展的难题与出路

在大国小农背景下,如何促使小农户与现代农业发展有机衔接,从而让小农户成为发展现代农业的积极参与者和利益共享者,防止其成为发展现代农业的"边缘人"甚至"局外人""落伍者"?要回答这个问题,还要从大国小农背景下中国农业发展面临的难题谈起。这些难题通常可概括为以下几个方面:(1)农业生产对资源和要素投入的依赖迅速增加,耕地质量退化、农业污染加重,甚至局部生态破坏问题日趋突出,也影响农产品质量的提高。(2)农产品成本和机会成本提高、比较利益下降问题不断加重,影响农业在国内产业竞争力和可持续发展能力的提升。(3)农产品国内成本和价格高于国际的问题较为突出[①],增强农业国际竞争力的重要性和紧迫性持续增加(见表1-1)。(4)农业产业链、供应链、价值链整合协调机制亟待健全,跨国公司对中国农业提升价值链、维护产业安全的挑战明显增加(姜长云,2015)。

近年来中国农业和农村发展连创佳绩。但是,农业农村仍是国民经济和社会发展的短板。面对长期累积的农业结构性矛盾,鉴于农业农村发展环境的重大变化,推进农业供给侧结构性改革,仍将是当前、"十四五"乃至更长时期内推进农业农村现代化必须贯穿的一条主线。推进农业供给侧结构性改革,必须重视用新发展理念破解"三农"新难题,厚植农业农村发展优势,加大创新驱动力度;必须重视培育新的发展动能,大力发展农业生产性服务业,补齐现代农业产业体系、生产体系、经营体系建设的这块短板。发展农业生产性服

---

① 当然,影响农产品国内外价格比较的因素还很多,如汇率就是重要的影响因素之一。

第一章 大国小农背景下农业发展的难题与选择

表1-1 2017年中、美两国主要农产品成本、价格、收益比较

单位：元

项目		稻谷 中国	稻谷 美国	小麦 中国	小麦 美国	玉米 中国	玉米 美国	大豆 中国	大豆 美国	花生 中国	花生 美国	棉花 中国	棉花 美国
每50千克主产品	平均出售价格	137.85	90.28	116.59	58.83	82.16	43.33	188.26	20.75	286.84	156.15	736.73	513.08
	总成本	124.24	87.78	115.89	91.54	99.14	47.92	234.07	39.56	275.51	162.77	922.95	570.7
	现金成本	64.15	67.48	55.4	66.58	41.05	34.48	105.22	32.2	98.37	136.57	382.03	469
每亩现金收益		717.89	272.62	532.02	-18.62	425.03	143.03	237.27	-279.2	966.52	137.09	895.74	152.41
每亩主产品产量（千克）		481.1	597.81	423.54	183.83	501.53	795.06	140.03	218.83	253.27	304.11	105.94	59.39

注：每亩现金收益系指每亩产值产量减去为生产该产品而发生的全部现金和实物支出后的余额，反映生产者实际得到的收入，包括现金收入和实物折算为现金的收入。大豆单产原始数据可能多了1000。

资料来源：国家发展和改革委员会价格司编：《全国农产品成本收益资料汇编·2018》，中国统计出版社2018年。

务业，可以利用专业化分工协作的优势，促进农业节本增效提质降险，为解决中国农业发展面临的难题提供新路径，为推进农业供给侧结构性改革提供"点睛之笔"。

近年来，中国农产品成本迅速提高，不仅影响农民的生产经营积极性，也为吸引优质资源和发展要素进入农业、提高农业全要素生产率增加了障碍。中国许多地方通过发展农机服务，替代农户自购农机自我服务，不仅有效降低了农业发展的人工成本和农户的农机使用成本，缓解了农村土地撂荒问题，提高了农机使用的效率和效益；还为新型农业经营主体成长和农业专业化、规模化、集约化的发展提供了便利，有利于提高农业质量、效益和竞争力。部分地区鼓励农民合作社、农业生产性服务公司等通过承接服务外包方式，面向农户提供施肥撒药、机耕机收、农产品销售等服务，促进了劳动力和化肥、农药的高效节约利用，减少了农业环境污染和农忙季节农业劳动力短缺问题，有效促进了农业节本增效和可持续发展。实际上，由滥施化肥农药导致的农业面源污染和土壤重金属超标等问题，在中国长期遭到诟病，但始终难以得到根本解决。究其原因，相对于发展农业生产性服务业，完全依靠小农户的自觉来解决这一问题要困难和缓慢得多。① 通过发展农业生产性服务业，将原先由农民自己完成的施肥撒药工作托管给专业化的农业生产性服务公司。这些专业化的服务公司不仅施肥撒药效率高，还会考虑什么时候施肥撒药效果好，施肥撒药多少合适；从而可以在保证服务质量的前提下，帮助专业化服务公司节本增效，自然带动农业化肥农药施用量的下降。通过专业化服务公司自身追求节本增效的努力，顺理成章地帮助农户实现了节本增效，并解决了小农户滥施化肥农药的问题。

加快发展农业生产性服务业，可以为加快农业发展方式转变培育新引擎。如近年来推进农村一二三产业融合发展日益受到重视。许多农资生产和流通企业通过向农业生产性服务企业转型，实现由卖产品向卖设计、卖服务的转型，资源整合、优势集成、服务提升能力显著增强，成为区域农业发展方式转变的先行者。有些农业产业化龙头企业通过由农业企业或农产品加工企业向农业服务企业转型，成为现代农业产业链的核心企业、现代农业产业体系建设的领航

---

① 按照《全国农产品成本收益资料汇编·2018》数据，2017年中国稻谷生产每亩施用氮肥22.68千克，折合123.25元，不足同年全国农民人均可支配收入（13432元）的1%。在此背景下，农民有什么积极性不滥施化肥农药？要知道，随着收入和生活水平的提高，农民享受闲暇的效用也在不断提高。

者。推进农村一二三产业融合发展,发挥科技创新在农业全面创新中的引领作用,提升农业的生产功能,拓展农业的生态、生活功能,培育农业新业态、新商业模式,都需要补齐发展农业生产性服务业这块"短板"。通过发展农业生产性服务业,不仅可以帮助小农户规避发展现代农业面临的技术、资金、规模和市场对接能力等"短板"制约,还可以通过推进"让专业的人干专业的事",促进农业经营效率和效益的提高,更好地解决"谁来种地""如何种地"的问题(姜长云,2016;冀名峰、李琳,2019)。

大力发展农业生产性服务业,还可以为工商资本投资农业提供一道"好菜"。当前,工商资本投资农业已成大趋势。中央已经明确鼓励和引导工商资本更多投向农业农村。但是,工商资本投向农业农村,如果只是"赔钱赚吆喝",也是很难持续的。引导工商资本科学选择比较优势领域,不仅有利于激发调动其投向农业农村的积极性,也有利于提高农业供给体系的质量和效率,提高投资有效性。国内外经验表明,农业生产性服务业正是工商资本投资农业的比较优势领域,也是农业产业链价值增值的主要源泉。

随着农业产业链主要驱动力从生产环节向加工环节进而流通等服务环节的转移,品牌、流通、服务等对农业价值链升级和发展方式转变的重要性更加突出,农业服务商日益成为农业产业链、价值链的主要驱动者,现代农业生产性服务业日益成为现代农业发展的引领力量。这有利于整合集成消费者对农业的需求信息,通过产业链、供应链、价值链等现代产业组织方式将其传导给农产品加工者、生产者,带动从餐桌到田间的农业发展方式转变。我们经常说,推进农业现代化,要注意推动农业延伸产业链、打造供应链、提升价值链。但是,延伸产业链、打造供应链、提升价值链,正是"小而散"的小农户难以克服的"软肋"。为此,必须发挥农业生产性服务组织的领头雁和"黏合剂"作用。如通过各类农业生产性服务平台整合资源、集成要素,为科技、人才、资本等高级或专业化要素植入农业产业链提供通道,有利于强化农业发展的要素支撑,提升农业的产业素质。通过专业化的农业设计或品牌服务公司发挥引领带动作用,创意农业、品牌农业的发展就可以少走弯路,提升农业竞争力和品牌影响力的目标也容易落地生根。

与发达国家相比,在中国现代农业产业体系建设中,农业生产性服务业的"短板"问题更为突出。许多发达国家的农业具有较高的质量、效益和竞争力，发达的农业生产性服务业功不可没，成为现代农业的重要特征。美国农业生产性服务业包括政府主导的公益性服务体系、合作社和农产品行业协会等主导的社区性服务体系、以私营企业为主导的经营性服务体系。三者分工协作，优势互补。在2010年美国涉农部门就业人口中，以私营企业为主导的经营性服务体系约占3/4。澳大利亚、新西兰农业高度发达，国际竞争力强，一个重要原因是发达的农业生产性服务业有效支撑了农业效率和竞争力的提升。在那里，农民所需的大多数服务，均可在市场上方便快捷地获得。荷兰是资源小国，却是农产品出口大国，很大程度上是因为从饲料、种子等投入物供应，到农产品加工，再到农产品物流和拍卖业，形成了富有活力和创造力的产业链经济，农业生产性服务业是其重要内容。2018年中国农、林、牧、渔业增加值占GDP的9.50%，但农、林、牧、渔服务业增加值占GDP的比重仅为0.29%。农、林、牧、渔服务业虽然不能囊括农业生产性服务业的全部内容，但中国农业生产性服务业发展的滞后状况据此可见一斑。

发展农业生产性服务业对于解决中国农业发展面临的难题具有重要作用，一些典型案例对此提供了生动注释。如在案例1-1中，黑龙江省龙江县超越现代玉米种植农民专业合作社，通过开展土地托管服务，推进了农业生产性服务业的规模化发展，消除了劳动力老弱化和土地分散化、细碎化、闲置化对提质增效的制约，帮助小农户解放了劳动力，拓展了就业增收和获得现代科技支撑的机会，也推动了小农户与现代农业发展的有机衔接。在案例1-2中，安徽省宿州市淮河粮食产业化联合体发挥淮河种业作为龙头企业的引领带动作用，实现了龙头企业、农民合作社、家庭农场等合作共赢，优势互补，推动了农村一二三产业融合发展，也为实现农业生产性服务业的专业化、规模化、市场化、产业化发展提供了新的动能，带动了农业节本增效和提质降险。据安徽省农业委员会2015年的调研，通过农业产业化联合体的运行，每亩可节本增效约300元。农业产业化联合体通过带动农机服务的专业化、规模化，还促进了农机手等从业人员的专业化，为提高服务质量创造了条件。

案例1-1 黑龙江省龙江县超越现代玉米种植农民专业合作社，在维持现有农村土地承包关系不变的前提下，通过向社员农户收取农业生产全程托管费方式，对农户提供农资供应、配方施肥、农机作业、统防统治、收储加工等一体化服务。合作社还积极与中粮集团开展"粮食银行"项目合作,待粮食收获后直接运到粮库,由托管农户根据市场行情自行选择结算时间,借此帮助农户解决粮食难卖问题,还通过农产品联合销售增强了规模化议价能力,促进农户增收。合作社在托管操作中发挥技术优势,通过采用测土配方施肥、中耕深松等先进技术,强化对托管地块高产高效的科技支撑。合作社还同中化农业合作开发了智能App"智农管理系统",实现网上全程精准、高效、实时、便捷的"耕种管收"一体化管理服务,实现了强化农业发展的科技支撑和农业提质增效、农业生产性服务提档升级的协调共进。合作社还与太平洋保险公司合作,探索建立农业生产全程托管参保机制,打造农业生产托管"金融+期货+保险"服务平台,实现合作社、保险公司、农户共赢发展。保险公司按每亩25元收取保险费,北京一米农业科技公司提供金融支持,合作社保障农户全程托管收入每亩700元以上。合作社的农业生产性服务,促进了农业增效和农民增收的协调。通过对耕地提供全程托管服务,合作社每亩可实现利润25元,帮助农民节约成本近100元,农户选择托管服务比土地流转每亩增收300元。土地托管服务,不仅明显提高了作物产量,也推动了贫困户脱贫致富。(参见农业农村部农村合作经济指导司:《全国农业社会化服务典型案例》,中国农业出版社2019年,第16-19页。)

案例1-2 安徽省宿州市淮河粮食产业化联合体由淮河种业公司和若干农民专业合作社、若干家庭农场和种粮大户组成,带动农户数千户。淮河种业公司有资金优势和开拓农产品销售渠道的优势,但缺乏稳定的原材料供应基地,产品质量也难以得到保障;农机等专业合作社有农机装备和农机手技术优势,但缺乏稳定、成规模的服务需求;家庭农场和种粮大户有服务需求和原材料生产条件,但资金和技术指导不足往往成为发展瓶颈。通过组建农业产业化联合体,淮河种业公司负责拓展农产品销售渠道,统一制定生产规划和生产标准,带动农业实现生产导向向消费导向的转变,也带动了新品种、新技术、新机具和优质化肥农药的推广应用。淮河种业还通过农资统购分销方式和农产品统一规模化销售方式,帮助农户以较低价格获得优质农资,以较高价格出售农产品。农机专业合作社通过参与农业产业化联合体,获得稳定且成规模的农机服务市场,并以较高的服务质量标准和适度低于市场价的方式向农户提供农机等服务。家庭农场按照淮河种业公司要求组织种子标准化生产,或向其提供安全可靠的农产品原料,并通过淮河种业公司获得粮食烘干和仓储服务。(参见《安徽省现代农业产业化联合体典型案例汇编1》,安徽省农业委员会2015年12月(内部印刷),第53–55页。)

可见,既然以小农户为主体的农户家庭经营是中国农业经营形式的基本面,那么推进农业农村现代化就不能忽视为数众多的小农户,不能缺少小农户的积极参与并分享发展成果。推进农业农村现代化,要注意着力解决小农户生产经营面临的困难问题。这样有利于提升广大农民的获得感、幸福感、安全感。否则,农业农村现代化很难取得成功。要促进小农户与现代农业发展有机衔接,发展农业生产性服务业,健全面向小农户的农业社会化服务体系是一条重要路径。发展农业生产性服务业,也为发展乡村产业,发挥城市服务业对农村服务业,进而农村服务业对农村一二三产业融合发展的带动作用,拓展了通道。这也有利于拓展农民就地就近转移就业增收的机会,有利于提高农村劳动力就业质量。以此为契机,扶持小农户、提升小农户发展现代农业能力的路将会越走越宽广。

四、农业生产性服务业与农业社会化服务体系

生产性服务是被其他产品或服务的生产过程用作中间投入的服务,主要表现为两种形态:一是内部化、非市场化的非独立形态,如农户或家庭农场用自己拥有的拖拉机为自己提供机耕服务;二是外部化、市场化的独立形态,如农机服务公司向农户或家庭农场提供市场化的机耕机收服务。生产性服务业与后者相对应,是市场化、外部化、独立化的生产性服务提供者的集合体。农业生产性服务业作为现代农业产业体系的重要组成部分,主要通过提供农业生产性服务为农业提供中间投入,为科技、信息、资金、人才等有效植入农业产业链提供途径,为提高农业作业效率和农业产业链的协调性、促进农产品供求衔接、提升农业价值链提供支撑。农业生产性服务业有时也称为农业服务业、面

向农业的生产性服务业。如面向农业特定作业环节的农机服务业、植保服务业、农资供应服务业，面向农业生产过程提供高级、专业化生产要素的农业金融保险服务业、农业科技服务业、农业人力资本服务业，对农业产业链进行协调规制的农业供应链管理服务业、食品安全服务业等。

长期以来，中国加强农业社会化服务体系建设的政策框架已经成型并日趋清晰。但明确提出发展农业生产性服务业则要晚得多。《国务院办公厅关于推进农村一二三产业融合发展的指导意见》（国办发〔2015〕93号）首次提出"发展农业生产性服务业"。此后，在中国政府的相关文件中，使用"发展农业生产性服务业"的次数也迅速增加。2017年8月，农业部、国家发展改革委、财政部联合印发了《关于加快发展农业生产性服务业的指导意见》。近年来，许多政策文件交替使用这两个概念。如在中共中央办公厅、国务院办公厅2019年2月印发的《关于促进小农户和现代农业发展有机衔接的意见》中，第六部分标题为"健全面向小农户的社会化服务体系"，其中第一条就是"发展农业生产性服务业"，其他四条分别是加快推进农业生产托管服务、推进面向小农户产销服务、实施互联网+小农户计划、提升小城镇服务小农户功能，其强调的内容大多数属于发展农业生产性服务业。

"加强农业社会化服务体系建设"与"发展农业生产性服务业"在内容上大致相同。二者都强调推进服务主体多元化和运行社会化，都重视公益性服务和经营性服务、专项服务和综合服务的分类、分层发展。但二者也有明显不同。在农业社会化服务体系建设中，容易把农业生产性服务业置于现代农业产业体系的附属、辅助或配角地位，往往更多强调服务的系统性和配套性，更容易把关注的焦点放到政府主导的公益性服务上。即使关注经营性服务，也容易将关注的重点放在农业产业化龙头企业和农民合作社等经营性组织提供的服务上，难以将目光转向范围更广的市场化农业经营性服务组织的成长上，不利于加强农业生产性服务能力建设，不利于引导农业生产性服务业的市场化、产业化、社会化发展。相对于农业社会化服务体系建设，发展农业生产性服务业更多强调农业服务供给的市场化、产业化、社会化，强调农业生产性服务业本身就是现代农业产业体系建设日益重要的内容，是现代农业的战略性新兴产业；农业生产性服务业是农业产业链价值增值的主要源泉，是农业产业链运行和引领农业向价值链高端跃升的主导力量；要注意引导农业生产性服务业高质量发展,提升其质量、效益、竞争力。

因此,我们很早就建议,要明确提出"加快发展农业生产性服务业"的方向,完善相关政策框架,代替"加强农业社会化服务体系建设"等传统提法。这有利于科学把握农业生产性服务业的运行特点、发展机理和趋势,明确促进农业生产性服务业市场化、产业化、社会化的措施。如推进服务专业化、规模化、标准化、品牌化、网络化和信息化,引导领军人才、优质要素进入农业生产性服务业,促进传统服务组织转型和新型农业服务主体发展,完善农业生产性服务业运行环境。借此,增强农业生产性服务业的特色、竞争力和可持续发展能力,优化其可持续发展机制(姜长云,2016)。明确提出加快发展农业生产性服务业,统筹谋划加快发展农业生产性服务业的战略问题和重大政策举措,有利于深化农业供给侧结构性改革,把产业链、供应链、价值链等现代产业发展理念和组织方式引入现代农业发展过程,创新农业发展方式转变的选择空间,更好地加强现代农业产业体系、生产体系、经营体系建设,提高农业质量效益和竞争力。

五、发展农业生产性服务业需要科学处理的几个关系

近年来,中国农业生产性服务业迅速发展,多层次、多元化的农业生产性服务业发展格局加快形成,部分地区的农业生产性服务业发展日益呈现网络化趋势,成为构建现代农业产业体系、生产体系和经营体系的新生长点,也是推进农业发展方式转变中的一道"靓丽的风景线"。在许多地方富有成效的农业经营方式创新案例中,农业生产性服务业的发展发挥了不可或缺的作用,如四川崇州的农业共营制、安徽宿州的现代农业产业联合体,以及浙江农科院与房地产公司、地方政府合作建设的现代农业综合体。但在农业生产性服务业的发展中,如何科学处理公益性服务与经营性服务、专业服务和综合服务、阶段性服务和全程性服务、支持农业生产性服务主体与支持其服务体系建设之间的关系,仍然值得高度重视。

（一）公益性服务与经营性服务的关系

就总体而言，在农业生产性服务业的发展中，公益性服务与经营性服务之间应该形成分类发展、分层发展、分工协作、优势互补和网络联动的格局。公益性服务具有较强的外部性，包括政府或准政府部门提供的公共服务（如区域性重大动植物疫病统防统治和预测预报服务），以及农产品行业协会、产业联盟等行业组织面向特定行业、特定地区提供的公益性服务。龙头企业和农民合作社提供的服务，有的具有行业公益性，如行业培训服务、行业性重大动植物疫病防控服务、食品安全治理服务等；但多属于经营性服务或介于行业公益性服务与经营性服务之间，如统一供应饲料、种苗等。龙头企业或农民专业合作社提供类似服务的重要目的至少有二：一是帮助农户降低进入行业的门槛和风险，激发其进入行业的积极性；二是带动农产品生产的标准化，为提高农产品质量提供支撑。

当前，随着农业供给侧结构性改革的深入推进，农业发展对公益性服务的需求日益呈现层次和类型分化。由政府或准政府部门提供的公共服务，在公益性服务中居于基础层次，对区域农业发展应该具有基础性、普惠性的影响，且具有服务获得的平等性、服务对象对服务价格的可承受性等特点。农业经营主体需求的许多服务，特别是个性化、特色化服务，具有较强的私人物品性质，应当属于经营性服务，如常规的农机服务、农产品物流服务等。公益性服务的提供主要对经营性服务的开展起铺路搭桥作用，有利于降低获得经营性服务的成本和风险。引导经营性服务组织的成长，也是公益性服务组织的重要职责之一。通过政府购买公共服务等方式，完善公益性服务供给机制，有利于经营性服务组织培育市场，优化经营性服务组织的发展环境。在家庭服务业等发展中，国内外已有大量案例将政府履行扶危济困、特殊帮扶等基本公共服务职能，与支持服务企业开拓市场结合起来。在农业生产性服务业的发展中，这些经验值得借鉴。

（二）专业服务与综合服务的关系

如前所述，在当前乃至今后相当长的时间内，中国农业经营的微观主体仍将以小农户为主体，这些小农户对农业生产性服务的需求往往点多、面广、种类多、单体规模小，因此其需求表达和供求对接的成本或交易成本往往比较高。当前，多数小农户农业经营"小而全""小而散"的特点，还会加剧这一问题。综合性的农业生产性服务组织对其提供服务，有利于降低农户获得农业生产性服务的交易成本和风险。因此，综合性的农业生产性服务组织往往具有一定的需求空间和生存发展的合理性。

但是，随着现代农业的发展，促进农业生产性服务业专业化发展的积极因素也会加快成长。这些因素主要有：（1）小农户对农业生产性服务需求的质量不断提高，要求通过农业生产性服务业的专业化实现服务供给由"供得上"向"供得上"和"供得好"并举转变。（2）农业区域专业化的推进和农业经营比较利益、机会成本等的变化，有利于推进小农户从农业兼业经营转向农业专业经营和农户兼业经营并重[①]，从而推进区域农业生产性服务需求的专业化和规模化，为专业化的农业生产性服务组织增进规模经济创造条件。（3）提高效率和效益的激励，有利于推动综合化的农业生产性服务组织走上专业化的发展道路。大量实践证明，"让专业的人办专业的事"，才能更好地提升中国农业生产性服务业的发展质量、效益和竞争力。（4）随着现代农业的发展，种养大户、家庭农场、公司农场、农民合作社、农业产业化龙头企业等新型经营主体不断成长，并扩大了规模和影响，这也有利于促进农业生产性服务业专业化发展。因为农业经营主体的专业化和规模化，容易带来其服务需求的专业化和规模化，为专业化、规模化的农业生产性服务业发展提供适宜条件。因此，在今后相当长的时期内，农业生产性服务业发展的重点，应该是推进专业化的农业生产性服务组织发展。

在发展农业生产性服务业的过程中，科学处理专业服务和综合服务的关系，还需注意两个问题：一是考虑农业生产的季节性和空间分散性，以及服务业发展的规模经济和集聚效应，推进农业生产性服务业的专业化应该科学把握"度"。过度的专业化和市场细分，不利于形成规模经济，难以支撑农业生产

[①] 这些小规模农户的兼业化可能与其农业专业化、农业经营副业化并行发生。小规模农户的兼业化即农户在从事农业经营的同时，部分劳动力从事非农经营或就业。小规模兼业农户的农业专业化，即此类农户的农业经营日益专业化。如由原先既从事粮食生产，又从事畜禽养殖；转为专门从事粮食生产或畜禽养殖，甚至农户的粮食生产也日益单一化和简约化。小规模兼业农户由于农业经营规模较小，随着农业专业化的推进，农业收入日益降到其收入来源的次要地位，导致其农业经营副业化。

性服务组织跨越盈亏平衡点并蓄积可持续发展能力。因此，不能将农业生产性服务组织的专业化等同于单一化。二是专业化和综合化是对立统一的。在专业化的农业生产性服务业发展到一定阶段后，基于农业产业链一体化的需求和农业生产性服务业组织追求规模经济、范围经济的考虑，通过联合、合作、股份（合作）制或平台化等方式，整合、集成专业化的农业生产性服务机构，形成农业生产性服务组织的综合化和农业生产性服务供给的集成化也是趋势。但这种农业生产性服务的综合化或集成化，是建立在专业化农业生产性服务业发展甚至发达的基础之上，是建立在农业生产性服务业分工深化基础上的综合、集成和提升。它与农业生产性服务业不发达基础上的综合性农业生产性服务组织不是一回事。基于这两方面的问题，在中国农业生产性服务业的发展和农业生产性服务组织的成长中，需要顺应农业发展的时代要求和发展阶段，结合组织自身特点，科学地把握好追求行业规模经济和范围经济的平衡。

（三）阶段性服务与全程性服务的关系

农业生产性服务机构提供的服务，多数属于阶段性服务，如植保服务、动植物疫病防控服务、农产品销售服务；少数属于全程服务，如农产品供应链管理服务、覆盖全程的食品安全治理服务等。在发展农业生产性服务业的过程中，对于阶段性服务和全程性服务应该统筹兼顾，不可偏废。

现代产业竞争，与其说是产品之间的竞争，不如说是产业链或供应链之间的竞争。因此，要把产业链、供应链、价值链等现代产业组织方式引入现代农业发展过程，要促进农业发展由生产导向向消费导向转变，覆盖全程的农业生产性服务业具有不可或缺的引领支撑作用。发展农业生产性服务业，应该注意覆盖全程的农业生产性服务业"统揽全局"或"画龙点睛"作用。在此过程中，尤其应注意不能把农业生产性服务业简单等同于面向农业生产（或农业产中）环节的生产性服务业，甚至要看到覆盖面向农业产业链的生产性服务业中许多"短板"不在产中环节，而在产前、产后环节。如许多特色农产品主产区，面向小农户的产销服务发展不足，是影响特色农业发展的主要瓶颈。

与此同时，根据"木桶效应"原理，在发展现代农业的过程中，应该注意瞄准重点领域和薄弱环节，引导相关阶段性服务优化供给，提高服务质量，以便补齐农业生产性服务业的"短板",促进农业产业链不同环节生产性服务业的协调发展,增进农业服务链对农业产业链转型升级的引领支撑能力。

(四)农业生产性服务主体与其服务体系的关系

当前就总体而言,农业生产性服务业的发展与发展现代农业、推进农业发展方式转变的要求之间,仍然存在较大差距。究其原因,与多数农业生产性服务主体,特别是经营性服务主体规模小、层次低、实力弱、融资难、优势互补关系亟待形成有密切关系。这些问题的形成,固然有农业生产性服务业发展时间短的因素,但面向农业生产性服务主体的服务体系不健全也是重要原因。如许多地方农业生产性服务业的发展面临"盈利难、用工难、风险控制难、先进农机开发和维修服务难"(李一平,2013),可以从农业生产性服务业的企业家素质、从业人员培训和融资环境等方面找原因。在农业生产性服务业的发展过程中,企业家市场开拓能力弱,难以有效推进业态和商业模式创新,导致不同的农业生产性服务业主体之间服务同质性强,或服务规模迟迟跨越不了盈亏平衡点。这是农业生产性服务主体盈利难的重要原因。针对性强、简单实用的特色化、优质化培训服务体系不健全,不仅容易导致农机服务业缺乏熟练农机手等专门人才,也容易加大其风险控制的难度。先进农机开发和维修服务难,更是直接反映相关服务体系的薄弱状况。许多地方农业生产性服务业融资难,固然有农业生产性服务企业规模小、实力弱、缺乏风险抵押品等原因,也与现有金融体系缺乏针对农业生产性服务业的金融创新产品设计有关。因此,支持农业生产性服务业发展,应该把加强面向农业生产性服务业的服务体系建设放在突出地位,鼓励搭建针对农业生产性服务主体的企业家培训平台、专业技术人员培训平台和信息服务平台,鼓励金融机构开拓富有针对性的金融创新等。近年来,国家支持农村产权流转交易市场健康发展和农业信贷担保体系建设,细究起来也都与面向农业生产性服务业的服务体系相关。当然,面向农业生产性服务业的服务体系,也是农业生产性服务业的重要内容,二者不可分割。

第二章

农业生产性服务业发展的历史方位

最近几年,农业生产性服务业迅速发展,成为现代农业产业体系中最引人瞩目的战略性新兴产业,为推进农业供给侧结构性改革、培育乡村产业发展新动能探索了一条新路,也为促进小农户和现代农业发展有机衔接提供了重要路径,日益受到中央、有关部委和地方政府的高度重视。2015年12月发布的《国务院办公厅关于推进农村一二三产业融合发展的指导意见》(国办发〔2015〕93号)首次明确要求"发展农业生产性服务业"。但在此之前中央相关文件反复强调建立新型农业社会化服务体系等,实际上也在很大程度上指向发展农业生产性服务业。近年来,中央财政加强对农业生产全程社会化服务试点和农业生产托管服务的支持[①],是支持发展农业生产性服务业的突出表现。随着农业生产性服务业的迅速发展,对农业生产性服务业的研究也迅速升温。就总体而言,当前对中国农业生产性服务业问题的研究主要集中于其发展重要性和发展历程、现状、模式、问题、经验、对策思路等方面(姜长云,2009,2011,2016;张红宇,2019;冀名峰,2018;冀名峰、李琳,2019;杜志雄,2013;芦千文、高鸣,2019;芦千文、姜长云,2016;吴宏伟等,2011)。但从宏观视角探讨中国农业生产性服务业发展的历史方位,并结合探讨中国农业生产性服务业发展思路,这方面的成果仍然鲜见。本章力图围绕这个问题展开研究。我们认为,把握中国农业生产性服

---

① 2013年财政部在河北等8省开展农业生产全程社会化服务试点,2016年将此项试点扩大到17个省。2017年到2019年3年间,中央财政对农业生产托管服务的支持资金达到110亿元。

务业发展的历史方位,需要注意经济服务化成为推进产业转型升级和抢占产业竞争制高点的大势所趋,推进高质量发展成为新时代建设现代化经济体系的必然要求,建设高标准市场体系、更高水平开放型经济成为完善国家治理的战略取向。

一、经济服务化成为产业转型升级和抢占产业竞争制高点的大势所趋

从国际经验来看,经济服务化转型是顺应新一轮科技革命、产业变革和消费结构升级潮流,培育产业发展新动能、抢占产业竞争制高点的有效选择,也是培育现代产业体系、推进经济高质量发展的重要路径。经济服务化主要体现为在投入和产出中服务地位的提升,具体到企业层面则表现为两个方面:一是随着社会分工的日益深化和泛化,企业越来越多地使用服务作为中间投入,导致生产性服务日益外部化、市场化、独立化;二是越来越多的企业将行为触角从产品生产延伸到覆盖整个产品生命周期的服务活动,实现从以生产产品为中心向以提供服务为中心的转变,导致服务越来越成为企业增加值的主要来源(夏杰长等,2010);企业越来越转型为专业化的生产性服务供应商,甚至生产性服务综合集成商、问题解决方案提供商。经济服务化转型,往往带动产业分工分业的深化和新业态、新模式、新技术的成长,引发产业功能、形态和组织方式、商业模式甚至市场需求的重大调整,带动产业链和价值链的分解、重构和功能升级,促进供应链打造和供应链管理的优化,拓展提高产业生产率、附加值和竞争力的选择空间。信息化的迅速发展,很容易成为服务化转型的"催化剂"和"放大器"。如近年来各种"互联网+"和涉农平台经济的迅速发展及其成效,清楚地显示了这一点。把握农业生产性服务业的历史方位,必须正视农业服务化转型日益成为推进农业转型升级的"压舱石"和抢占国际农业竞争制高点的"定盘星"。

(一)发展农业生产性服务业日益成为推进农业服务化转型的重要路径

根据生产性服务和生产性服务业的定义,农业生产性服务是被农业生产过程用作中间投入的服务。比如,化肥、农药都是传统的用于农业生产过程的中间投入,但随着农业生产性服务业的发展,作为中间投入的可能不是化肥、农

药，而是施肥撒药服务。这也是农业服务化转型的重要体现。农业生产性服务可以采取内部化、非市场化、非独立的形态，如家庭农场利用自有劳动力（包括雇工）为本农场提供农机服务、植保服务、销售服务；也可以采取外部化、市场化、独立化的形态，如农机服务公司或农业生产性服务平台通过市场化方式向家庭农场或小农户提供农机或植保、农产品销售等经营性服务。农业生产性服务业是外部化、市场化、独立化的农业生产性服务提供者的集合体（姜长云，2016），这些农业生产性服务提供者可以是服务公司、服务专业户或新型农业经营主体，如农业产业化龙头企业、农民合作社、家庭农场等；也可以是供销社、乡村集体经济组织等或其兴办的其他实体或服务平台。农业生产性服务业可以是重点面向农产品生产过程或农业产中环节的，也可以是面向农业产前、产中、产后环节或整个农业产业链的，甚至是农业生产性服务全程供应商、综合集成商、农业产业链问题解决方案提供商。《农业部　发展改革委　财政部关于加快发展农业生产性服务业的指导意见》（农经发〔2017〕6号）提出，"农业生产性服务业是贯穿农业生产作业链条，直接完成或协助完成农业产前、产中、产后各环节作业的社会化服务"，说的也是这个道理。

近年来，中国农业生产性服务业迅速发展，顺应了全球范围内产业服务化转型的大趋势，是农业服务化、服务产业化、产业融合化和信息化有机结合的产物。许多发达国家和中国台湾在历史上都比较重视通过推进农业服务化转型和发展农业生产性服务业，促进农业农村现代化。[①]《国务院关于加快发展生

---

① 根据倪洪兴、叶安平（2018）的研究，当前美国农业增加值仅占 GDP 的 1%，农民人数占人口总数的 2%，但农产品出口额占商品出口总额的 10%，农业及配套产业吸纳的就业人数占全美总劳动力的 13% 左右。农业为美国提供了超过 2100 万个就业岗位，包括农业管理、研发、经纪、金融服务等领域。高度市场化的美国农业组织化程度高，社会化服务健全，既有服务农场主的组织，又有以协会命名的各种行业组织和大豆协会等基于联邦、州法定收费项目成立的自我服务组织，以及乳制品出口理事会等重在开拓市场和促进出口的组织。法国是欧洲农业最为发达的国家，除政府在农业公共服务中发挥主导地位外，绝大多数农场主加入了农业合作社，农业合作组织已形成较为完整的产业链一体化网络；私人企业在面向农场主提供定制化服务方面发挥着日益重要的作用。农业农村部对法国、芬兰、丹麦农业合作社的考察发现，灵活多样、定位清晰、功能各异的合作社通过"生产在家、服务在社"方式，有效化解了单家独户"干不了、干不好、干了不划算"的难题，成为带动农业竞争力提升的重要力量，自下而上形成的行业组织和大量专业化服务组织也为合作社发展提供了强有力的指导和服务（张天佐等，2019）。此处的农业合作社以及为合作社提供指导、服务的行业组织和专业化服务组织，均属于农业生产性服务组织。我国台湾农业经历服务化转型，农业服务组织发达，农会、合作社、产销班、科技服务组织等遍布乡村社会，农工贸、产供销等环节都有专业服务组织提供服务；观光农业、休闲农业等服务型农业较为发达，农业田园化、园林化深入发展（王志国，2015），农业与文化、旅游深度融合。

产性服务业促进产业结构调整升级的指导意见》（国发〔2014〕26号）指出，生产性服务业"具有专业性强、创新活跃、产业融合度高、带动作用显著等特点，是全球产业竞争的战略制高点"。通过发展农业生产性服务业，推进生产型农业向服务型农业转型，已经成为中国农业发展的大趋势，也是农业发展的根本出路所在。

农业服务化在农业投入上体现为农业生产性服务相对重要性的提高，如用农业服务公司的植保服务替代农户自我的施肥撒药服务；在农业产出上表现为在农业为社会提供农产品的同时，农业服务功能作为农业产出的重要性迅速凸显，农业生产性服务环节在农业产业链价值增值中的重要性日益提升。比如，通过电子商务将贫困地区的优质特色农产品生产与城市中高端消费者的市场需求对接，可以显著提升贫困地区农产品的价值增值能力。近年来中国农村一二三产业融合发展深入推进，也是农业服务化转型的产物。发展"生产、生活、生态"有机结合型农业，以及通过发展休闲农业、乡村旅游等方式提升农业的生产功能，激活农业的生活和生态功能，也与推进农业服务化转型相关（刘镭，2015）。在越来越多的地方，农业正在通过与科教、文化、创意和旅游业融合，让城里人、外乡人获得赏花、观景、采摘和从事农事体验之快感，收获利用农特产品自制日用品和工艺品之乐趣，推动农业由"卖产品"向"卖风景""卖温情""卖文化"转型，实现农产品向"奢侈品"、高档礼品、文化旅游商品转化。有些地区特色农业或休闲农场的农产品产量可能不高，但产业效益很好，甚至"减产增收"，一个重要原因是通过推进农业服务化转型，加速了质量兴农、绿色兴农、品牌强农的进程，提升了农产品品质和消费者美誉度，形成了农产品或其加工品富有独特韵味的品牌内涵，提升了农业附加值和竞争力。有的地方结合提升农民的文化素养，包括对在地文化的领悟和推介能力，塑造扣人心弦的在地品牌故事和文化创意，提升了农业的品牌和体验"溢价"，推进了农业价值链升级。这些都与农业服务化转型和农业生产性服务业发展密不可分。

十几年前，笔者到安徽一个养鸡大镇调研，居然有专门为农户卖鸡提供抓鸡服务的抓鸡队。近年来，农业生产性服务业发展的新业态、新模式、新路径更加丰富多彩，并日益呈现网络化、组团化、集群化发展态势，拓展了解决当前农业问题的思路。如在农机服务业中，农用无人机植保服务业、粮食烘干服务业、互联网＋农机服务业迅速崛起（曹光乔、吴萍，2018），由此带动的农业发展方式转变时常让人耳目一新。甘肃谷丰源农化科技有限公司在销售肥料、农药等农资过程中，发现小农户滥施化肥、农药导致农业面源污染问题严重。为解决这一问题，谷丰源农化科技有限公司按照推进农业生产标准化思路，探索形成了为小农户和新型农业经营主体提供绿色植保、配方施肥、水肥一体化和土壤改良等综合解决方案，实现了公益性服务和经营性服务的有机结合，形成了富有特色的"农工场"托管服务推动农业绿色发展模式（农业农村部农村合作经济指导司，2019）。山东临沂金丰公社农业服务有限公司作为中国最大的民营化肥企业——金正大集团转型发展的产物，在化肥行业面临发展困境，出现产能过剩、竞争加剧和利润下滑的背景下，通过推进化肥生产链向服务链的延伸，从创新开展施肥技术服务起步，到向农民提供包括农资、农机、农技、农产品销售在内的全产业链服务，并配套提供贷款、保险等金融支持服务，为农户种植提供科学合理的问题解决方案，实现了从化肥制造商向"制造商＋服务商"的历史性跨越（张红宇，2019），为推进农业服务化转型和一二三产业融合发展提供了重要范例。换个角度，这也是发展服务型制造的重要范例。

农业生产性服务业从农业的配套产业，跃升为发展现代农业的战略性新兴产业，成为农业延伸产业链、打造供应链、提升价值链的战略引擎。2019年农业农村部农村合作经济指导司评选的20个全国农业社会化服务典型案例（农业农村部农村合作经济指导司，2019），通过大量翔实的数据，生动地展示了通过农业生产托管等方式发展农业生产性服务业，对加快农业发展方式转变，构建现代农业产业体系、生产体系、经营体系的成效。这些农业生产性服务业，特别是农业生产托管服务发展的逻辑可以概括为3个方面：第一，顺应和引导新型农业经营主体，特别是小农户的需求，帮助其解决自身干不了、干不好、干得不经济的问题；第二，让专业的人干专业的事，发挥专业化分工的比较优势，促进农业人力资本和要素质量的提升；第三，通过深化农业生产性服务业的业务关联、链条延伸、技术渗透、模式集成，增进农业生产性服务业的网络化、组团化、集群化，实现需求方规模经济[①]，为加快农业生产性服务

[①] 需求方规模经济，也称为网络效应、网络外部性，即产品价值随购买这种产品及其兼容产品的消费者数量增加而增加。在具有网络效应的产业中，"先下手为强""赢家通吃"往往是其市场竞争的重要特征。参见MBA智库·百科"网络效应"。

业市场化、产业化、集约化和品牌化步伐创造条件，促进农业、农业生产性服务业节本增效升级降险互动发展。

（二）推进农业服务化转型对发展农业生产性服务业的新要求

理念是行动的先导，行动是理念创新的源泉。农业服务化转型，通过推进农业投入的服务化和产出的服务化，为创新现代农业发展理念、用现代服务业理念引领农业发展方式转变创造了条件。2019年中国服务业占GDP的比重已达53.9%，服务业占全社会就业的比重达到47.4%。当前中国产业结构由工业主导向服务业主导的转变正在加快形成。在此背景下，用现代服务业理念引领农业发展方式转变和农业生产性服务业发展日趋紧迫。

用现代服务业理念引领农业发展方式转变和农业生产性服务业发展，首先要注意服务劳动越来越成为企业（产业）实现价值增值的主要源泉，农业生产性服务环节越来越不是传统的成本中心，而是日益重要的利润中心。马鹏、刘林青（2014）归纳学术界的研究，认为驱动制造企业实施服务转型战略的因素主要有3类，即获得更高边际贡献和更稳定收入的财务驱动、赢得竞争优势的战略驱动、取得市场营销机会的驱动。服务创新是制造企业获得持久竞争优势和高利润的重要战略，农业企业、农业产业链也存在类似情况。熟悉农业的人都知道，美国ADM、邦吉、嘉吉和法国路易达孚等4大粮商控制了全球80%以上的粮食贸易和其他大宗农产品贸易，与其是农业生产性服务业全程供应商或综合服务商也有很大关系。

由于全球农业产业链价值增值的主要源泉日益呈现由农业生产环节向加工环节进而服务环节转移的趋势，农业服务化转型和农业生产性服务业的发展，越来越成为将科技、金融、人才、信息、品牌、大数据等专业化、高级化生产要素整合集聚，并植入农业产业链的通道，为夯实农业延伸产业链、打造供应链、提升价值链的根基提供了依托，为增强农业的创新力和竞争力提供了坚实支撑。在2011年中央农村工作会议上，时任国务院总理温家宝提出，随着农村劳动力的持续向外转移，"'谁来种地''地怎么种'，日益成为我们必须面对和解决好的重大问题"。但是，如果有富有活力的新型农业经营主体带着农户干，有发达的农业生产性服务业帮助农户干，"谁来种地""如何种地"的问题也是比较容易解决的。"新型农业经营主体+农业生产性服务业+小农户"可以为推进中国农业现代化探索一条行之有效的解决之道（姜长云，2016）。

重视服务劳动对实现农业价值增值的源泉作用，要求重视价格管制等传统手段对农业生产性服务业创新发展的制约。许多政府部门习惯于采取严格的价格管制措施"保护消费者利益"。这往往影响生产者增加和优化供给的积极性，不利于促进短缺产品（或服务）的市场供求平衡和供给质量提升。越是在产品或服务创新性强的领域，这一问题往往越是突出。相对而言，农业生产性服务业发展及其功能升级，对集聚高级、专业化要素的需求更高，衡量和监测服务质量的难度也明显大于工农业产品。在农业生产性服务业发展中，如果实行较为严格的价格管制，很可能导致农业生产性服务价格难以覆盖其要素成本，难以体现创新过程中的风险溢价，影响服务质量的提升。因此，在发展农业生产性服务业的过程中，对价格管制措施应该慎用，并尽可能不用。

二、推进高质量发展成为新时代建设现代化经济体系的紧迫任务

当前，中国经济已由高速增长阶段转向高质量发展阶段，推动经济发展质量变革、效率变革、动力变革，成为新时代建设现代化经济体系的迫切任务。在此背景下，发展农业生产性服务业作为建设现代农业产业体系的重要组成部分，也必须将推进高质量发展作为当务之急和战略选择。事实上，农业生产性服务业要成为推进现代农业高质量发展的引擎，也需要以扎实推进高质量发展为基础。只有这样，才能"统筹兼顾培育新型农业经营主体和扶持小农户"，将促进小农户和现代农业发展有机衔接与加快农业农村现代化有机结合起来。

（一）怎样理解农业生产性服务业高质量发展

农业生产性服务业的高质量发展，首先应该是体现社会需求的发展。在今

后相当长的时期内,"大国小农"仍是中国的基本国情,坚持小农户家庭经营为基础与多种形式适度规模经营为引领相协调,是中国发展现代农业的理性选择。在此背景下,中国农业生产性服务业的发展,不仅要注意面向新型农业经营主体的服务需求,更要把健全面向小农户的社会化服务体系,作为发展服务链接型规模经营的重点。借此,更好地满足小农户对多层次、多元化农业生产性服务的需求,更好地将小农户有效引入分工协作网络;并通过发挥农业生产性服务业的引领支撑作用,更好地提升小农户发展能力,提高小农户组织化程度,拓展小农户增收空间,完善小农户扶持政策。随着消费需求分化和需求结构升级,社会对农业或农产品的需求日益走向个性化、多样化、优质化和服务化。随着新型农业经营主体,特别是小农户的成长和分化,农业经营主体对农业生产性服务的需求也日趋凸显并加速分化。这不仅为拓展农业生产性服务市场创造了条件,还对加强农业生产性服务细分市场的开发提出了强烈要求。相对于产品需求,许多新兴的农业生产性服务需求更容易处于潜在甚至朦胧状态,需要加以引导和激发。相对于产品市场,农业生产性服务市场往往发育水平低,加之小农户规模小而散,加大了农户生产性服务需求的表达成本、对接供给和实现服务产业化的难度。新兴农业生产性服务的发展尤其如此。因此,农业生产性服务业的发展要注意做好以服务小农户为重点的文章,着力增强适应需求和创新供给,借此激发需求、凝聚需求、引导需求的能力。

为此,需要在发展农业生产性服务业的过程中,牢固树立以用户为中心的发展理念。由于服务的无形性、不可分割性、异质性和不可储存性,相对于工业和农业,服务业发展往往更加强调以用户为中心的发展理念,更加强调顾客导向性,把提高客户价值和客户满意度放在首位。[①] 许多服务业企业努力采取措施改善服务消费者的参与和体验:一方面是为了更好地发现服务消费者的服务需求;另一方面是为了通过改善服务消费体验,增加服务消费者的满意度。许多休闲农业企业为增加休闲农业的客户价值,通过加强消费市场细分,富有针对性地对农业发展注入文化、体验、情怀等内涵,以更好

---

① 客户价值即客户收益与获得这些收益所付代价之比。服务质量的提高只有契合消费者的需求才有实际意义,否则容易形成服务质量的"冗余"或浪费。因此,对服务消费者来说,服务质量未必是"高高益善"(姜长云,2019),要将服务质量的提高同服务成本相联系进行综合评判。有些服务质量的边际提高,是建立在服务成本更大提高的基础之上,这样的服务质量提高未必是服务需求方需要的。

地吸引休闲农业消费者的参与,改善消费体验。国内外许多制造企业通过发展服务型制造,推进由以产品制造为核心向以满足顾客需求为中心转变,主动增进顾客(消费者)对产业链的全程参与,借此挖掘不同利益相关者的需求,推进其行为互动和合作,实现个性化、定制化生产和服务,甚至为顾客提供覆盖产业链的问题解决方案,协同实现产业链不同利益相关者的价值增值。类似措施在发展农业生产性服务业的过程中也值得借鉴。近年来,中国许多农业生产性服务企业注意面向农业经营主体多层次、多元化甚至小批量的服务需求,通过发展多样化、定制化的农业生产托管服务和产业链一体化服务,推进农业生产性服务业发展,更好体现区域层面、产业链层面和农业经营主体层面的用户需求,并增强对客户个性化潜在需求的动态、柔性和一体化适应能力。这也借鉴了国内外发展服务型制造的经验,是发展服务型农业的有益尝试。

农业生产性服务业的高质量发展,还应该是体现新发展理念系统性、整体性和协同性的发展。在新发展理念中,创新、协调、绿色、开放、共享应该是相互依存、相互作用、相互影响、相互制约、相互对立的矛盾统一体。发展农业生产性服务业必须注意提升其创新发展能力,但是这种创新应该是可持续的。[①] 近年来,许多服务业发展成在创新,败在缺乏可持续创新。这种问题在农业生产性服务业的发展中日益需要引起重视。就协调和开放而言,在农业生产性服务业发展中,不仅要重视发挥城市服务业对农业生产性服务业发展的引领带动作用,需要重视农业生产性服务不同环节间、不同门类间的协调;还要注意推进农业生产性服务业发展走出片面追求区域自给的误区,将培育农业生产性服务业竞争力与优化其区域布局结合起来,促进农业生产性服务业在开放中提升参与开放的能力。发展农业生产性服务业本身就是推进质量兴农、绿色兴农、服务强农、品牌强农的重要方式。增强农业生产性服务业可持续创新能力,也是贯彻绿色发展理念发展农业生产性服务业的重要思路。发展农业生产性服务业以关系国计民生的重要农产品和农业产业链关键领域、薄弱

---

① 近年来,许多服务业新业态、新模式、新技术的发展给人耳目一新之感,但上马后人们往往发现其市场需求并不乐观,甚至与预期南辕北辙,导致其缺乏商业可持续性和抗风险能力。究其原因大致有二:一是对社会消费需求扩张和消费结构升级的趋势判断失误,供给创新难以得到需求扩张的呼应;二是供给缺乏创新、特色和竞争优势,难以有效地激发引导新兴、潜在的服务需求。发展农业生产性服务业要注意增强其创新发展能力,而增强创新的可持续性更加重要。

环节和服务小农户为重点,本身就是贯彻共享发展理念的重要体现。但是,在发展农业生产性服务业的过程中,如何进一步提升共享发展水平,永远需要引起重视。因为许多农业生产性服务业新业态新模式的发展,容易出现"先下手为强"的问题,导致发展机会和发展成果越来越向少数人集中。

农业生产性服务业的高质量发展,还应该是富有质量、效率、竞争力的发展。近年来,部分地区服务业新业态、新模式的"龙头企业"知名度很高,但长期负债经营,缺乏足够的现金流和收益率,难以实现盈利。在新业态、新模式服务企业的初创期,培育市场、扩张规模是企业面临的主要任务,出现这种情况可能是难免的。但这种新业态新模式的服务企业如果长期处于这种状态,跨越不过盈亏平衡点,将很难进入企业发展的成长期和成熟期,很难形成自我发展能力,甚至很容易因资金链断裂而放大发展风险。这样的服务企业很难说是高质量发展的。在发展农业生产性服务业的过程中,对此应予充分重视。

(二)推进农业生产性服务业高质量发展需要注意的几个问题

1. 通过推进规范化、标准化、品牌化发展提升服务质量和消费体验

在短缺经济时期,产品严重供不应求。在经济发展水平较低的阶段,对产品质量的要求也不高。因此,我们形成了一套"差不多""马马虎虎"的思维定式。这种意识传导到服务业发展中,就是缺少强烈的标准意识,不注重消费体验和服务品质。显然,这对推进农业生产性服务业高质量发展是不利的。要注意规避这种倾向,按照推进新时代服务业高质量发展的要求,引导和推动农业生产性服务业规范化、标准化、品牌化发展,努力促进其提质增效节本降险,着力增强其创新力和竞争力。要注意引导领军企业和行业协会、产业联盟等在推进农业生产性服务业规范化、标准化、品牌化发展中发挥示范带动作用。要鼓励开展行业、地区或企业层面的试点,健全农业生产性服务质量监管体系[①]、品牌培育和评价标准体系,引导提升品牌培育、保护和营运管理能

---

① 衡量、评价和控制农业生产性服务质量有较大难度和复杂性。如农作物病虫害防治服务如何,不仅取决于对病虫害是否及时预报、有效应对,还取决于由当年气候等条件决定的病虫害严重程度。当年病虫害对农作物危害程度轻,可能是因为病虫害防治服务做得好,也可能是当年不具备病虫害严重发生的条件。

力，推进打造富有市场影响力的农业生产性服务行业品牌、区域品牌、企业品牌。

改善服务消费体验，也是提升服务质量的重要内容。为提升农业生产性服务质量，要鼓励相关企业和服务机构、服务平台致力于解决单个农户办不了、办不好、办得不经济合理的问题，不要越俎代庖企图替代农户，帮农户包办一切。要始终注意量力而行，循序渐进。真正把好事做好，一定要把握好"度"。尤其是当前农业生产性服务组织或农业生产托管服务主体的发展在总体上仍处于初级阶段，小农户对其需要有一个从不了解甚至误解，到深化认识、尝试接受进而乐于接受的过程。农业生产性服务或托管服务主体要始终保持对服务对象特别是小农户的敬畏心，注意贴近或引导农户等经营主体作为服务对象的需求，提升服务质量和经营主体的服务消费体验，来增加对服务对象的吸引力。要注意专业的人干专业的事，稳打稳扎，一步一个脚印地踏实前行，通过实实在在地给服务对象特别是小农户做好事，来赢得市场和服务对象的信任。已经运转并有所成效的服务组织，更要防止被当前的成绩冲昏头脑，以为自己无所不能，可以"点石成金"，以免自己摧毁自己前行的路。要注意汲取农民合作社发展初期"重数量、轻质量""重外延扩张，轻内涵提升"的教训，注意在发展中培育可持续发展能力。

2. 推进农业生产性服务业分层发展、分类发展和优势互补、网络发展

农业生产性服务业是现代农业产业体系日趋重要的组成部分，但是，农业生产性服务业自身也是一个相对完整的体系。多数属于经营性服务，也有些属于公益性服务，甚至基本公共服务；有些属于专业性服务，有些属于综合性服务；有些属于阶段性服务，有些属于全程性服务；有的属于农业生产托管服务，有的属于非托管的一般农业生产性服务。在农业生产性服务主体为小农户和新型农业经营主体提供服务的同时，通过加强面向农业生产性服务主体的服务能力建设，让那些为农业生产性服务主体服务的服务商和服务平台能够更好地为各类农业生产性服务主体赋能并提供便利[①]，帮助农业生产性服务主体克服规模小、实力弱、层次低、能力差对其实现农业生产性服务业优质高效发展的制约，也是重要的。

---

① 如提供信息、培训和融资服务，帮助疏通要素、市场、人才等联系通道，甚至对相关创业者提供孵化服务。

要注意引导不同类型农业生产性服务业实现分层发展、分类发展、分工协作、优势互补和网络发展（姜长云，2016）。发展农业生产性服务业也要有系统性、整体性、协同性的理念，要注意引导不同类型的农业生产性服务业有机结合、优化组合和互动提升。尽管发展农业生产性服务业也需要根据不同时期、不同区域的情况因地制宜、因阶段制宜，注意整合资源、突出重点，但也不能把发展农业生产性服务业的过程片面理解为非此即彼的过程。如行业协会、产业联盟甚至龙头企业、农民合作社等提供的公益性服务，特别是政府、准政府组织提供的公共服务，具有较强的外部性，有利于降低市场化、经营性服务的发展成本和风险。从国内外经验来看，行业协会、产业联盟是带动行业提质增效升级的重要力量，在推进服务标准化、品牌化和开展行业培训、行业自律维权等方面，发挥了不可替代的重要作用。需要指出的是，有人质疑农业生产性服务主体借服务之机带肥带药销售。我们认为，对此简单质疑是不合适的。如果服务主体带肥带药销售没有降低甚至提升了服务质量，没有增加农民的农产品生产成本，甚至帮助农民实现了农业提质增效节本降险。这又有什么不好呢？对于农户和新型经营主体来说，哪种服务方式好，关键不在于形式，而在于是否有实惠和好的综合影响。

推进农业生产性服务业网络发展，有利于在不同类型的农业生产性服务业之间形成互相烘托、借势发展的格局，有利于增进农业生产性服务业发展的规模经济、范围经济和网络效应，降低农业生产性服务业发展的成本和风险，也有利于克服农业生产季节性、品种和区域差异性对农业生产性服务业资源、设施利用的负面影响。网络效应，是某种产品或服务的价值会随着其用户数的增加而增加，并具有正反馈机制（江小涓，2017）；"如果网络中节点的数量以算术级的速度增长，网络的价值就在以指数级的速度增长。新网络用户的加入会使所有用户的价值都得到提升"（凯文·凯利，2014）。不同类型、不同行业农业生产性服务业的互补发展，有利于带动这种网络效应的形成。有的农业生产性服务项目直接效益不是很高，但它的进入有利于在不同类型的农业生产性服务项目之间形成网络互补关系，增进相互间的资源、要素、市场或环境联系，形成互为生态、相融共生的效果，带动整个农业生产性服务业网络价值升级。对这些农业生产性服务关键项目的建设，应从追求项目价值最大化转向追求网络价值最大化。要注意引导这些关键性的农业生产性服务项目，特别是农业生产性服务公共平台和各种涉农平台型企业激发和提升其网络价值，鼓励其在整合资源、集成要素和服务、拓展服务市场方面进一步发挥作用，发挥对农业生产性服务业高质量发展的"画龙点睛"作用。

3. 聚焦农业重点产业链和关键领域、薄弱环节、突出短板

发展农业生产性服务业要从农户和新型农业经营主体最关心最直接最现实的利益问题入手，聚焦农业重点产业链和农业发展的关键领域、薄弱环节和突出短板，创新农业生产性服务业业态和商业模式。这样不仅有利于集聚规模化、区域化、连片化的农业生产性服务需求，通过增进需求规模经济，培育农业生产性服务业发展的兴奋点；也有利于促进农业生产性服务业更好地实现提质增效节本降险，并增强可持续发展能力。毕竟，"市场容量是诱导农业生产性服务主体生成的关键"，"农业领域纵向分工与服务外包的形成，既受市场容量的限制，亦反向促进市场容量生成"，而市场容量包括纵向分工中的可交易频率和横向分工中的可交易密度（罗必良，2017）；在"既定区域内，市场容量决定着农业分工水平。单个小农户的土地规模小而分散，难以形成实现分工所需要的市场容量"，引导农户或农业经营主体"进行集中化、连片化与专业化生产，由此形成服务需求规模，不同生产环节的外包服务主体才具有进入市场的比较成本优势"（罗必良等，2019）。当然，不同类型地区农业发展的关键领域、薄弱环节和突出短板，可能呈现较大差别，如有的是机耕或机收服务，有的是水稻工厂化育秧服务，有的是病虫害统防统治服务等。聚焦重点产业链、关键领域、薄弱环节和突出短板，可以同培育壮大乡村优势特色产业结合起来，更好地助力乡村振兴。

4. 着力增强农业生产性服务业的本土根植性和可持续发展能力

需求是农业生产性服务业发展的真正动力，也是支撑其可持续发展的根基。农业生产性服务业发展，之所以要聚焦农业重点产业链和关键领域、薄弱环节、突出短板，很大程度上也是因为基于重点产业链和关键领域、薄弱环节、突出短板的农业生产性服务需求，是农业生产性服务业生成发展的沃土。因此，发展农业生产性服务业，首先要注意面向本地化农业生产性服务需求，做好适应需求和创新供给引导需求的文章。只有这样，才能增强农业生产性服务业的本土根植性。有人问农业生产性服务组织可否跨区（县、乡镇、村）流动作业？我想这可能主要看服务组织跨区流动作业是否划算，有无经济合理地做好跨区作业的能力和成本、交易成本优势。一般来说，在本区域从事农业生产性服务容易赢得服务对象的信任，也有较好的成本和交易成本优势。在优先满足本土化农业生产性服务需求的同时，通过跨区域流动作业拓展服务范围，未尝不是一种理性选择。但如果连本土化的农业生产性服务需求都未能满足，就来思考怎么跨区域流动作业，是否有些"好高骛远"甚至"作风漂浮"？况且，立足本地农业发展对生产性服务的需求，容易推进农业生产性服务创新，更好地做到脚踏实地、用户导向。当然，实际情况可能更为复杂，在立足当地部分需求推进农业生产性服务供给创新的同时，根据经济合理原则和发展的战略需求，适度拓展跨区服务也未尝不可。

自2018年8月，非洲猪瘟对中国生猪生产的影响有目共睹，生猪跨区域调运受到很大限制。自2020年1月底，新冠肺炎疫情扩散蔓延，给人民生命安全和身体健康带来重大威胁。许多地方为遏制疫情扩散蔓延，采取封城、封路、封村、封社区或网格化管控模式，导致市场和要素流通渠道遭到人为分割，鲜活农产品供给首当其冲。暂时不论这些方法有哪些值得完善之处，从非洲猪瘟和新冠肺炎疫情的影响来看，过度追求特定农产品生产向优势产区集中，以及随之而来的单一农产品集中采购、仓储、配送模式和大范围跨区域调运格局，面对人和动物重大疫情的冲击，其局限性也会迅速凸显。今后为克服这种局限，更好地保障重要农产品特别是鲜活农产品有效供给，对于大城市、特大城市和都市圈，应该有一定的主要农产品自给率要求。在引导主要农产品特别是鲜活农产品向优势产区布局的同时，适度推进优势特色产区的多元化、分散化和网络化，有利于增强面对重大公共危机事件的应急响应和抗风险能力。与此相对应，农产品优势特色产区布局，甚至农产品采购、仓储、配送和调运格局，很可能呈现从集中式向分布式适度转变的趋势，带动农业生产性服务业区域布局由集中式向分布式转变。这样不仅有利于减少供应链环节，还可以增强对重大公共危机事件的动态适应和柔性响应能力。

5. 科学处理重点服务小农户与服务规模化新型农业经营主体的关系

2019年8月发布的《农业农村部办公厅 财政部办公厅关于进一步做好农业生产社会化服务工作的通知》明确要求"服务对象要进一步突出小农户"，"对接受服务的单个规模经营主体，应合理确定每年享受项目任务补助的资金总量上限，防止政策垒大户"。发展农业生产性服务业要把健全面向小农户的农业社会化服务体系作为重点,也要注意引导新型农业经营主体更好地带动小农户成长。这有利于培育农业生产性服务业发展的兴奋点,增强其可持续发展能力。如鼓励农业产业化龙头企业依托农业产业化联合体,通过农资统购分销、农产品分产统售等方式,承接农业生产托管服务主体提供的服务,带动小农户共同发展。鼓励农民合作社或村级集体经济组织引导小农户实现耕地集中连片耕作,更好地承接规模化服务组织提供的服务。这有利于帮助小农户降低使用农业生产性服务的成本和风险,增强对接规模化服务组织的便利。近年来,许多地方特色农业发展很快,但特色农业营销能力建设严重滞后于生产能力,加剧产品积压滞销和价格下跌风险,小农户往往首当其冲。要把加强面向小农户的产销服务,畅通小农户对接互联网的渠道,作为健全面向小农户的农业社会化服务体系的鼓励方向,拓展小农户与现代农业发展有机衔接的通道,鼓励各类平台型企业在此方面发挥引领带动作用。随着农业劳动力老弱化的加大,面向千家万户的农业科技推广方式日益凸显其局限性。许多地方把农业生产性服务业作为推进科技兴农的通道,其效果正在迅速显现。如有些地区把发展滴灌同推进精准施肥撒药结合,利用互联网、物联网技术从事病虫害统防统治等,对此也应引起重视。要注意通过推进服务标准化、品牌化,引导农业社会化服务组织提高面向小农户的服务质量。

　　农业生产性服务组织的服务对象除小农户外,还有规模化的新型农业经营主体。如果把对小农户提供服务比作零售业务,那么对新型农业经营主体提供服务相当于批发业务。相对而言,面向新型农业经营主体提供的市场化、经营性服务,成本和交易成本往往比较低,更容易实现节本增效和降低风险,更容易提高竞争力和可持续发展能力。但是,农业生产性服务组织面向新型农业经营主体的服务,应该属于市场行为,充其量在其发展的起步阶段,政府可以从鼓励创新的立场,对其提供一些引导和示范支持;待其进入成长特别是成熟阶段,应该主要依靠服务组织参与市场公平竞争,在竞争中培育参与竞争的能力。农业生产性服务组织面向小农户提供的服务,在某种程度上带有"扶危济困"性质,外部性较强,盈利难、风险和不确定性较大。至少在其发展的初期,在农业生产性服务组织的服务行为得到小农户"大面积连片"认可前,政府可以借鉴扶持幼稚产业的思维(速水佑次郎、神门善久,2009),对农业生产性服务业的发展提供必要的引导和支持。这有利于激发农业生产性服务组织面向小农户、服务小农户、带动小农户的主动性和创造性，也有利于推进农业生产性服务业向着以服务小农户为重点的方向扎实前进。

三、建设高标准市场体系、更高水平开放型经济成为完善国家治理的战略取向

最近几年来，加快建设高标准市场体系、更高水平开放型经济新体制，已经成为推进国家治理体系和治理能力现代化的基本取向。党的十九届四中全会通过的《中共中央关于坚持和完善中国特色社会主义制度 推进国家治理体系和治理能力现代化若干重大问题的决定》明确提出，"完善公平竞争制度，全面实施市场准入负面清单制度……强化竞争政策基础地位，落实公平竞争审查制度，加强和改进反垄断和反不正当竞争执法"，"实施更大范围、更宽领域、更深层次的全面开放……促进内外资企业公平竞争……健全外商投资准入前国民待遇加负面清单管理制度，推动规则、规制、管理、标准等制度型开放……健全外商投资国家安全审查、反垄断审查"等制度。2019年6月28日，习近平总书记出席二十国集团领导人第十四次峰会并发表重要讲话时强调，我们将"对在中国境内注册的各类企业平等对待、一视同仁，建立健全外资企业投诉机制"。这些重大制度和政策导向，虽然不是专门针对农业生产性服务业，但将对未来农业生产性服务业发展的政策走向产生深刻影响。把握农业生产性服务业发展的历史方位，必须充分注意这一点。

（一）建设高标准市场体系要求强化竞争政策的基础和优先地位

近年来，中央反复强调要"充分发挥市场在资源配置中的决定性作用，更好发挥政府作用"。与此相联系，如何科学处理竞争政策与产业政策的关系，日益成为完善经济政策必须回答的重大理论和实践问题。基本的趋势应该是推进经济政策体系由以产业政策为中心转向以竞争政策为基础；强调竞争政策一般性与产业政策特殊性的统一和协调，促进产业政策由选择性向功能性转型。因为公平竞争是市场经济的核心，也是实现高质量发展的重要前提。应该

用竞争政策统领和协调各项经济政策，着力营造鼓励公平竞争的市场环境和产业生态。竞争政策的直接目标是改善和维护市场公平竞争机制，核心是促进经济效率的提升，终极目标是提高消费者福利。维护市场统一、消除市场壁垒、反对形形色色的地方保护主义和行政垄断行为，应是其题中应有之意。产业政策的作用应该限制在市场机制失灵的特殊领域，存在特殊的约束条件，如处于创新早期的幼稚性领域、具有较强外部性的公共安全领域（王一鸣，2018；藏跃茹，2018）。

选择性产业政策针对特定产业采取直接扶持或限制发展的政策措施。功能性产业政策更加强调完善市场竞争秩序、弥补市场缺陷和鼓励激励创新，更加强调竞争友好。[①] 今后产业政策的制定和实施应更加重视对市场竞争的影响，尊重市场竞争机制，尽可能减少政府行为和政府政策对发挥市场竞争作用的负面影响（石达，2019）。应该把创新政策置于产业政策的核心地位，完善产业政策的适时调整和退出机制，引导产业提质增效升级，着力提升产业创新力、竞争力和可持续发展能力（赵昌文等，2016；黄汉权等，2017）。对产业发展的财税、金融支持，应善用"文火"，少下"猛药"，防止因"猛药"恶补，加剧产业发展的大起大落；更多采取"普惠制"而非"特惠制"方式（姜长云，2007）。即便是选择性产业政策的支持对象，也应以行业领域或关键环节为主，弱化对特定市场主体的直接干预（黄汉权等，2017）。要将对产业政策的运用，同打造市场化、法治化、国际化的营商环境结合起来。

《国务院关于在市场体系建设中建立公平竞争审查制度的意见》（国发〔2016〕34号）就是"为规范政府有关行为，防止出台排除、限制竞争的政策措施，逐步清理废除妨碍全国统一市场和公平竞争的规定和做法"而制定的，并明确要求"尊重市场，竞争优先"，"最大限度减少对微观经济的干预，促进和保护市场主体公平竞争"。随着公平竞争审查制度的进一步落实，竞争政策在经济政策体系中的优先地位会进一步强化；竞争政策上位、产业政策转型并退居补充和辅助地位，也会进一步显现。

[①] 如选择性产业政策的主要手段包括直接干预市场，试图以政策部门的判断和选择代替市场机制，保护和扶持在位的大型企业等。功能性产业政策主要通过加强物质性、社会性、制度性基础设施建设，推动和促进技术创新和人力资本投资，维护公平竞争，降低社会交易成本，创造有效率的市场环境，使市场功能得到发挥（黄汉权等，2017）。

（二）强化竞争政策基础性地位要求农业生产性服务业发展更好地坚持市场导向、公平竞争

1. 积极营造有利于相关企业家成长的营商环境和产业生态

在农业生产性服务业的发展中，企业家是推动高质量发展的领头雁，也是参与市场竞争的中坚。① 强化竞争政策的基础地位、推进农业生产性服务业高质量发展，必须把优化营商环境和产业生态放在首位，注意激发市场主体活力和创新创业创造潜能，鼓励相关企业家脱颖而出。这有利于增强农业生产性服务业的本土根植性。农业生产性服务业企业家善于从当前农业、农业生产性服务业发展的不协调中，找到发展农业生产性服务业的兴奋点和盈利机会。有些地方在发展农业生产性服务业的过程中，一方面注意培育本土企业家，另一方面注意引进外来企业家创新创业。对于哪些外来企业家值得引进，应优先考察企业家对农业和农业生产性服务业市场需求变化的灵敏度，对围绕本地农业生产性服务业进行创新创业的专注度，对本土涉农产业开发和企业家成长的带动力。② 从2020年1月底开始，为遏制新冠肺炎疫情扩散蔓延势头，中国许多地区一度采取了限制人员流动和聚集性活动的措施，导致大型商场、超市、连锁店等农资、农产品线下销售渠道面临重大冲击，也给农资、农产品线上销售带来成长契机，导致电商和"小程序、短视频、微商场"等数字化、在线化销售业态广受关注。相关农业生产性服务企业家的创新活动功不可没。

当前，在中国农业生产性服务业的发展中，优化营商环境和产业生态问题亟待引起进一步重视。李克强总理在2019年的《政府工作报告》中提出，"政简易从。规则越简约透明，监管越有力有效"。当前面对国内外风险挑战明显上升的复杂局面，要注意用优化营商环境的稳定性和持续性，对冲国内外发展环境的不稳定性和不确定性；用营商环境的简约化对冲国内外风险挑战明

---

① 这里所说的企业家，与现实生活中的厂长、经理、总裁等不是一回事，更多地对应经济学中的"企业家精神"。通俗地说，企业家善于在平常中发现别人发现不到的机会，并且能够把这种机会变成赚钱的现实。当然，这种赚钱的前提应该是遵守国家法律、恪守道德和诚信底线。开拓创新是企业家精神的灵魂所在。善于冒险、具有驾驭市场的能力和魄力，是企业家素质的重要表现。

② 从国内外经验看，一个卓越的企业，往往是企业家成长的"摇篮"，有利于培养带动更多的小微企业家脱颖而出。

显上升的复杂化。通过建设稳定公平透明、可预期的营商环境和鼓励创新创业、倡导竞争的产业生态，努力让企业家或农业生产性服务业的创业者做到安心、省心、舒心和对未来发展有信心。观察营商环境要看明规则，更要看潜规则。要坚持市场化、法治化、国际化原则，帮助企业切实化解推进农业生产性服务业高质量发展的痛点、难点，培育兴奋点。

2. 创新农业生产性服务业支持方式

当前，就总体而言，中国农业生产性服务业仍处于幼稚期，产业发展规模小、成本高，也存在要素禀赋、技术、经验和人才等方面的先天不足。企业家的投资积极性尽管在部分先行领域已经较强，但在总体上仍待进一步提升，影响产业的自我顺利成长。农业生产性服务业具有显著的规模经济特征和未来发展前景。如果政府对其提供必要的支持保护，可望产生良好的知识、技术、经验溢出效应，产业发展的外部性较强（刘志彪，2015）。当然，根据国内外经验和产业政策的研究成果，保护幼稚产业不能限制竞争，不能定向支持特定企业，应该更多通过普惠支持促进企业间优胜劣汰。否则很容易陷入对国家支持或政府补贴的长期依赖，侵蚀培育自我发展能力的主动性和积极性。

2019年8月发布的《农业农村部办公厅 财政部办公厅关于进一步做好农业生产社会化服务工作的通知》明确要求，对以农业生产托管为主的农业生产社会化服务项目"公平规范选择服务主体"，"按照公平竞争、规范择优方式，在县域内外选择规范化、专业化、社会化的服务组织承担项目任务"，"项目任务实施县应根据农业生产不同领域、不同环节、不同对象和市场发育成熟度，确定不同的财政补助标准，原则上财政补助占服务价格的比例"或总量应不超过一定上限，"根据农民的认知和接受程度，以及服务市场的发育成熟度，补助标准可相应逐步降低"。这些政策精神较好地体现了坚持市场导向、公平竞争的方向。要注意引导农业生产性服务组织通过公平竞争培育自身创新力、竞争力和可持续发展能力。

这里值得探讨的是，对农业生产性服务业的财政支持，是补贴服务组织好，还是补贴服务消费者的农业经营主体（包括小农户和新型农业经营主体）好？《农业农村部办公厅 财政部办公厅关于进一步做好农业生产社会化服务工作的通知》要求，"项目任务实施县要根据自身条件，认真研究制定具体补助方式和运行机制，面向小农户开展的服务，补助资金可以补服务主体，也可以补农户,坚持让小农户最终受益"。我们认为,在鼓励各地因地制宜探索具体补贴办法的前提下,通过面向服务需求方发放农业生产性服务消费券的方式①,鼓励各地将补贴资金由补贴服务组织转变为补贴服务消费者,通过农业生产性服务消费者的自由选择和服务市场的公平竞争,可望激励和督促服务主体更好地坚持用户导向,推进贴近经营主体需求的服务创新,提升农业生产性服务质量和消费体验。鉴于农业生产性服务组织面向新型农业经营主体提供服务往往效益明显强于面向小农户提供服务,建议服务消费券的发放因地制宜地向小农户倾斜,甚至可集中支持面向小农户的农业生产性服务消费。

政府②根据当地自然地理条件、作物种类和农户类型、种植规模,向农户发放农业生产性服务消费券;农户自由选择服务主体,服务主体根据农户需求提供服务后,农户用服务消费券部分抵扣服务主体的服务收费,但服务消费券抵扣额不得超过服务报酬的一定比例。这种方式可能有利于强化农业生产性服务市场的竞争机制,有利于不同农业生产性服务组织之间的公平竞争、优胜劣汰。当然,也有人担心,给农户发放农业生产性服务消费券之后,会不会出现农户不利用服务消费券购买服务,而将服务消费券折价倒卖,导致服务消费券转化为金融衍生品的问题。笔者认为,只要制度设计得好,就可以规避这个问题。目前创新券政策在国内外得到广泛应用并取得良好成效,就清楚地说明了这一点。③ 实行农业

---

① 如在国内外养老服务业发展中,通过发放服务消费券方式补贴服务消费者,政府通过竞争性购买方式采购公共服务,已经成为成熟经验。这样有利于引导服务组织之间通过公平竞争提高服务质量。我国洛阳等地也通过发放家庭服务消费券,引导家庭服务企业承担政府扶贫济困、帮扶特殊群体和托老、托幼、托病等公益性服务职能。

② 可因地制宜,探索通过村委会、农村合作经济组织等实施方式,节省交易成本。

③ 近年来,创新券政策受到国家特别是许多地方政府的重视。创新券是政府向中小企业或科技型中小企业免费发放,专用于购买科研、研发机构创新服务的权益凭证,旨在推动中小微企业积极购买科研机构的科技服务,有利于激发中小微企业的创新需求,降低其创新成本和风险。创新券政策主要通过政府购买公共服务方式,普惠性支持面向中小微企业需求的创新服务,解决科研、研发机构创新供给难以惠及和匹配中小微企业创新需求的问题,推动形成基于用户导向的研发创新模式。有创新需求、符合政府设定方向和条件的中小微企业均可申领。政府向企业发放创新券,企业用创新券到科研机构购买科技创新服务,科研机构持创新券到政府财政或相关部门兑现。借此促进产学研用合作,帮助中小微企业提高创新资源、创新成果的可得性。创新券资助方式灵活,不能自由流通,作为政府发行的专门证券采取实名制,不是金融衍生品,不能违规套现,因而不具备通常意义的金融风险。通过规定和技术手段明确创新券不能也不得转让、赠送和买卖;对接受创新券的科研机构有一定准入要求,吸纳服务能力强、水平高、信誉好的机构进入服务单位名录。对企业或研发机构弄虚作假的行为严厉处罚,如追回资金、列入严重失信黑名单、一定期限内不得申报各级科技项目。

生产性服务消费券政策,不仅有利于引导激发农户和新型农业经营主体的农业生产性服务需求,还可以同建立服务主体名录管理制度、推进农业生产性服务业诚信体系建设结合起来,倒逼农业生产性服务业提质增效升级,提升财政补贴资金的使用效率和透明度。罗必良等(2019)认为,应将对农业生产者的补贴转向对农业服务商的支持。笔者认为,对服务商的支持应该采取普惠制,不能采取特惠制,否则容易导致不同类型服务主体之间的不公平竞争,容易出现类似于选择性产业政策的局限。

发放农业生产性服务消费券,是支持农业生产性服务商培育市场的一种办法,又规避了对农业生产性服务商的选择性支持和对部分服务商的事实歧视。近几年的中央一号文件都要求进一步完善农业补贴政策。2019年中央一号文件更是明确提出"按照增加总量、优化存量、提高效能的原则,强化高质量绿色发展导向,加快构建新型农业补贴政策体系。按照适应世贸组织规则、保护农民利益、支持农业发展的原则,抓紧研究制定完善农业支持保护政策的意见。调整改进'黄箱'政策,扩大'绿箱'政策使用范围"。农业生产性服务消费券政策,实际上是一种农业服务消费补贴政策,其中相当一部分与WTO框架下绿箱政策中支持一般服务的内容相关,如涉及病虫害控制、培训服务、推广和咨询服务、检验服务、营销和促销服务,也有的介于黄箱政策和绿箱政策之间。有些地方主要农产品只有那么几种,实施农业生产性服务消费券政策的受益者可以说是少数特定农产品,也可以说不是,只要我们在制度设计上更加注意精细化并与WTO规则协调即可。黄箱支持量受到WTO规则限制,绿箱政策不需做出减让承诺。因此,实行农业生产性服务消费券政策,可以同加强政府对农业的一般公共服务更好地对接起来,为推进黄箱政策绿箱化提供重要途径。

(三)对于农业生产性服务业发展中健全外商投资国家安全审查和反垄断审查制度应该超前谋划、前瞻应对

中国农业生产性服务业发展虽然在总体上仍属于初级阶段,但随着其发展规模的迅速扩大和盈利前景的迅速凸显,在部分领域、部分地区对国内外投资的吸引力正在显著增强,越来越多的农业生产性服务领域正在成为国内外投资

的新热点。农业生产性服务业具有较强的规模经济和范围经济特点,部分领域尤其是农业生产性服务平台建设具有"赢者通吃""先下手为强"等特征。随着农业生产性服务业的发展,特别是国外投资规模的扩大,健全外商投资国家安全审查和反垄断审查制度的重要性和紧迫性也在明显增强,需要引起重视。健全外商投资国家安全审查符合国际惯例,也是全球范围内不断加强的趋势。世界主要国家和地区都在不断扩大外商投资国家安全审查的涵盖范围,并将其作为国家产业政策的有效防御工具(张国勋、王大坤,2019)。借鉴国内外经验,农业生产性服务业作为现代农业的战略性新兴产业,更要通过健全外商投资国家安全审查制度,维护中国国家安全和战略利益。《外商投资法》已于2020年1月1日施行。要结合健全外商投资准入前国民待遇加负面清单管理制度,推进外商投资国家安全审查制度在农业和农业生产性服务领域更好地落地。

健全反垄断审查制度、加强反垄断执法,是强化竞争政策基础性地位的重要体现。2020年2月中国《反垄断法》修订草案已进入公开征求意见阶段。但是,随着农业生产性服务业新技术新业态新模式的迅速崛起,反垄断的复杂性也在显著增强,给反垄断审查和执法带来了新的挑战。要加强相关新情况新问题的跟踪研究,努力提高反垄断措施和《反垄断法》执行的针对性和有效性。通过综合推进健全外商投资国家安全审查和反垄断审查制度,增强超前谋划、前瞻应对能力,并增强对农业生产性服务业重大风险的防控能力。

第三章

论农业生产托管服务发展的四大关系

近年来,中国农业生产托管服务迅速发展,成为发展农业生产性服务业、带动小农户发展适度规模经营的主要方式,也为发展服务型农业规模经营提供了重要路径。与此同时,对中国农业生产托管服务的研究迅速升温,一些基于实践而又能有效指导实践的研究成果脱颖而出。但就总体而言,中国农业生产托管服务的发展仍然处于初级阶段,对农业生产托管服务的研究仍然亟待深化。在调动一切积极因素、鼓励各地因地制宜自主探索的前提下,廓清农业生产托管服务发展的重要关系,对于科学认识农业生产托管服务的形成机制和演变逻辑,有效把握支持农业生产托管服务发展的重点、导向和政策选择,具有重要意义。

一、支持农业生产托管服务与支持农业生产性服务业的关系

(一)生产性服务、农业生产性服务业及其政策支持的重点

生产性服务是在其他产品或服务的生产过程用作中间投入的服务。生产性服务业是提供生产性服务的企业或机构的集合体,主要通过市场化、外部化、独立化方式为产品或服务的生产过程提供作为中间投入的服务(姜长云,

2016），具有专业性和知识性等特点。其产生和发展就是建立在成本优势基础上的专业化分工的深化，以及企业外包活动的发展（吕政等，2006）。在产业经济研究中，关于生产性服务业与制造业关系的讨论较多，关于生产性服务业与农业关系的研究则要少得多；但是关于生产性服务业与制造业关系的研究，撇开制造业与农业产业属性的差异及其影响，可以延伸拓展到生产性服务业与农业关系的认识上。理论界关于生产性服务业与制造业的关系，主要有需求遵从论、供给主导论、互动论和融合论等不同观点（顾乃华等，2006）。从历史上看，生产性服务业与制造业关系的演变经历了从需求依附到相互支撑再到发展引领的阶段演变，这种阶段演变的形成动因包括社会分工的深化、市场竞争方式的变化和价值创造方式的更替（宣烨、胡曦，2018）。顾乃华（2008）的研究还发现，生产性服务业不断发展壮大源于其强大的产业关联效应，尤其是前向的产业关联效应。

由生产性服务业的概念和产业属性，可以自然推导出农业生产性服务业的概念和产业属性。农业生产性服务业是面向农业产业链提供生产性服务的服务业，也可称作面向农业产业链的生产性服务业（姜长云，2011，2016）。《农业部　发展改革委　财政部关于加快发展农业生产性服务业的指导意见》（农经发〔2017〕6号）提出，"农业生产性服务是指贯穿农业生产作业链条，直接完成或协助完成农业产前、产中、产后各环节作业的社会化服务"。按照冀名峰、李琳（2019）的解释，"直接完成或协助完成"实际上就是直接替农民或帮农民"下地干活"的意思，农业生产性服务业是指"下地干活"的那部分社会化服务。比如村里办的农药店属于社会化服务，但不一定是生产性服务；如果这个农药店既卖农药，又帮农民进行病虫害防控，下地干活了，这就叫农业生产性服务。

笔者之前的研究显示，发展农业生产性服务业与建设农业社会化服务体系在大的方向上是一致的，在内容上也大致相同，但二者强调的重点也有明显不同（姜长云，2016）。实际上，农业生产性服务业中的"生产"二字，与通常所说的"工业生产""农业生产"中的"生产"二字并非等同，对此要从"生产性服务业"这个完整概念中进行准确把握，前文已经说得非常清楚。因此，无论是否替或帮农户"下地干活"，只要面向农业产前、产中、产后环节提供了作为中间投入的服务，而且这种服务呈现市场化、外部化、独立化形态，都属于农业生产性服务业。冀名峰、李琳（2019）将是否"下地干活"作为区分农业社会化服务是否是农业生产性服务的标准，明确支持农业生产性服务业应该通过重点支持农业社会化服务帮助农民"下地干活"，来解决谁来种地、怎样种好地等问题。冀名峰、李琳在农业农村部长期分管农业社会化服务工作，他们持有这种政策主张，应该更多地同农业农村部的职能定位有关，因为如果不能替或帮农民"下地干活"，比如他们举例的乡村农药店如果不帮农民进行病虫害防治，可能就不属于农业农村部职责范围的重点支持对象了。况且，重点支持能够帮助农民"下地干活"的农业社会化服务，有利于更好地带动小农户发展现代农业，支持农业生产性服务业"抓重点、补短板、强弱项"也应作为重点。农业农村部是国务院农业农村发展主管部门，农业农村部支持的农业生产性服务业或农业社会化服务发展重点，当然也应是国家相关支持的重点所在。

（二）农业生产托管服务业及其外延

按照《农业部办公厅关于大力推进农业生产托管的指导意见》（农经办〔2017〕19号），"农业生产托管是农户等经营主体在不流转土地经营权的条件下，将农业生产中的耕、种、防、收等全部或部分作业环节委托给农业生产性服务组织完成的农业经营方式"。农业生产托管服务业是农业生产性服务业的重要组成部分，属于面向农业产中环节的农业生产性服务业。单纯面向农业产前或产后环节的生产性服务业，如农资经销服务业、农产品销售或储藏保鲜服务业，不属于农业产中环节，更没有替或帮农民"下地干活"，不属于农业生产托管服务业。

面向产中环节的农业生产性服务也不全是农业生产托管服务。如后文所说的农业土地托管服务，它替或帮农户"下地干活"了，也属于农业生产性服务业支持对象。县乡农技部门向农户提供的科技服务，农业生产性服务公司按照常规的市场交易方式，分散、零碎地对农户提供市场化农机或植保服务，由于在农户和服务公司之间不存在相对规范的服务委托关系，只是一般的服务买卖关系，不宜纳入农业生产托管服务业的支持对象。

有些农业生产性服务业虽然不属于农业产中环节，但与农业产中环节联系密切，农业生产性服务组织通过卓有成效的组织协调，将其同产中环节的生产性服务组合集成起来，形成以产中环节为核心的服务"成套"供给，也应归入农业生产托管服务业的支持范围。冀名峰、李琳（2019）认为，这实际上是农业产前或产后环节同产中环节融合了，如农资销售属于农业产前服务，但带药防控则属于产前、产中环节的融合。有些农业生产性服务组织将化肥、农药等农资供应服务或农产品销售、储藏保鲜服务同农业产中的耕、种、防、收服务结合起来，应该归入农业生产托管服务。

发展农业生产托管服务是引导农户等农业经营主体推进农业服务外包的重要方式，也是发展服务规模经营的重要途径，为化解大国小农背景下农业质量、效益、竞争力低的困境，提供了有效解决方式。考虑到农业生产托管服务主要居于农业产中环节，而产中环节正是小农户活动最为集中的领域，支持农业生产托管服务的发展，更容易产生"促进小农户与现代农业发展有机衔接"的效果。支持农业生产托管服务的发展，应是支持农业生产性服务业发展的重点。考虑到在大国小农背景下，相对于通过推进土地流转培育新型农业经营主体主导的农业土地规模经营，通过培育新型农业服务主体实现农业服务规模经营是更为重要的路径（姜长云，2016）。农业生产托管是推进农业服务规模经营的主要形式，今后应该调整农业规模经营政策的支持方向，重点向农业服务规模经营倾斜；应该强化农业社会化服务业扶持政策的规模经营指向，将社会化服务规模经营作为政策激励的重点（冀名峰、李琳，2020）；应该加强对农业生产托管服务业发展的政策支持，并适度向支持服务规模经营聚焦。

（三）统筹推进增强农业生产性服务业系统功能与突出托管服务支持重点

作为现代农业战略性新兴产业的农业生产性服务业是个有机整体，注意其内部各组成部分之间的系统性、整体性和协同性，才能更好地增强其系统功能，激发提升其对农业延伸产业链、打造供应链、提升价值链的整体价值。如农业会展服务、农产品质量检验检测服务、农业知识产权服务，不属于农业生产托管服务，但对拓展提升农产品市场、培育农产品品牌、增强农业创新驱动能力，具有重要的引领支撑作用。即便在农业产中环节，部分非农业生产托管服务，如常规的农业物流或融资保险服务，对农业生产托管服务业发展仍有重要的支撑或助推作用。又如某某农化网提供的服务、农业废弃物资源化利用服务、农产品冷链物流或产销衔接服务，在本质上属于农业生产性服务，但不直接帮农户"下地干活"，不是农业生产托管服务。促进这些农业生产性服务的优化组合和协调互动，有利于完善农业生产托管服务业发展的产业生态，应注意促进其与农业生产托管服务互动协调、共生共融发展。

可见，尽管农业生产托管服务对小农户发展现代农业的直接带动效应显著，应该作为支持农业生产性服务业发展的重点；但支持农业生产性服务业发展，应该把支持农业生产托管服务与支持发展非托管的农业生产性服务业结合起来。当然，支持发展非托管的农业生产性服务业，在方式上与支持农业生产托管服务应该有别。比如支持涉农平台型企业，可以通过政府采购公共服务适度倾斜。支持农业生产性服务业应以支持农业生产托管服务为重点，但也不宜搞农业生产托管服务"一统江湖"。否则，顾此失彼，容易事倍功半。如许多涉农平台型企业提供覆盖全程的农业生产性服务，包括面向托管服务企业提供培训和要素、市场对接等赋能服务，属于农业生产性服务业分层发展的重要内容，有利于引领支撑农业生产托管服务的发展，提升托管服务企业的服务能级和服务质量。

二、农业生产托管服务与农业土地托管的关系

近年来，农业生产托管服务蓬勃发展，推进了农业生产性服务业这个农业战略性新兴产业的"落地生根"和"开花结果"。据农业农村部统计，到2018年底，全国农业生产托管服务面积已达13.84亿亩次，较上年增长52.7%；耕、种、防、收环节农业生产托管服务面积分别达4.08亿亩次、3.18亿亩次、2.72亿亩次和3.86亿亩次，分别占托管服务总面积的29.5%、23.0%、19.6%和27.9%；而在耕、种、防、收环节农业生产托管服务面积中，农户接受服务的面积分别占71.7%、71.9%、59.9%和71.4%；服务组织达到37.00万个，其中农村集体经济组织7.78万个，农民合作社15.31万个，农业企业2.40万个，其他组织11.51万个，分别占服务对象总数的21.0%、

41.4%、6.5%和31.1%，分别较上年增加11.8%、12.7%、43.6%和27.2%；服务对象达到4633.06万户，其中接受服务的农户达到4191.48万户。① 许多地方形形色色的"田保姆"，正在为破解农业"谁来种地""如何种地"难题提供新思路，促进了小农户的转型提升并同现代农业发展有机衔接。有些地方的为农服务中心，农户只需到其网站下单即可接受植保、农机等服务。以植保服务为例，与之前农户自己打药相比，不仅节本增效增产增收，还可以省工省药，规避了农户自己打药对人体的危害。

（一）农业生产托管及其本质

农业生产托管在本质上是农户或农业经营主体的服务外包，即将农业机耕、机收等作业或全程作业托管给服务组织承担。在这种托管方式下，农户或新型农业经营主体保留土地或农业经营权，通过农业生产性服务组织解决了自身干不了、干不好、干得不经济合理的问题，农户仍然是独立的农业生产经营主体。如山东淄博临淄区已形成集"耕种管收"各环节于一体的农业生产托管服务模式，实现了服务对象由龙头企业、农民合作社、家庭农场、种植大户等新型农业经营主体向小农户的延伸，服务领域由农机作业服务向农业全产业链的拓展，带动了农业产前、产中、产后环节各类服务组织的成长。该区推进耕种管收托管服务模式，坚持以家庭承包制不变、农民土地使用权不变、农民经营主体不变、农民受益主体不变为前提，促进小农户与现代农业发展有机衔接。② 即便是农业生产全程托管，也是将覆盖全程的主要农业生产作业环节外包或委托给农业生产性服务组织提供服务，农户并未将农业经营权拱手让与农业生产性服务组织，农户仍是现代农业发展的参与者，仍要负责日常的农业田间管理和农业经营。

速水佑次郎、神门久善（2003）在《农业经济论》（新版）中讨论的农作业承包，即小规模兼业或高龄农户将耕耘、收获等部分农作业委托给农业机械

---

① 农业农村部农村合作经济指导司、农业农村部政策与改革司：《中国农村经营管理统计年报·2018年》，中国农业出版社，2019年，第26－31页；乔金亮："万亿元农业生产性服务市场开启"，《经济日报》，2019年11月28日。

② 淄博市临淄区农业局："加强组织引导　实现粮食生产托管服务全覆盖"，农业部网站，2017年12月18日。

设备齐全的专业农户,也是农业生产托管。他们认为,这对提高农机设备齐全的专业农户的机械使用率作用明显,"久而久之就有可能转为全面承包。如果这种关系能固定下来,就扩大经营规模而言,其效果与租入农地基本一样"。此处的农业作业全面承包,应该类似于中国的农业生产全程托管。在日本还有农作业集体承包,即"村落内几十家农户共同提供土地,其中一部分人承包所有的农作业,分配成果时先从产值中扣除包括实际作业者工资在内的生产费用,剩余部分按土地面积平均分配的一种集体经营方式"。在此背景下,如果农业仍然维持整个村落的集体经营,那么这种农作业集体承包实际上相当于农业生产全程托管。如果取消了村落集体经营,整个村落把这些土地的经营权委托给承包所有农作业的服务组织,实际上相当于农业土地托管。只是速水佑次郎、神门久善(2003)没有对此展开讨论而已。但是,尽管如此,他们强调无论是作业承包还是经营承包,"一旦农地提供者与作业承担者之间的关系固定下来,为了更好地发挥作业承担者的企业家经营能力,应通过签订合同的方式明确规定其经营责任与风险,并赋予相应的报酬",这有利于提高经营效率和地租负担能力,激发企业家才能。这对中国农业生产托管或土地托管的发展是有借鉴意义的。

(二)农业生产托管与农业土地托管的本质差异:帮助农户还是代替农户

谈到农业生产托管,很自然地让人联想到农业土地托管。在现有文献和各地政策中,农业土地托管是一个界定得比较混乱的词。有的文献所称的土地托管实际上就是农业生产托管(胡凌啸、武舜臣,2019)。但是综合现有研究,我们认为规范的农业土地托管,应该是农户(或新型农业经营主体,下同)将农用土地经营权作为资产委托给农业服务组织从事经营管理,并在一定期限内放弃农业或土地经营权的方式。如部分地区通过村领办成立土地股份合作社等方式,将小农户的土地集中连片,再统一委托给服务组织完成作业服务甚至整个农业经营。有些地方在区域性的农业生产全程托管发展到一定阶段后,将农户土地经营权集中起来委托给农业生产性服务组织,待农产品收获后农业服务公司按标准返还给农户每亩一定数量的农产品实物,有的还按高于市价的一定比例回购，借此实现由农业生产托管服务向农业土地托管服务的转变。虽然农业生产托管服务和农业土地托管服务均可称为农业生产性服务，但土地托管服务在本质上不是农业生产托管服务。在今后相当长的时期内，农业生产托管服务与农业土地托管服务并存共生、竞争发展，应该是农业生产服务业发展的常态。

在农业土地托管方式下，农户将土地经营权委托给农业生产性服务组织管理后，在一定期限内，农户实际上退出了农业生产经营，不是发展现代农业的参与者，充其量只是发展现代农业的利益分享者，甚至只是发展现代农业的"局外人"；农户只是在一定期限内让渡土地经营权，获得租金或"租金+分红"收入；农业生产性服务组织接受土地托管后，在对应土地上进行种植决策和机耕、机收、植保等服务，严格意义上扮演的不是新型农业服务主体的角色，而是发挥新型农业经营主体的作用。这与其在流转的土地上从事农业经营并无太大差别。在土地托管服务中，从事农业土地托管服务的农业生产性服务组织实际上不是在"帮助农民"，而是在"代替农民"，农户无权干预相关土地上的农业经营管理。严格意义上说，在农业土地托管中，不存在小农户与现代农业发展有机衔接的问题。有的地方宣传那种"你外出安心务工，我为你耕种作收""你在外挣钱当老板，我在这为你管家守地田"的服务模式，虽然具体情况可能有所差别，不能笼统地将其排除在农业生产托管服务之外；但笔者认为在多数情况下这只能属于土地托管，不属于农业生产托管。

（三）防止混淆农业生产托管与土地托管形成决策失误

可见，不宜将农业服务组织开展的农业土地托管服务纳入农业生产托管服务的范畴，否则容易陷入对农业生产托管服务"贪大求洋"的误区。混淆农业生产托管和农业土地托管，容易形成政策误导和执行偏差。从推进规模经营的视角来看，规模化的农业生产托管属于发展服务规模经营的重要方式，但连片成规模的土地托管则是发展土地规模经营的重要途径，二者对农村就业、社会稳定、生态保护、文化传承乃至粮食安全的影响往往有明显的不同（姜长云，2020）。大多数农业生产托管，特别是在小农户将农业生产作业托管给服务组织承担时，坚持了以农户家庭经营为基础。只有部分农业生产托管例外，即这种农业生产托管不是发生在小农户与服务组织之间,而是发生在涉农企业与服务组织之间,比如说农业企业把从农户那里流转或通过"四荒地"开发获得的土地上的部分农业作业委托给服务组织承担。这就不存在以农户家庭经营为基础,而是以公司经营农业为基础。但较为规范的农业土地托管,一定以作为托管者的农户或新型农业经营主体放弃农业经营权为前提,一定不存在坚持农户家庭经营的问题,除非接受土地托管的服务组织是农户家庭。简单地说,面向小农户的农业生产托管一定是坚持了以农户家庭经营为基础,面向小农户的农业土地托管至少在一定期限内放弃了农户家庭经营的基础性地位。

案例 3-1 某农业服务公司开展托管服务的主要方式有订单式全程托管服务、菜单式生产托管服务、合作式平台托管服务。在订单式全程托管服务中,外出打工农户将土地委托给服务公司全权管理,实行从种到收全过程服务;公司通过组建农机、植保等服务队,开展配方施肥、农机和飞防施药等服务。在菜单式生产托管服务中,针对留守的老弱农民无力从事的农业作业环节提供服务"菜单",农业服务公司开展农资配送、农机作业、农技服务等农业生产部分环节的托管服务,农户可自由选择服务"菜单"。在合作式平台托管服务中,公司搭建农机服务平台,农民把自有农机委托给服务公司统一管理,借此获得租赁收益并解决闲置农机存放问题。公司可统一调配自有及各户的农机设备,统一调度机手,共同服务于订单托管。农业服务公司根据同粮食加工企业签订的订单,引导种植大户组织生产,并优选专用品种进行订单种植,按照不同品种的生产要求统一订单供应,统一种植流程,统一服务方案,并构建了订单供种、精准种植、土壤监测、配方施肥、统防统治、减药降残、科学收获、减少污染、保粮质量、加价回收等五环服务模式,取得了良好成效。(参见山东济宁大粮农业服务有限公司:"托管保收益 服务创价值",农业部网站,2017 年 12 月 18 日。)

在案例 3-1 的 3 种托管方式中,只有菜单式生产托管服务属于纯粹的农业生产托管服务,直接关系小农户与现代农业发展的有机衔接。合作式平台托管服务并非真正的农业生产托管服务,因为它不属于农业作业服务,充其量只是农户把农机作为资产托管出去,即农机托管,并借此形成农业生产性服务组织的农机作业等服务能力。这与对农户或新型农业经营主体开展农机作业服务不是一回事。在订单式全程托管服务中，如果外出打工的农户将土地委托给服务公司全权管理，自己只是当农业的"甩手掌柜"，实际上只是农业土地托管，不存在农户经营农业的问题；农业服务公司严格地说也不是帮助农户而是代替农户经营农业，不是真正的农业生产托管服务。因此，在案例3-1中的合作式平台托管服务和订单式全程托管服务，都不具有帮农户开展农业生产作业服务的性质，不属于农业生产托管服务，同促进小农户和现代农业发展有机衔接关系不大。支持合作式平台托管服务并非支持农业生产性服务组织开展服务活动，但鉴于其支持服务组织形成了农机等服务能力，据此将其纳入农业生产托管服务支持范围也有道理。支持本案例中的订单式全程托管服务，尽管帮助服务公司扩大了服务需求，但此处服务公司的作用与新型农业经营主体无本质差别。需要指出的是，在许多地方的农业生产全程托管服务中，农户作为服务对象，保留了独立的生产经营自主权，则仍属于农业生产托管服务。如在山西长治的农业生产托管中，买什么种子、种什么品种都由农户说了算，从种到收交给合作社管理，秋后粮食归农户。

三、农业生产托管服务网络本土化区域化与全国化的关系

近年来，随着农业生产托管服务的加快发展，许多地方农业托管服务网络逐步形成。有些农业生产托管服务领军企业，成为推进农业生产托管服务网络建设的"排头兵"和"领头雁"。日益增多的农业生产托管服务企业把推进农业生产托管服务网络建设，作为其在农业生产性服务市场推进战略布局的重要举措（见案例3-2）。由此形成的一个问题是，当前支持农业生产托管服务组织建立农业生产托管服务网络的重点，应该放在全国性网络上，还是区域性网络上？笔者认为，基于调动一切积极因素、鼓励因地制宜的原则，应在鼓励各类农业生产托管服务组织发挥自身优势、各显其能的前提下，鼓励将推进网络建设的重点放在支持区域性农业生产托管服务网络上，允许但不鼓励农业生产性服务组织重点推进全国性网络建设。

案例 3-2 山东临沂金丰公社农业服务有限公司近年来立足于以小农户家庭承包经营为主的基本国情农情，汇聚全球种植业产业链优质资源，并与国内外大型食品、农机、饲料加工企业和阿里巴巴、京东等线上线下渠道平台，以及蚂蚁金服、各大银行等金融机构建立战略合作关系，组织开展"全程托管、农资套餐、农产品销售、金融保险"等4大服务，利用"上游聚资源、中游建网络、下游能下地"等创新手段，为广大农户提供农业生产托管服务，确保以优惠价格向农户提供农资，以优势价格收购农户产品，并在生产、销售、金融等方面为农户提供全方位优质服务。该公司组建了金丰学院，并在全国建立107家分院，培养种植业经营服务和技术应用人才，并与各地农业部门合作开展职业农民培训。金丰公社有总部和县级金丰公社两级架构，总部为县级金丰公社提供农资、农机等资源和套餐化服务及作业标准，并通过县级金丰公社实施对小农户的土地托管等服务。县级金丰公社负责展示服务机械和套餐产品，组织农机手培训、定制社员服务方案、实施测土配方施肥等服务。乡镇级服务中心和村级服务站负责招募社员和物资仓配，并不定期举办作物高产解决方案培训和产销订单对接"社员日活动"。金丰公社还通过能下地的农机、农技、团队和方案，通过土地托管帮助农户完成耕种管收等种植过程，较好解决"谁来种地、如何种好地、种地如何赚钱"等问题，有效促进农业绿色生态化，促进农业提质增效节本降险和农民增收。到2019年1月，该公司已成立县级金丰公社160余家、乡镇服务中心和村级服务站12187家，初步形成了覆盖全国的农业生产性服务网络。（农业农村部农村合作经济指导司，2019）

从保障农产品有效供给的角度来看，支持农产品供应链建设应该采取"多链共舞，各展其长，优势互补，本土化、区域化、都市圈一体化为重"的原则，注意增强供应链的自主可控性。我们一直强调打造全球供应链，对于统筹利用"两种资源、两个市场"，拓展中国农业资源利用和市场扩张升级的空间，具有重要意义。打造农产品全国供应链，介于打造全球供应链与打造本土化、区域化、都市圈一体化供应链之间。近年来，部分行业领军企业基于自身实力、先行效应和对外联系渠道畅通等优势，凭借交通物流日益便捷、冷链物流设施日益完备等有利条件,加强对高端市场和一线城市的开拓,推进农业托管服务全国性网络建设,形成"买全国、卖全国"发展态势,甚至积极进行"买全球、卖全球"的战略探索。这是值得肯定的。在一些特色化、小众化、优质化农产品生产领域,情况更是如此。这些领军企业的经验富有启发意义,但对多数涉农行业和企业而言,由于自身实力、供应链管理能力和对外联系渠道等局限,不宜简单模仿。

就多数地区的农业和涉农企业来说,夯实本土化、区域化、都市圈一体化的农业供应链,增强供应链自主可控能力,才是其发展的当务之急和重中之重。这有利于产生一举三得的效果。一是有利于涉农行业、企业充分利用资源、地缘、市场和社会网络优势,更好地扬长避短并培育竞争能力,促进农村产业融合、农业与在地文化和环境等融合发展。二是有利于优化涉农供应链的风险和机遇管理,减缓牛鞭效应对农产品供求和价格波动的放大作用,培育需求导向的农业发展模式,增强农产品供应链对客户需求变化的快速响应能力。三是有利于减少大跨度、长距离运输带来的农业污染、资源浪费和产品损耗,增进食品安全和消费体验,培育绿色引领的农业发展方式。长期以来,地产地消在欧美特别是日本广受重视,也有类似原因。近年来,崇尚本地化食品、食品短链和可持续食品供应链,日益成为重要的国际潮流。这在很大程度上带有对现代农业供应链、现代食品产业体系功能缺陷的矫正性质,虽然对应的农业或食品产业发展模式还难以根本替代现代农业供应链或现代食品产业体系,但其思维方式的借鉴价值还是值得重视的。据此也可以看出,应该进一步重视本土化、区域化、都市圈一体化的现代农业供应链建设。

推进现代农业供应链建设,应该坚持产业链、服务链、创新链深度融合。由此可以很自然地衍生出一个结论:在加强农业生产托管服务网络体系建设的过程中,应把加强本土化、区域化、都市圈一体化的农业生产托管服务网络建设放在突出位置。借此,有利于增强农业托管服务网络的本土根植性、区域根植性,更好地带动农户和本土化新型农业经营主体、农业服务主体结合自身条件推进参与式创新、参与式发展;有利于减少因农产品大跨度、长距离运输引发的农产品损耗、碳排放问题和疫病传播、供应链中断风险;有利于更好地发挥都市圈内中心城市对梯级节点城市和广域农村、城市服务业对农村服务业特别是农业生产托管服务网络的引领带动功能，培育以城带乡、城乡融合、产业融合的服务业发展新格局。强调农业生产托管服务本地化、区域化的重要性，还与服务特性有关。由于服务的无形性，不可储存性和生产、消费的同时进行性，相对于工业和农产品生产，强调服务的本地化具有特殊重要性。

当然，此处强调在推进农业供应链建设中，要将推进本土化、区域化、都市圈一体化作为当务之急和重中之重，并不否认要用开放思维推进现代农业供应链或现代农业产业体系建设，更不否认在此基础上适时适度地推进农业供应链向外延伸拓展，直至打造全国、全球供应链的合理性；只是强调推进现代农业供应链和现代农业产业体系建设，应该一步一个脚印扎实前行，夯实基础。将此推广延伸到农业生产托管服务网络建设，如果有的行业领军企业有条件、有能力开展农业生产托管服务全国性网络建设，我们在政策上应该允许，不应给予限制。但鉴于中国农业生产托管服务的发展在总体上仍然处于初级阶段，为了更好地"抓重点、补短板、强弱项"，对于开展全国性的农业生产托管服务网络建设，也不宜过多地给予鼓励和引导。如果鼓励，应将重点放在支持其为本土化、区域化、都市圈一体化的农业生产托管服务网络发展赋能上，促进其更好发挥服务商的服务作用。

近年来，新一轮科技革命和产业变革蓄势待发，重大突破的可能性明显增加。尤其是新一代信息技术、生物技术、新能源技术、新材料技术等迅速发展，为推进供应链与互联网、物联网等深度融合，打造智慧供应链创造了条件。因此，越来越多的人对打造农业智慧供应链寄予厚望。漠视这种趋势，很容易错失中国现代农业特别是农业生产性服务业或农业生产托管服务发展的良机。但对农业智慧供应链运行过程中的风险如果缺乏有效的防控和应急响应机制，也可能形成重大的公共安全隐患。[①] 加强农业生产性服务业或农业生产托管服务网络建设，不仅要看正常时期，还要注意在异常时期或面对灰犀牛、黑

[①] 早在2016年，中国就号称建成了全球最大的传染病疫情和突发公共卫生事件网络直报系统，织起了快速捕获疫情的"天罗地网"。参见吕诺、邝西曦："中国已建成全球最大的传染病疫情网络直报系统"，新华网，2013年8月28日。但2019年底2020年初在中国发生并一度蔓延的新冠肺炎疫情却告诉我们，其实际作用与预期效果有天壤之别。这种现象对我们加强农业生产托管服务网络建设富有警示意义。

天鹅事件①能否经受住考验。做最坏的准备，努力争取最好的结果，仍然是必要的。② 2018年下半年到2019年的非洲猪瘟疫情、2020年1月暴发的新冠肺炎疫情，给我们带来的重要教训之一是要加强本土化、区域化、都市圈一体化的现代农业供应链和农业生产托管服务网络建设。因为这有利于减少农资或农产品的大范围、长距离运输，规避由此加重重大传染病疫情扩散对农产品供应链运行的影响，增强重大灾害和公共卫生事件背景下的农产品供给保障。这与加强"米袋子省长负责制""菜篮子市长负责制"等现行政策也可以很好地衔接起来。

农业生产托管服务的发展在中国总体上仍处于初级阶段，属于"新业态新模式"，对其形成演进和市场化运作规律客观上需要经历一个深化认识的过程，在此过程中很容易出现"把常态当例外""混淆常态、风险和不确定性"的现象。许多农业生产托管服务企业的运行"理想很丰满，现实很骨感"，"市场前景很好，当前不亏很难，赚钱曙光渺茫"。在此背景下，推进农业生产托管服务网络建设，从本土化、区域化、都市圈一体化做起，有利于增强农业生产托管服务业发展的风险防控和可持续发展能力，有利于提升农业生产托管服务业的质量、效益、竞争力。盲目追求全国性的农业生产托管网络建设，很容易陷入"基础不牢，地动山摇""华而不实，有现在没未来"的困境。一旦遇到重大灾害和重大传染病等公共卫生事件，很容易因"远水不解近渴""中看不中用"，而破坏农产品供给保障能力，甚至丧失对农户、新型农业经营主体的支撑服务能力。推进农业生产托管服务网络建设，鼓励从本土化、区域化、都市圈一体化做起，待夯实基础和可持续发展能力后，再逐步开疆辟土，拓展网络边界，培育跨区域、跨行业集成服务能力；或从农机作业、农产品销售等特定领域率先突破，积极稳健地探索在更大区域直至全国建设农业生产托管服务网络。这应是多数地区建设农业生产托管服务网络的有效模式。有人说，推进全国性的农业生产托管网络建设是

---

① 灰犀牛事件发生概率大且影响巨大，黑天鹅事件发生概率小且影响巨大，但人们都容易视而不见。

② 因为毕竟"我们通过观察或经验获得的知识具有严重的局限性和脆弱性，有些"黑天鹅"事件具有意外性，但容易产生极端影响，我们往往还习惯于对其视而不见，习惯于将这些黑天鹅事件发生的可能性排除在外；但许多黑天鹅事件正是在不可预知的情况下发生和加剧的，而生活正是由一系列重大事件累积的结果（纳西姆·尼古拉斯·塔勒布，2019）。

大势所趋。但是，也有必要科学区分当前与长远、局部与总体，既要看到长期趋势，避免盲目"赶路"；又要注意稳健前行，扎实运作。在此方面，既要保持对发展趋势的信心和敏锐性，又要保持必要的耐心和韧劲。过犹不及，更要谨防透支未来。

重点支持农业生产托管服务的本土化、区域化和都市圈一体化，要把支持本土型农业服务主体作为支持重点，如具有本土化服务能力的家庭农场和农民合作社、本土型农业产业化龙头企业和新型农业服务公司及这些组织的联合体。主要依托这些本土化、区域化的新型农业经营主体和服务主体，有利于发挥血缘、亲缘、地缘关系和紧密的邻里相互作用，发挥对增强农业生产托管服务业本土根植性的激励和约束作用。在农业农村部农村合作经济指导司选编的《全国农业社会化服务典型案例》一书中介绍的多是农业生产性服务企业按照本土化、区域化、都市圈一体化导向，推进农业生产托管网络建设的先行经验和初步成功案例。对类似典型案例应加强宣传、总结经验和研究推广工作。如在案例3-3中，甘肃谷丰源农化科技有限公司立足当地实际总结形成的"农工场"托管服务模式，不仅有效地推进了农业节本增效提质降险，还有效促进了农业标准化技术在小农户生产中的落地，有效提升了小农户生产的现代化水平和农业绿色发展水平。

案例3-3 2006年成立的甘肃谷丰源农化科技有限公司，为解决小农户滥施化肥农药带来的农产品质量参差不齐、土壤面源污染等严重问题，坚持以农户需求为导向，确定将当地的制种玉米、高原夏菜和中药材作为托管服务的重点作物；以作物种植为核心，汇聚相关技术专家资源，组建专业技术服务团队；根据服务领域内农作物种植相关信息，形成一体化的标准种植方案，推进从全程植保绿色防控到配方施肥、水肥一体化、土壤改良等系列综合托管服务项目。该公司探索形成了"专业服务公司+生产公司+小农户""专业服务公司+规模经营主体"两种托管服务模式，还通过权威科学的评价体系，从产量、品质、土壤、生态、环保等方面，稳步提升全程水肥药一体化的农业生产性服务质量。（农业农村部农村合作经济指导司，2019）

四、服务商、新型农业经营主体、行业组织与平台型企业的关系

（一）引导农业生产托管服务商牢固坚持服务思维和以用户为中心的发展理念

市场经济是企业家本位的经济。发展农业生产托管服务，托管服务商是主力军，企业家是中流砥柱。许多农业生产托管服务商源自家庭农场、农民合作社、涉农企业或投资农业的工商资本，也有的托管服务商是由农资经销商或农资生产商转化而来。顺应这种转型，实现从产品思维向服务思维的转变，对于实现农业生产托管服务企业乃至农业生产托管服务业的高质量发展，都是至关重要的。如家庭农场需要生产出又好又多的农产品，农药经销商需要卖出又好又多的农药。但是，农业生产托管服务商给农户提供植保服务，农户最应关心的不是服务商使用什么农药、什么时候使用农药，而是服务商提供植保服务的质量如何，是否真正管用，能否真正让农户节本增效并提质降险。

坚持服务思维，要求牢固树立以用户为中心的发展思想。因为服务不同于产品，看不见、摸不着，又不能储藏，供求双方的互动和信任至关重要。农业生产托管服务生产商必须时刻想用户之所想，急用户之所急，做好适应用户需求和创新供给引导用户需求的文章。借此，通过提升服务质量来提升客户价值和顾客满意度（姜长云，2020），换来客户黏性和消费忠诚度，进而赢得市场。服务质量的好坏，不仅取决于服务本身的技术质量，还取决于服务的功能质量和服务体验（姜长云，2019）。要鼓励农业生产托管服务商率先垂范实施高于行业标准的企业服务标准，鼓励托管服务商通过优化组合服务、发展服务规模化定制、提高服务便捷度、营造值得信赖的服务影响、更好满足客户需求发展高忠诚度客户等营销组合，来改善服务功能和消费体验。

(二)重视家庭农场、农民合作社和农业企业在发展农业生产托管中的特殊作用

在发展农业生产托管服务业的过程中,以家庭农场和农民合作社为代表的新型农业经营主体往往是重要的参与者和利益相关者。家庭农场、农民合作社甚至农业企业,也可能转型为农业生产托管服务供应商。如有些家庭农场在自身发展的同时,利用自身剩余服务能力,为周边小农户提供育秧服务和农机服务、植保服务等。有些地方不同类型的农民合作社,甚至农民合作社与涉农企业、家庭农场等合作,发挥各自优势联合起来,集成供给多样化的农业生产托管服务,满足新型农业经营主体和小农户的多样化服务需求。如在2019年由农业农村部选编的20个全国农业社会化服务典型案例中,就有几个是由农民专业合作社或专业合作社与家庭农场、涉农企业等通过不同方式联合而成(农业农村部农村合作经济指导司,2019)。家庭农场、农民合作社等作为规模化的农业生产经营主体,也可能是农业生产托管服务的需求方。相对于小而散的小农户,农业生产托管服务商面向新型农业经营主体提供服务,往往成本和交易成本比较低,风险也比较小,容易实现经营效益。多数家庭农场和农民合作社本土根植性强,其行为容易产生对小农户接受农业生产托管服务的示范带动效应。因此,农业生产托管服务商往往更加青睐新型农业经营主体的服务需求。农业企业,包括部分农业产业化龙头企业,作为新型农业经营主体的一种类型,多数农业经营规模大于家庭农场和农民合作社。农业生产托管服务商更愿意优先满足这些农业企业的服务需求。

在政府引导农业生产托管服务发展的过程中,还应特别重视家庭农场和农民合作社在以下两方面的特殊作用:一是示范带动农户联合起来,形成对托管服务商凭借垄断力量和市场强势提高服务价格、降低服务质量的制衡效应。相对于家庭农场特别是农民合作社,小农户由于自身规模小、实力弱,在农业生产服务市场上,往往处于被动接受价格的地位,缺乏实质性话语权。相对而言,家庭农场特别是农民合作社发挥引领带动作用,有利于提升小农户的市场谈判能力。二是探索实施农业生产托管服务补贴政策,提供更为可行的路径,有利于降低创新服务消费补贴政策的成本。2019年8月27日《农业农村部办

公厅　财政部办公厅关于进一步做好农业生产社会化服务工作的通知》明确提出，"项目任务实施县要根据自身条件，认真研究制定具体补助方式和运行机制，面向小农户开展的服务，补助资金可以补服务主体，也可以补农户，坚持让小农户最终受益"。本书认为，鼓励各地因地制宜地探索将补助资金由补贴服务组织转变为补贴服务消费者，通过农业生产性服务消费者的自由选择和服务市场的公平竞争，可望激励和督促服务主体更好地坚持用户导向，推进贴近经营主体尤其是小农户需求的服务创新（姜长云，2020）。但面向小农户发放农业生产托管服务消费券，容易面临交易成本高的困扰。借助本土化家庭农场和农民合作社的载体作用和链接小农户能力，有利于降低服务消费券政策的运行成本。顺带需要指出的是，这里所说的补贴服务消费者，不是给作为农业生产服务消费者的农户或新型农业经营主体直接发钱，要注意二者的区别。

（三）要从战略上鼓励行业协会、产业联盟培育引领行业发展的能力

在农业生产托管服务业的发展中，行业协会、产业联盟等行业组织也具有重要作用。目前，正值农业生产托管服务发展的初期或幼稚阶段，许多地方农业生产托管服务行业组织的发展尚处于空白阶段，或者只是行业协会、产业联盟发展的初创阶段，不同的农业生产托管服务组织正在"群雄竞起"，虽然相互之间在实力上也有较大差别，但在多数地方尚未形成具有实力优势的农业生产托管服务行业"霸主"或公信力强的行业"领袖"。即便有，或在政府组织动员下成立了行业协会、产业联盟，往往也属松散型组织，发挥实质性作用还需假以时日。但从国际经验来看，在服务业从幼稚阶段进入成长或成熟阶段后，行业协会、产业联盟等对推进服务业自治、自律、自强、自卫等方面可以发挥难以替代的重要作用。如推进行业维权、标准化、品牌化、信息化，优化行业监管和治理，深化行业交流、合作和培训，促进知识产权保护、行业创新能力建设和转型升级，并在政府与企业之间发挥桥梁纽带作用。借鉴国内外经验，为此要鼓励行业龙头企业，特别是有公心和创新精神的龙头企业领办或支持兴办行业协会、产业联盟，鼓励行业协会、产业联盟在发展中培育可持续发展能力。鼓励地方政府结合推进职能转变，实现政府对行业协会、产业联盟由

直接干预向宏观引导和间接调控转型。注意依托行业协会、产业联盟等推进服务标准化、品牌化。

（四）引导督促平台型企业更好地为农业生产托管服务商赋能发展

近年来，在中国农业生产托管服务的发展中，平台型企业也是重要的参与者和组织者。多数平台型企业属于双边或多边平台，能够链接和匹配供需，较好地聚合需求资源、市场资源、生产资源、碎片资源甚至服务质量信号（江小涓，2017），提升效率优势和社会福利。它们往往比较看重用户规模经济、范围经济和网络效应，可以直接服务于农业生产托管服务商、规模化新型农业经营主体和部分小农户，为其提供增值服务；也可以通过其系统化、专业化、集成化的服务为托管服务商和新型农业经营主体赋能，帮助其增强对小农户开展托管服务的能力，解决单个托管服务商自身"干不了、干不好、干得不经济合理"的问题。如推动其提升品牌影响力，更好地对接高端产品市场、要素市场和资本市场，发挥人才培养培训和信息共享平台的作用（见案例3-4）。这些平台型企业在取得自身商业利益的同时，越来越成为重要的涉农基础设施，发挥着涉农公共服务重要供给者的作用。案例3-2中的山东临沂金丰公社总部也有类似作用。

案例3-4 北京农信互联科技集团有限公司积极推动人工智能、移动互联网、物联网、云计算、大数据等现代信息技术与传统养殖业深度融合，创建了生猪产业链大数据智能服务平台——猪联网，打造集管理、服务、财务、咨询、教育、电子商务、金融于一体的养猪综合服务平台，依托互联网打造生猪养殖全流程智能管理系统"猪服务"，以电商为本搭建生产经营主体网络交易平台"猪交易"和行业可持续金融服务系统"猪金融"，成为国内领军型的"互联网+养猪"服务平台，在为规模化养殖主体和养猪生产托管服务商提供系列化、集成化增值服务的同时，帮助这些托管服务商提升了服务能级。（农业农村部农村合作经济指导司，2019，第1-4页、47-48页）

在这些平台型企业的运行中，也容易出现"先下手为强""强者愈强"

"赢者通吃"甚至"一家独大"问题，形成有别于传统垄断的互联网平台垄断现象。将创新平台型企业的社会治理与强化平台型企业的社会责任有机结合起来，创新适应平台经济的反垄断形式，更好地规范平台型企业的竞争行为，完善创新生态激励措施；在支持平台型企业合法取得商业利益的同时，有效引导其兼顾政府政策导向，公平公正提供公共服务（陈端、谢朋真，2019），更好地促进涉农供应链、创新链、服务链深度融合，更好地促进小农户与现代发展有机衔接：这两方面越来越成为引导农业生产托管服务发展必须正视的问题。许多涉农平台型企业也是现代农业供应链的重要组织者和引领者，是强化农业需求导向和推进农业生产托管服务坚持以用户为中心的先锋。要鼓励涉农平台型企业完善供应链秩序和共生生态圈（何明柯、王文举，2018），带动农业生产托管服务网络增强综合化、集成化、智慧化并提供农业生产托管服务的能力。

特别需要指出的是，许多平台型企业由于服务成本、交易成本和服务能级等原因，带动农户"下地干活"的成本和交易成本很高，难以将服务重点放在面向小农户上，它们更多适宜作为农业生产托管服务商的服务商，通过其服务为农业生产托管服务商赋能发展，提升农业生产托管服务网络的整体功能和发展能级。否则，这些平台型企业的运行有可能"看起来很美，赚起钱很难""看起来高大上，做起来不接地气"，难以持续。部分平台型企业直接做农业生产托管服务声势很大很猛，但往往很虚很空，甚至在亏损泥潭越陷越深。要注意引导这些平台型企业培育联通互动、网络协同、开放创新的平台思维，强化包容共享、合作共赢、生态优先的发展意识，增强对特色资源、优质要素、细分市场的整合集成能力，通过提供增值服务来换取自身发展空间，在农业生产托管服务网络建设中更好地通过"点亮自己一盏灯"，达到"照亮托管服务商一大片"的效果。

第二篇

专题研究和调查报告

第四章

农业生产性服务业的发展历程与经验启示

当前,中国正处于传统农业向现代农业转型的关键时期,农业发展正面临着农产品价格"天花板"封顶、生产成本"地板"抬升、资源环境"硬约束"加剧等挑战,农业兼业化、农民老龄化、农村空心化等问题突出。为解决这些问题,各地进行了积极探索,发展农业生产性服务业是其突出亮点之一。在农业发展水平较高的地区,农业生产性服务业已经与农业产业链紧密融合,与涉农产业网状联结,增强了农村区域经济和农业产业发展的要素资源集聚力。回顾改革开放以来中国农业生产性服务业的发展历程,有助于科学认识加快发展农业生产性服务业的重要意义。需要说明的是,在现行政策文件中,鲜有农业生产性服务业的提法,大多使用农业社会化服务体系的概念。但二者在内容上大致相同,只是强调的重点有所不同(姜长云,2016)。因此,本章把涉及农业社会化服务体系的政策,纳入农业生产性服务业发展政策。

一、农业生产性服务业的发展历程

(一)20世纪70年代末至80年代中期,公共服务机构和体系恢复建设,经营性农业生产性服务萌发和自发发展

20世纪80年代以前,中国相继建立了农技、林业、畜牧、兽医、水产、

农机等农业专业技术服务机构，组建了供销合作社、信用合作社等，形成了由政府主导的公共农业生产性服务体系。1978年，成立了农业生产资料公司，负责经营化肥、农药、农膜和农用柴油等。[①] 1982年，恢复各级农业技术推广机构，成立全国农业技术推广总站；恢复基层供销社合作商业性质，县级供销社改为基层社的联合社。其后，随着家庭承包制的迅速推进，农户生产经营自主权得到确立，推动了农户家庭经营"小而全、小而散"格局的形成，也为农业经济结构调整和农村经济多元化发展创造了条件。公共农业服务机构一时不能适应由面向公社、大队向直接面对千家万户的转变，加之改革之初集体组织职能出现弱化[②]，农户的生产服务需求得不到满足，以致农村多种经营刚有发展就出现了买难卖难、技术资金约束等问题。

1983年中央一号文件（《当前农村经济政策的若干问题》）明确提出"产前产后的社会化服务……已逐渐成为广大农业生产者的迫切需要"。1984年中央一号文件（《关于一九八四年农村工作的通知》）进一步强调"建立起比较完备的商品生产服务体系，满足农民对技术、资金、供销、储藏、加工、运输和市场信息、经营辅导等方面的要求"是一项刻不容缓的任务。为此，1983年中央一号文件要求社队办好机耕、水利、植保、防疫、制种、配种等服务；基层供销合作社办成供销、加工、贮藏、运输、技术等综合服务中心；通过技术承包制建立技术服务公司、生产科技联合体、科技普及协会，允许技术人员参与增产部分分红；在农产品商品生产基地配套建设供销、运输、加工、储藏、技术等服务体系。还开始允许农户换工、请季节工或专业工，购置机械设备从事生产和运输；支持能工巧匠、生产能手建立技术服务组织；对农村个体商业和各种服务业给予必要扶持等。1984年中央一号文件提出对专业户最为有效的支持是满足他们对信息、供销和技术进步等方面的需求，要求合作经济组织把农业生产性服务作为工作重点，扶持各种服务性专业户发展；提出"服务也是一种劳动交换，一般应是有偿的，农民可以自愿选择"。

---

① 农业生产资料公司于1993年改组成为中国农业生产资料集团，1995年7月从国内贸易部分离，归供销总社管理。农业生产资料公司成立后，农资经营进入了其与供销合作社"双头经营"时期。

② 1982年中央一号文件讲到"农村一部分社队基层组织涣散，甚至陷于瘫痪、半瘫痪状态，致使许多事情无人负责，不良现象在滋长蔓延"。

随着政策环境的宽松，农民自发组建的农业生产性服务组织逐步发展起来。(1) 多渠道、开放式流通体系初步形成。1978—1984年，统购统销农副产品占农民出售总额的比重从84.7%下降到39.4%，集市粮食成交量由50亿斤增加到167亿斤，一些农副产品重新出现在集市上。(2) 开始自发组织专业技术协会。1980年四川郫县成立了养蜂协会，广东、浙江等也出现了类似合作组织，合作形式比较松散、以技术服务为主。(3) 开始自发从事经营性服务业务。主要是兴办社队企业，成立专业服务公司，请帮工、带徒弟（据统计1984年有70万人），发展出一批专业服务户等。随着商品经济的发展，还出现了农民经纪人等。当时受到各种政策限制，这些经营性服务发育程度很低，规模小、不稳定，基本上处于自生自灭状态。

（二）20世纪80年代中期到末期，农业公共服务机构开启体制机制改革，服务职能逐渐推向市场

这一阶段，农村改革以完善合作制、培育农产品市场体系、调整农村产业结构为重点，推动农村"广开生产门路、发展商品生产"，服务作为商品经济的组成部分日益受到重视。1985年中央一号文件（《关于进一步活跃农村经济的十项政策》）明确提出"农村一切加工、供销、科技等服务性事业，要国家、集体、个人一齐上"。1986年中央一号文件（《关于一九八六年农村工作的部署》）甚至把"改善农业生产条件，组织产前产后服务"列入年度农村工作的总要求。

为适应改革要求，农业公共服务机构开始将部分职能推向市场或以市场手段提供服务。(1) 改革农产品统派购制度。从1985年起，除个别品种外国家不再向农民下达统购派购任务，分别实行合同定购和市场收购，定购以外的农产品可以自由上市、多渠道直线流通。同时，要求城市办好农产品批发市场和贸易中心，国营商业参与市场调节发挥平衡供求作用。(2) 改革农业科技和技术推广体系。如对重大农业技术项目实行公开招标、择优委托，建立科技成果应用示范基地；引入有偿服务和竞争机制，鼓励技术推广和服务单位开展多种形式的联合，逐步做到自主经营、经费

自理。①（3）支持以合作形式兴办农业生产性服务。合作经济组织已经有了一定的发展基础②，国家开始加以规范，突出服务作用。1985年中央一号文件要求合作组织由群众民主制定简明章程，办好机械、水利、植保、经营管理等服务项目。1986年中央一号文件明确提出完善合作制要从服务入手，通过服务逐步发展专业性的合作组织。

在政策推动之下，农业生产性服务业得到快速发展。（1）农产品市场和流通服务体系得以建立。城乡集贸市场完全放开，初级农产品市场快速发展，到1990年全国集贸市场有83001个，市场成交额5343亿元，比1985年增长35.3%、745.0%（宋洪远，2008）。以1990年建立郑州小麦批发市场为标志，批发市场流通农产品的作用迅速凸显。流通服务主体日益丰富，有乡、村合作组织兴办的农工商公司或多种经营服务公司，有同行业的专业合作社或协会，也有个体商贩、专业运销户自愿组成的联合商社等。（2）多元主体的技术服务网络初步形成。国家实施了"星火计划""丰收计划"等，推动了农技推广体系的改革和发展，到1990年已建立农技推广机构（种植业）5.6万个，近40万个村配备了农技人员。1987年农业技术承包集团兴起，还出现了大量的群众性推广组织。（3）专业合作组织得以规范发展。据农业部统计，1990年全国各类专业合作组织有123.1万个，其中生产经营型占60%，服务型占33.6%，专业技术协会占6.3%。这一时期，专业合作组织有了内部章程，出现了劳动联合、资本联合相结合的合作关系，服务领域拓展到供销、加工、资金等环节，出现了跨区域的专业合作组织。（4）农业金融服务有了一定发展。农村民间自由借贷、集资入股和试办发行股票、债券等开始出现，有些地方建立了合作基金会、信托投资公司等，缓解了农业银行、信用社资金供应不足的

---

① 中央从1984年开始号召农技人员用经济手段推广农业技术，1985年明确科学技术人员可以利用业余时间为农村提供服务取得报酬，科研推广单位、大专院校可以接受农村委托的研究项目，提供技术咨询服务，组成"科研—生产联合体"；1986年明确建立和健全各级农业科研、教育、信息、技术推广和经营管理等服务组织，加强农业第一线的技术推广工作，开始实行科研事业费包干管理；1987年要求把分散的农科所、农技站、植保站、土肥站、农业干部培训学校等机构合并成县级农业技术推广中心；1988年在全国推广将乡镇农技推广站的人财物管理权由县级下放到乡镇管理；1989年明确健全各种形式的服务组织，加强农业科技服务体系建设，改变单靠财政拨款、无偿服务的办法，逐步做到自主经营、经费自理。

② 据1985年底28个省、自治区、直辖市的不完全统计，农户之间自行组织、有一定规模、有相对项目的经济联合体达48.47万个，从业人员420万人（宋洪远，2008）。

矛盾。(5) 与农业产业化经营配套的服务形式开始出现。尽管当时尚未提出农业产业化经营的概念，但许多地方事实上的农业产业化组织已开始形成并发展，如公司＋农户等形式。国家也要求农产品加工企业为农民提供必要的生产性服务，以加工指导生产、带动生产。这些企业开始在农村建立生产基地，稳定购销关系，出现了贸工农一体化、产加销一条龙的经营模式。

（三）20 世纪 90 年代初期到末期，农业公共服务机构改革继续深入，经营性服务主体多元化发展提速

1992 年，邓小平同志发表著名的南方谈话，党的十四大正式提出建立社会主义市场经济的改革目标。政策环境的好转，有效地促进了农业专业化、商品化、社会化的发展，也激发了农业的生产性服务需求。1991 年，国务院出台了《关于加强农业社会化服务体系建设的通知》（国发〔1991〕59 号），明确提出加强农业社会化服务体系建设对于促进农业现代化具有极其重要而又深远的意义；明确了农业社会化服务体系建设的内容和原则，要求发展"以乡村集体或合作经济组织为基础，以专业经济技术部门为依托，以农民自办服务为补充，形成多经济成分、多渠道、多形式、多层次的服务体系"；标志着建设农业生产性服务体系的任务被提上日程。这一阶段，随着市场、流通、科技、金融等服务体系建设的推进，多元化农业服务主体逐步涌现，农业生产性服务业发展不断提速。

1. 市场调节农产品产销和供求的作用明显增强

国家加快对农产品市场调控的改革[①]，加大了各类农产品市场建设力度，收购市场、批发市场、期货市场、零售市场等多层次市场体系基本建成。2000 年各类农产品市场达 27445 个，成交额 7555 亿元，占当年农林牧渔业总产值的 53.2%（宋洪远，2008）。更加重视发挥集体商业组织、农民合作组织、个体运销户的作用，允许工商企业、外资企业进入农产品流通领域。这一时期，

---

① 取消了粮食统销制度，出台了购销同价、保量放价，"米袋子"省长负责制，"菜篮子"市长负责制，专项粮食储备制度和风险基金，"四分开、一完善"（政企分开、储备与经营分开、中央与地方责任分开、新老财务账目分开、完善粮食价格机制），"三项政策、一项改革"（保护价敞开收购农民余粮、粮食收储企业实行顺价销售、农业发展银行收购资金封闭运行，加快国有粮食企业自身改革）等政策。

除粮食、棉花外绝大部分农产品流通都是多元市场主体共同参与。

2. 加强涉农部门和服务机构职能

此前对部分公益性职能的市场化改革，导致一些公益性服务机构职能弱化，如农技推广"网破、线断、人散"问题突出。为此，国家出台了《农业法》《农业技术推广法》等，组建了全国农业技术推广服务中心[①]，开展了定性、定编、定员工作，允许供销社批发一定份额的农资[②]。同时，建立国家和地方的研究基地、研究开发中心，组织科技人员参与农业科技服务，1998年全国农业科研机构创收14.5亿元，超过了财政拨款（宋洪远，2008）；允许事业单位兴办农业服务实体，提供有偿服务，服务手段、方法逐步适应了农业发展的要求。

3. 鼓励农业产业化组织发展并增加服务供给

20世纪90年代初期，山东等地推进农业"一体化经营"的实践，在市场竞争中显现出优势，由养殖业到种植业迅速铺开，形成一批带动力强的服务主体，引起中央的重视。1993年，《中共中央 国务院关于当前农业和农村经济发展的若干政策措施》（中发〔1993〕11号）在建立健全农业社会化服务体系的具体措施中提出"以市场为导向，积极发展贸工农一体化经营"，"通过公司或龙头企业的系列化服务，把农户生产与国内外市场连接起来，实现农产品生产、加工、销售的紧密结合"，认为这是中国农业向专业化、商品化、社会化生产转变的有效途径。1995年，人民日报头版发表《论农业产业化》，以山东潍坊的"一体化经营"做法和经验为基础，正式提出农业产业化的内涵、意义和实施路径，认为"农业的根本出路在于产业化"。随后，农业产业化成为中央和地方政府推进农业农村经济的重要着力点，也是这一时期农业生产性服务业发展的重要亮点。1996—2000年农业产业化组织数量增加了5倍，联

---

① 1995年，国家将原全国农业技术推广总站、全国植保总站、全国土肥总站、全国种子总站等合并，组建了新的全国农业技术推广服务中心。

② 化肥、农药、农膜、农用柴油等农业生产资料，1978年以前由供销社独家经营；1978年，成立农业生产资料公司后进入"双头经营"时期；1989年开始允许县和县以下的植保站、土肥站、农技推广站零售开展技术推广和有偿技术服务所需配套的化肥、农药、农膜，属于计划管理范围内的由专营部门批发供应，计划管理外的可与厂家直接订货，由此农资市场进入"一主二辅"时期，主渠道占70%，辅渠道占30%。直到1998年11月国家放开化肥零售渠道和销售渠道，才标志着这一时期的结束。

结农户数量增加了 3 倍，其中龙头企业带动型占 49.7%，中介组织带动型占 26.4%，专业市场带动型占 16.0%（宋洪远，2008）。

4. 形成多元化的融资服务组织

为缓解农业资金矛盾，国家引导村集体、农民、社会资本以多种方式加大投入。这一时期，以农村合作基金会为主要形式的农村合作金融组织脱颖而出，1992 年乡镇一级有 1.74 万个，村一级有 11.25 万个；1990—1996 年累计用于农业生产的资金 1515 亿元；1996 年用于农业生产的资金占当年投入总额的 43.3%，显著高于农业银行和农村信用社。但后期发展出现了很多问题，国务院于 1999 年 1 月宣布取缔农村合作基金会。初兴之时，这种互通有无、独立核算、自负盈亏、民主管理、自愿互利、共担风险的资金互助形式，今天看来仍具有生命力，其兴衰值得深思（温铁军，2001）。

经过 20 世纪 90 年代的发展，农业生产性服务业成为部分涉农部门和服务机构、农村经营主体的重要创收来源。这一阶段，农业综合生产能力显著提高，主要农产品供给由长期短缺变为总量基本平衡、丰年有余，农业生产性服务业的作用进一步显现。

（四）20 世纪末到 2008 年前后，健全公益性农业生产性服务体系，发展经营性农业生产性服务产业体系

1998 年，党的十五届三中全会通过了《中共中央关于农业和农村工作若干重大问题的决定》，总结了农村改革 20 年的基本经验，明确了到 2010 年建设有中国特色社会主义新农村的目标。目标之一就是"基本建立以家庭承包经营为基础，以农业社会化服务体系、农产品市场体系和国家对农业的支持保护体系为支撑，适应发展社会主义市场经济要求的农村经济体制"。农业农村经济发展形势出现显著变化：（1）开始建立农业支持保护政策体系，推动农业农村经济战略性调整；（2）适应加入 WTO 的要求，提高农业对外开放水平，国内农业产业竞争格局显著变化；（3）鼓励农村劳动力外出务工，农民工大潮出现，激发了农业生产环节服务外包需求；（4）主要农产品购销、农资经营完全放开，释放了农村市场和流通产业空间。

这一时期，农业生产性服务业发展格局最显著的变化是开始区分农业生产

性服务的公益性和经营性属性,强调以财政经费保障公益性服务,将经营性服务交由市场主体。2002年《中共中央 国务院关于做好2002年农业和农村工作的意见》(中发〔2002〕2号)提出"逐步建立起分别承担经营性服务和公益性职能的农业技术推广体系"。由此,农业生产性服务业进入了公共服务机构主要承担公益性职能,一般性服务工作和经营性服务项目逐步走向市场,即职能分离、并行发展的阶段。

1. 健全公益性农业生产性服务体系

1998年《中共中央关于农业和农村工作若干重大问题的决定》出台之后,公益性服务体系的建设以农业科技创新和技术推广体系的健全完善为主要抓手,由点到面、逐次推开。2000年,《中共中央 国务院关于做好2000年农业和农村工作的意见》(中发〔2000〕3号)提出"逐步建立具有世界先进水平的农业科技创新体系,高效率转化科研成果的技术推广体系,不断提高农民科学文化素质的农业教育培训体系"。到2005年,公益性服务体系内容上已扩大至"农业发展的综合配套体系",如当年中央一号文件提出"搞好种养业良种体系、农业科技创新与应用体系、动植物保护体系、农产品质量安全体系、农产品市场信息体系、农业资源与生态保护体系、农业社会化服务与管理体系等'七大体系'建设"。具体讲,呈现以下三个特点:(1)做实公益性服务职能。按照强化公益性职能、放活经营性服务的要求,明确公益性服务职责范围,健全体系、提高能力。以农业信息服务体系为例,国家自2001年起开始建设覆盖全国的农村信息服务网络,到2005年全国所有省(自治区、直辖市)、97%的地(市)、86%的县级农业部门设立了信息管理和服务机构,64%的农业乡镇开设了信息服务站,发展农村信息员22万人,初步建成了以中国农业信息网为核心的国家农业门户网站(宋洪远,2008)。(2)配套实施专项行动。继续实施的有种子工程、丰收计划、星火计划、沃土工程、金农工程等,启动实施的有畜禽良种工程、无公害食品行动计划、现代农业高技术示范工程、粮食丰产科技工程、动物疫病应急防治工程、农业科技入户工程、农业综合信息服务平台建设工程、农村信息化示范工程等。(3)增强引领带动能力。如2004年中央一号文件要求,农产品市场和加工布局、技术推广和质量安全检验等服务体系的建设,要有利于促进优势产业带的形成。十分重视示范园区、试验基地的建设,扶持示范主体,发挥辐射带动作用。"十五"期间，创建国家级农业标准化示范区539个，省级示范区近3500个；2007年，建设农业科技示范场148个，培育25万户科技示范户（农业部，2008）。

2. 加强农产品市场流通体系建设

围绕形成开放、统一、竞争、有序的农产品市场体系，粮食、棉花等农产品流通体制改革取得突破性进展，2000年组建中央储备粮管理总公司，2003年组建中国储备棉管理总公司，2004年全面放开粮食购销市场，至此主要农产品购销完全放开。与此同时，为破解农产品购销难题，推进农业结构战略性调整，建设高效通畅的农产品市场体系和现代流通产业。

（1）完善农产品市场体系。聚焦农产品市场体系的薄弱环节，提高市场档次、管理水平和服务功能。如推进批发市场升级改造，完善配套设施，建设冷链系统，推进城市农贸市场改超市工作；规范和完善农产品期货市场，增强引导生产、稳定市场的作用。2007年，全国农产品批发市场达到4700多家，遍及大中城市和农产品主产区，交易蔬菜、水果、水产品的数量占其商品总量的70%以上；农产品期货品种达到11类12个，当年成交额26.1万亿元，较上年增长87.3%（农业部，2008）。

（2）发展现代流通业态。开始大力发展连锁、超市、配送、电子商务等新型业态和流通方式，经纪人代理、农产品拍卖、电子商务等交易方式，将各类农产品市场整合成完整体系。改善农产品流通环境，支持鲜活农产品运销，完善全国"绿色通道"网络，实现省际互通。采取优惠财税、金融措施，培育农村经纪人、运销专业户和农村流通中介，鼓励商贸企业、邮政系统和各类投资主体参与农村市场建设；支持龙头企业、农民专业合作组织等直接向城市销售终端配送农产品。

（3）加强市场秩序建设和政府监管、引导职能。主要是完善市场交易规则，严格准入制度，打击不法行为，维护市场秩序；实施万村千乡市场、双百市场、新农村现代流通网络和农村商务信息服务工程等，引领农产品市场和现代流通业的发展。如农业部建立了中国农业"网上展厅"和"一站通"农村供求信息全国联播系统，到2007年底累计注册企业8933家、农产品12923个，成为当时国内规模最大、品种最全的农产品网络展销平台（农业部，2008）。

3. 发展多种形式的农业生产性服务

（1）鼓励涉农企业从事农业生产性服务。从1998年开始，中央一再要求乡镇企业适应农业产业化需要,着重发展农副产品加工和储藏、保鲜、运销业等,2007年乡镇企业增加值中第三产业占比上升到22.2%(农业部,2008)。注重发挥龙头企业服务生产、带动农户的作用,2004年中央一号文件提出对龙头企业为农户提供培训、营销服务,研发引进新品种新技术,开展基地建设和污染治理等给予财政补助,并明确不管哪种所有制和经营形式的龙头企业,只要能给农民带来实惠,都要一视同仁地给予支持。2007年底,全国农业产业化组织达17.2万个,其中龙头企业7.5万家(44.0%)、中介服务组织8.4万个(49.1%)、专业市场1.2万个(6.9%),带动农户9511万户(农业部,2008)。

(2) 培育新型农业社会化服务组织。要求原有的农产品行业协会适应新的要求,进行调整和改组、改造,引导行业自律,做好信息服务,维护成员权益;鼓励发展新型农民专业合作组织,支持开展市场营销、信息服务、技术培训、农产品加工储藏和农资采购经营等;鼓励发展农村法律、财务等中介组织。2006年10月《农民专业合作社法》颁布后①,农民专业合作组织发展提速升级,成为提供农业生产性服务的关键力量。

(3) 允许工商企业到农村经营农资。20世纪90年代中后期,国家开始改革农业生产资料经营体制,逐步引入市场经营主体,2003年正式提出"允许和鼓励各类工商企业到农村以连锁方式经营化肥等农业生产资料",由此大量工商企业开始进入农村农资经营领域。同时,基层站所、供销社的退休或分流人员纷纷开办农资超市、农家店等,参与农资零售,有些已经成长为区域性农资或农业服务企业。

(4) 鼓励农户从事农业生产性服务。国家出台了许多鼓励农户从事农业生产性服务的支持政策,如对购置和更新大型农机具给予补贴,开展农机服务等生产性项目价格和收费清理,对农村流动性小商小贩免于工商登记和免收有关税费等。在此阶段,部分农户经营规模的扩大和种养大户的形成,导致农业生产性服务需求迅速增加。农民经纪人、农资经营户、农机服务户等小微主体开始涌现,发展出代耕代种、联耕联种、统防统治、跨区作业等服务业务。以

---

① 《农民专业合作社法》将农民专业合作社职能界定为"以其成员为主要服务对象,提供农业生产资料的购买,农产品的销售、加工、运输、贮藏以及与农业生产经营有关的技术、信息等服务"。截至2006年底,全国农民专业合作经济组织有15万个,成员3878万户,占全国总农户的15.6%。

农机服务为例,2007 年全国农机服务组织达 3654.6 万个,农机户 3629.5 万户,专业户 400.2 万户(农业部,2008)。

4. 加快传统服务组织改革进度

农产品流通体制和农资经营体制的改革,使供销合作社、国有粮食企业、邮政系统等更直接、更全面地参与市场竞争,促使它们加快自身改革、重视服务职能、创新服务方式。1998 年,《中共中央关于农业和农村工作若干重大问题的决定》明确要求国有粮食企业推进深化改革,确立自主经营、自负盈亏的新机制;2007 年中央一号文件明确提出"国有粮食企业要加快改革步伐,发挥衔接产销、稳定市场的作用"。到 2007 年 11 月底,国有粮食企业 21854 个,比上年末减少 3320 个,改革改制后竞争力明显提升,1—11 月购销企业同比减亏 31.32 亿元,粮食产业化龙头企业发展到 1631 个(农业部,2008)。针对供销合作社,2003 年中央要求其利用自身优势,在农村发展农业生产资料和日用工业品的连锁经营,用现代流通方式改造传统经营网络,发挥带动农民进入市场的作用;2006 年中央要求其创新服务方式,开展联合、合作经营,提高经营活力和市场竞争力。此外,还要求邮政系统发挥邮递物流网络优势,参与农产品市场体系建设,拓展为农服务领域;要求集体经济组织增强实力,同其他专业合作组织一起发挥联结龙头企业和农户的桥梁纽带作用。

5. 改革农村金融服务体系

2001 年,中央明确提出"要积极探索适应农村经济发展要求的农村金融体系、经营机制、管理体制和服务方式",从农村信用社改革试点开始,完善方案,逐步推开。这一时期农村金融机构的改革创新,力图构建功能完善、分工合理、产权明晰、监管有力的,商业金融、合作金融、政策性金融和小额贷款组织互为补充、功能齐备的农村金融体系。对原有的农村金融机构,主要是加大改革力度,增强服务功能。如要求农村信用社明晰产权关系、强化约束机制,真正发挥农村金融主力军和联系农民的金融纽带作用;要求农业银行创新金融产品和服务方式,发挥农村金融支柱作用;引导邮政储蓄资金返还农村,于 2007 年组建中国邮政储蓄银行等。如农村信用社改革深入推进,组建了省联社、农村商业银行、农村合作银行,吸纳社会资金组建股份制银行等,到 2007 年底法人机构由改革前 3.6 万家减少到 8348 家,农业贷款余额 1.43 万亿元,占全国农业贷款的比例由 2002 年的 81% 提高到 93%(农业部,2008)。

国家开始培育竞争性的农村金融市场，鼓励地方吸引社会资本和外资兴办"三农"服务金融组织，建立贴近农民和农村需要、自然人或企业发起的小额信贷组织，引导农户发展资金互助组织等。到2007年，新型农村金融机构改革试点扩大到31个省（自治区、直辖市），核准开业村镇银行11家、贷款公司4家、农村资金互助社8家，累计发放贷款2.2亿元（农业部，2008）。为引导金融机构增加"三农"信贷，探索建立农业担保机制，鼓励信用担保机构拓展农业担保业务，鼓励地方设立农业担保机构等；探索发展农业保险业务，开展政策性农业保险试点，并鼓励商业性保险机构开展农业保险业务等。这一时期，农业金融服务产品创新速度明显加快，如试点推广农户小额信用贷款和农户联保贷款，探索动产抵押、仓单质押、权益质押等担保形式，探索龙头企业、专业合作组织、中介组织为农户承贷承还、提供担保或帮助参加保险等。

（五）党的十七届三中全会以来，农业生产性服务业在推进农业发展方式转变中的重要性迅速凸显，日益成为现代农业产业体系建设的突出亮点

2004年以来，中央一号文件连续聚焦"三农"，把"三农"工作摆在重中之重的位置，推动了农业农村经济驶入发展"快车道"，扭转了城乡差距持续拉大的局面。虽然农村新型经营主体、农业规模化和产业化经营得到迅速发展，显著改善了农业农村经济发展基础；但农业资源环境和市场约束的增强，国际金融危机影响的加剧，保障农产品有效供给难度的加大，要求加速转变农业发展方式，加快提升农业竞争力，保持农民持续稳定增收态势。2008年，党的十七届三中全会审议通过了《中共中央关于推进农村改革发展若干重大问题的决定》，把"现代农业建设取得显著进展，农业综合生产能力明显提高，国家粮食安全和主要农产品供给得到有效保障"，资源节约型、环境友好型农业生产体系基本形成，作为现代农业发展的具体要求。在实现路径上，农业社会化服务体系被摆在重要的位置上，如推进农业经营体制机制创新，加快农业经营方式向采用先进科技和生产手段的方向转变，向发展农户联合与合作，形成多元化、多层次、多形式经营服务体系的方向转变；把建设覆盖全程、综合配套、便捷高效的新型农业社会化服务体系，作为发展现代农业、提高农业综合生产能力的七个方面举措之一。

这一时期,顺应转变农业发展方式的要求,农业生产性服务业从服务农业产前、产中、产后,向服务农业产业链、供应链、价值链建设升级,向支撑现代农业产业体系建设转型,在部分地区形成了不同环节服务体系、不同类型服务主体、不同层次生产服务相互配合,共同引领现代农业发展的局面。

1. 提升公益性服务体系服务能力

前一时期,覆盖全面的公益性农业生产性服务体系基本形成,为进一步深化改革、优化职能、创新服务打下坚实基础。(1) 强化体系建设,优化服务职能。如 2008 年中央一号文件提出,"通过 3 到 5 年的建设,力争使基层公益性农技推广机构具备必要的办公场所、仪器设备和试验示范基地"。在职能的优化上,既注重公益性与经营性服务职能的分离,又强调顺应形势需要调整公益性职能范围,如发展公益性农产品批发市场、农村土地流转交易平台等。(2) 推进深化改革,强化服务功能。如加大经费保障力度,健全绩效考核机制,激励公益性服务机构创新服务供给形式,引导科研院所、涉农高校提供公益性服务;鼓励涉农事业单位和部分公益性机构转型成龙头企业或服务公司;探索政府订购、定向委托、招投标等,引导经营性服务主体提供公益性服务。(3) 搭建区域综合服务平台,提高服务效能。涉农服务机构整合资源,发展了县域农业服务平台和乡镇综合服务社或服务中心等,形成了区域农业生产综合服务网络。以服务平台为依托,集聚发展经营性服务机构,如服务超市、庄稼医院、农民合作社、农资经营公司等,显著增强了公益性服务机构的服务效能。如近年来发展起来的"政府+企业+专家+农户"市场化运作,农技农资双向服务、农资农副双向流通、农业科技双向推动的农业科技服务新型模式——大荔模式。

2. 引导各类经营性服务主体竞相发展

(1) 供销合作社、邮政系统、国有粮食企业等发展农业生产性服务业,重新焕发生机。以成为"三农"服务的骨干力量为目标,供销合作社不断创新运营机制、拓展服务领域,到 2013 年拥有龙头企业 2289 家、农产品批发市场 2500 多个,组织农民合作社 93491 个,建设农村综合服务社 28.8 万个(胡正塬等,2015)。邮政系统借助遍布城乡的服务网点和完整的仓储、运输、信息系统,在农村广建"三农"服务站和邮政连锁超市,探索了"支农资源整合+优质农资配送+全程农技服务+连锁加盟经营+示范效果推广"的服务模式；国有粮食收储企业（中粮储）建立了省辖区"三农"服务总社——直属库"三农"服务中心社——农村"三农"服务社的组织架构和服务网络，分层对接龙头企业、农民合作社、农村经纪人、种粮大户等，联结粮食骨干产业链，发展现代农业产业化集群服务，构建了农村现代经营服务体系。

（2）涉农企业、市场平台、农民合作社等以农业生产性服务业为抓手，引领农业产业链升级。到2014年底，中国各类产业化组织达到35.4万个，辐射带动农户1.24亿户（陈晓华，2015）。起主导作用的龙头企业、农民合作社、市场平台纷纷成立服务公司或集聚相关服务主体，构建服务联结通道，有效推动了农业产业链升级。

（3）农村小微服务主体不断发展壮大，服务能力显著增强。前一时期活跃起来的农民经纪人、农资零售店、农机服务户以及各类服务型企业，经过市场的淘汰过程，有些成长为服务公司甚至龙头企业；有些主动对接政府部门或供销社、邮政系统、大型企业等，成为它们服务农村的终端末梢；也有一些组织农民合作社成为农村发展带头人。

（4）涉农信贷、保险、担保等金融机构形成了多元配套的农业金融服务体系。农业银行、农村信用社、邮储银行等在各自领域健全服务网络，创新农村金融产品，如土地承包经营权抵押贷款、产业链融资、种植贷、农机贷等。服务"三农"的村镇银行、资金互助社、发展基金、租赁公司等发展势头强劲，竞争性的农村金融市场进一步形成。农业保险体系逐步完善，2014年参保农户2.47亿户次，承保主要农作物11亿亩，中央财政保费补贴型农险产品738个[①]；农业担保体系建设取得实质进展，2015年7月财政部、农业部、银监会联合印发了《关于财政支持建立农业信贷担保体系的指导意见》（财农〔2015〕121号），提出用3年时间建立健全具有中国特色、覆盖全国的农业信贷担保体系框架，随后一批省级农业信贷担保公司相继成立。

3. 新主体、新业务、新业态加速涌现，并呈现区域集中、集聚发展态势

（1）新型服务主体迅速涌现。如提供土地流转服务的专业机构，企业与高校共建的技术研发和应用平台，提供品牌创建、规划设计服务的专业公司，

[①] 刘小微："我国738个农业保险产品全面升级"，中国金融新闻网，2015年11月14日，www.financialnews.com.cn。

提供资质评审、产品认证、质量检测服务的专业机构,提供法律、咨询、财务等服务的中介组织,提供营销服务的电子商务平台、会展节庆平台,提供经营管理服务的农业职业经理人等。

(2)传统服务不断创新业态。商贸企业、邮政系统、供销合作社等在农村建立以集中采购、统一配送为核心的新型营销体系。连锁、超市、配送、拍卖、电子商务等新型业态已经成为农产品流通主要渠道,尤其是农超(校、社区)对接、电子商务发展十分迅速。商业模式由简单的合同购销关系发展成产业联盟、联合体、利益共同体等。

(3)向优势、特色农业产业带(区)集中。农产品批发商、运销商、加工商、零售商、经纪人等向大型市场平台周边集聚发展,与农业生产直接相关的服务向农产品优势产区、产业带集聚发展。这些集聚区是当前中国农业生产性服务业发展最具活力的区域。

电商平台的发展值得注意。2014年9月,阿里巴巴启动了"千县万村"战略,计划三年内在1000个县域建立10万个村级服务点,培养20万名农村青年回乡创业。2015年,农产品卖家数量超过90万个,销售额695.50亿元,县域农产品销售额同比增长65%;农资产品销售额近50亿元,同比增长83.2%,在2016年"春耕大战"一个月时间里有27个省近300个县14000个村的农民购买了超千万份农资,打通了农资厂商直达农村的互联网通道;招募12000多名农村淘宝合伙人,帮助农户应用共享服务、完成与平台对接。[①] 紧跟阿里巴巴"下乡",京东于2014年11月启动农村电商项目,推出了"千县燎原计划""3F战略"[②],发挥自营物流和采销体系、全供应链管理优势,在农村广建县级服务中心、"京东帮"服务店,招募乡村推广员,打通工业品、农产品、农资等双向流通瓶颈。2015年底,京东县级服务中心超过1100家,京东帮服务店超过1300家,地方特产馆(店)达到600多家,乡村推广员达15万人,最终要实现"一县一中心""一县一店",建成覆盖全国的乡村推广员体系。[③] 以农村电

---

① 本部分的阿里电商平台和农村淘宝相关数据资料根据阿里研究院《阿里农产品电商白皮书(2015)》和《2015年中国县域电子商务报告》整理。

② 工业品进农村战略(Factory to Country)、农村金融战略(Finance to Country)和生鲜电商战略(Farm to Table)。

③ "京东加速推进农村电商3F战略",人民网,http://news.xinhuanet.com/politics/2016-03/25/c_128831717.htm。

商平台为依托，相应发展了农村信息追溯、质量控制、物流仓储、品牌、金融[①]、招商、营销等完整的农村服务产业网。农村电商平台正以极强的渗透力，迅速改变着农村经济发展形态，对构建现代农业产业体系具有引领支撑作用，但也会对农村传统产业形成冲击，甚至深刻影响农村社会格局和治理模式，要保持冷静态度、因势利导、防控风险。

（六）党的十九大以来，把农业生产性服务业作为战略性产业来培育的政策思路得以明确，开启了农业生产性服务业发展的新时代

中国经济发展进入新常态后，增速从高速增长转为中高速增长，经济结构持续优化升级，发展动力开始从要素驱动、投资驱动转向创新驱动。经济发展形势的变化要求挖掘新潜力、培育新动能。农业生产性服务业是推进农业供给侧结构性改革，培育农业农村新动能的重要抓手。发展农业生产性服务业的思路和政策导向开始形成。2015年12月，国务院办公厅出台的《关于推进农村一二三产业融合发展的指导意见》，首次明确提出"发展农业生产性服务业，鼓励开展代耕代种代收、大田托管、统防统治、烘干储藏等市场化和专业化服务"。2016年中央一号文件提出"加快发展农业生产性服务业"，支持新型农业服务主体成为建设现代农业的骨干力量。2017年8月，农业农村部、国家发展改革委、财政部联合印发了《关于加快发展农业生产性服务业的指导意见》。党的十九大做出实施乡村振兴战略的重大决策部署后，农业生产性服务业成为培育乡村新型服务业，推动乡村产业振兴，实现小农户与现代农业发展有机衔接的重要抓手。2018年9月，《乡村振兴战略规划（2018—2022年）》，提出"大力培育新型服务主体，加快发展'一站式'农业生产性服务业"，"强化农业生产性服务业对现代农业产业链的引领支撑作用"。2019年6月国务院印发《关于促进乡村产业振兴的指导意见》，明确提出培育乡村新型服务业，支持供销、邮政、农业服务公司、农民合作社等开展农资供应、土地托管、代耕代种、统防统治、烘干收储等农业生产性服务业。这些政策的出台，推动了农业生产性服务业进入发展的新阶段。

---

① 阿里巴巴蚂蚁金服推出"旺农贷"，京东金融推出"京农贷"，围绕农业细分产业链做全产业链金融。

1. 发展阶段处于迅速增长和结构升级的转型关键时期

总体上看,中国农业生产性服务业已有相当大的产业规模,呈现传统服务迅速升级、新兴服务迅速发展并存的格局,进一步发展的空间很大。部分环节服务供给趋于饱和,主要是传统的农机作业服务,开始进入业态创新、优化升级的发展阶段。如农机经营服务业的产业规模,包括乡村农机从业人员数量、农机户数量、农机化经营服务总收入和总利润在2015年达到高峰,农机专业户数量在2014年达到高峰;只有农业机械化服务组织数量,尤其是农机合作社数量保持增长。[①] 同时,农业生产性服务业的新主体、新业态、新模式大量涌现,对产业升级的引领带动作用逐步显现。截至2018年底,全国农业生产托管面积为13.57亿亩次,按照综合托管系数计算的托管面积为3.59亿亩,比上年增加50%,从事农业生产托管的服务组织共有36.9万个(冀名峰、李琳,2019)。农产品营销、农资配送、粮食烘干仓储和农产品冷链物流、农业品牌、农业金融、农业科技等新兴服务业务都处于迅速发展状态,已经成为乡村产业的发展亮点。

2. 多元市场服务主体错位发展、分工协作格局逐渐显现

伴随农业要素市场和农业产业链完善程度的逐步提高,不同类型的市场化农业服务主体迅速发展。他们在得到较为充分发展的同时,逐步提高服务质量并转向具有比较优势的服务业务领域,显现出不同服务主体错位发展和分工协作的发展趋势。如农业服务户和农户型服务组织在产中作业环节的作用进一步增强,乡村集体经济和合作组织在组织农户统一作业、对接农业企业和市场方面作用进一步增强,专业服务公司和涉农企业在技术密集性、资本密集性较高的服务领域作用进一步增强,传统农业服务组织成为全程化、系列化、超市式、定单式服务方式的比较优势服务主体。各类市场服务主体在形成错位发展格局的同时,不断加强相互之间的协同协作,密切与农业经营主体的联结机制,成为现代农业经营体系的重要组成部分。这一过程中,新型农业服务主体与新型农业经营主体共同成为推进农业现代化的骨干力量,合力带动小农户与现代农业有机衔接。各类市场服务主体不断创新组织形式,与农业产业链各环节主体相互渗透融合,形成区域农业综合服务或农业产业链集成服务的组织载

---

① 《中国农业机械工业年鉴》。

体,如各类涉农服务平台、现代农业产业化联合体等。

3. 不同农业服务业务一体化、网络化、融合化趋势加快形成

在新型农业经营主体加速发展和小农户衔接现代农业的需求牵动之下,农业生产性服务业将继续拓展业务、创新模式,形成农业全产业链各环节服务均衡发展的格局。一是传统业态迅速转型升级。互联网信息化技术的加速普及、小农户衔接现代农业的新需求,为传统服务业态向新业态、新模式升级提供了契机。如农机作业服务向全程式、保姆式、智能化方向的升级,农村电商与农资配送的结合,视频直播与农产品营销的结合等。二是新兴业务加速培育生成。新业态、新模式、新主体的涌现主要集中在薄弱服务环节,如统防统治、烘干仓储、信息追溯、标准化服务以及品牌、信用、金融、科技、信息等服务业务。三是分层业务趋向网络联结。部分地区在推进农业经营和服务方式创新的过程中,整合不同环节、不同类型的服务业务,建设服务体系或服务网络同时对接小农户和新型农业经营主体,增强了农业生产性服务业对小农户的包容性。

总体上看,中国农业生产性服务业实现了顺利起步,已经处于产中作业服务质量提高和产前、产后服务迅速发展,以及业务内容迅速延伸的转型时期。

二、发展农业生产性服务业的经验启示

(一)需求扩张是推动农业生产性服务业发展的主要动力

纵观几十年的发展历程,可以明显看出,需求是拉动农业生产性服务业发展的关键。改革之初,随着家庭承包制的普及,农业集体劳动转为家庭分散劳动,且 1984 年前国家限制农村劳动力在城乡之间流动,过剩劳动力只能在家庭内部配置,出现了劳动对机械和外部投入的替代。1980—1985 年中国农业机耕率由 42% 下降到 38.9%,机播率由 10.9% 下降到 9.4% (宋洪远,2008)。农产品购销和流通体制改革的时间节点,主要与农产品购销形势的变化相关。如 20 世纪 80 年代中期、90 年代初期和 90 年代末期"卖粮难"问题的出现,激发了农产品流通体制改革政策的密集出台,也推动了农产品市场体

系建设提速。党的十七届三中全会前后,随着加快转变农业发展方式的迫切性迅速凸显,农业生产性服务业发展明显受到重视。

在特定阶段,决定农业生产性服务需求总量和层次的是农业经营主体结构。姜长云(2015)在一项课题研究中将农户分为以农为辅的兼业农户、以农为主的兼业农户和农场类户三类,三者间规模化、专业化经营水平递增。他通过调研发现,这3类农户对农机服务的需求依次增强,且随着经营规模的扩大,对农机的需求呈现小型化向大型化转变的趋势。农业经营主体结构很大程度上决定了农业生产性服务业的发展水平。目前,中国新型农业经营主体已呈加速发展态势,但仍未改变传统小农为主的格局,制约了农业生产性服务业发展水平的提高。为此,必须加速改造现有农业经营主体结构,顺势推动农户分化进程,培育农民合作社、家庭农场、种养大户等新型经营主体,才能进一步激发农业生产性服务需求,推动农业生产性服务业向更高水平迈进。

(二)规模经济是农业生产性服务业发展的提升方向

一般而言,普通的农业生产性服务少有准入门槛,而专业化的生产性服务如精量播种、施肥、施药等需要一定的投资和技术门槛,但服务能力一旦形成,边际成本相对较小,规模经济效应显著。如大型农机具最佳作业规模在几千亩到上万亩的水平,远超农户经营规模。这为探索适度规模经营,实现家庭承包与规模经营之间的平衡提供了可能。初级形式是小农户将机种机收环节外包,但小规模、零散的地块限制了服务外包的效率,节本增效效果有限。较为高级的形式是以土地流转、土地托管、代耕代种、入股经营等集中连片,然后规模化地外包生产性服务,显著降低了农业生产成本。如山东省部分地区供销合作社探索的3公里(3万—5万亩)土地托管服务圈,成立为农服务中心,以"保姆式"全托管、"菜单式"半托管等形式,为服务圈内农户提供"一站式"服务,形成了以为农服务中心为载体、涉农部门支持、各类市场经营主体自愿互利参与的新型农业经营服务体系。① 农业规模化经营有力地推动了农业生产性服务业的发展,加速了农业服务主体的分化和培育。而规模化生产性

---

① "全面开展农业社会化服务 扎实推进全系统综合改革——全国供销合作社农业社会化服务暨综合改革试点现场推进会典型经验",《中华合作时报》,2015年9月25日,www.zh-hz.com。

服务的发展，将零碎的家庭农业劳动整合起来，消除了传统农业劳动的散乱和不对称短板，使农户突破规模限制应用先进机械设备和技术成果成为可能。农业生产性服务业的规模经济特征，作为产业发展的内生动力，驱动着农业服务经营主体、业务层次的升级，有利于形成区域性农业生产经营服务体系，形成现代农业发展的区域联动效应。

（三）因地制宜是发展农业生产性服务业的客观要求

按照路径依赖理论，社会、经济或技术等系统一旦进入某个路径，就会在惯性作用下不断自我强化，并且锁定在这一特定路径上。其变迁的过程敏感地依赖于政治、社会、人文等初始条件，各种形式的收益递增和外部性、网络经济等在其形式和运作上都具有强烈的本地依赖。因此，路径依赖一定程度上可以理解为"地方依赖"或本地化过程，可以很好地解释同样的制度变迁在不同地区有截然相反的绩效。反观农业生产性服务业的发展过程，含有明显的路径依赖特征。比如，同样一套改革政策组合，在有的地方营造了发展环境，使农业生产性服务业成长为引擎产业；在有的地方并没有显著激发发展农业生产性服务业的积极性。近年来，农业生产性服务业呈现多元化、多样化发展格局：有龙头企业、农民合作社、市场平台引领发展；有供销合作社、国有粮食企业、邮储系统自我改革创新；有农机专业户、种养大户等带动农村经济繁荣。具体的利益联结方式呈现出不同的特点，各地摸索出各具特色的组织创新路径。只要是与当地特点相融合，都显现出极强的发展活力、生命力。因此，促进农业生产性服务业健康顺利发展，必须从实践经验出发，尊重地区特点，因地制宜地选择发展模式。

（四）顺势而为是推动农业生产性服务业转型升级的关键所在

农业生产性服务业的演化过程，实质上是政府主导与市场经营边界在动态变化中逐步增强与农业农村经济匹配性的过程。公益性与经营性农业生产性服务业逐步分离，经营性服务逐步市场化、专业化、多元化。不同发展阶段的转换，往往是由适应农业发展需求的服务供给主体驱动。如改革初期受计划经济体制的影响，农户自发形成的服务组织在总体上处于抑制状态，但一些市场化服务供给形式仍在"夹缝"中萌发出来。20世纪80年代中期到90年代，涉农服务部门、传统服务组织不断引入市场手段，但管理机制改革跟不上市场化改革步伐，出现了职能弱化和经营亏损问题，而依托于农业产业化经营的市场化农业服务主体逐步发展起来。随着改革的深入和创新的加快，各类农业服务主体逐步适应了农业农村经济发展的要求，尤其是进入21世纪以来，农业生产性服务业逐渐成为现代农业发展的引领、支撑、带动力量。农业服务主体与服务业务、农业生产性服务体系与农业发展方式的演化路径，相辅相成时就会相互促进、加速发展，相离相向时就会相互制约、徘徊停滞。当前，要把农业生产性服务业打造成农村经济转型升级的引擎，必须注意顺应农户加速分化的趋势，适应农业供给侧结构性改革的要求，建设高效的农业生产性服务供给体系。一方面，要把涉农部门和公益性服务机构放到基础性、支撑性的关键位置，科学定位、强化功能，降低经营性服务改革和创新的成本风险。另一方面，政策支持培育经营性农业生产性服务业时，既要适应新型农业经营体系（主体）的要求，发展规模化、标准化、高端化的农业生产性服务业，也要发展适应兼业农户、老龄农户等生存需要的农业生产经营配套服务，形成分类、分层的产业体系、发展格局。同时，要顺应加快转变农业发展方式的要求，推动农业生产性服务业转变发展方式，加速转型升级；促进公益性服务与经营性服务之间优势互补、网络联动，共同构建区域性的农业生产经营服务体系。

（五）促进农业生产性服务业加快发展、优质高效发展是未来加快转变农业发展方式的必然选择

除了有利于跨越小规模经营的障碍实现适度规模经营外，农业生产性服务业的发展还能使投入成本明晰，有利于成本核算，理顺农产品市场价格形成机制；有助于破解农村劳动力外流引发的农户兼业化和"谁来种地、如何种地"等难题，更好地保障国家粮食安全。标准规范的农业生产性服务可以显著改善农产品品质，研发、品牌、营销、创意等增值服务可以显著提高农产品附加值，提高农业比较收益。在农业产业化经营中，企业+基地+农户、企业+合作社+农户等组织方式，大都以生产性服务渗入农业各环节，将现代经营方式、工业化理念植入农业，将产加销连贯成完整的产业链，促进产业间的竞争关系转变成协作关系，有利于理顺农业产业化路径，消除城乡产业转移障碍。生产性服务在把人力资本、知识资本导入商品和服务生产过程的同时，也构成了这些资本进入生产过程的通道（刘志彪，2006）。农业生产性服务业黏合了农村各次产业，构建了以工促农、以城带乡的产业通道。从发展现代农业、加快转变农业发展方式的战略要求出发，有必要提升农业生产性服务业的战略定位，使其在服务农业供给侧结构性改革、农村一二三产业融合发展、加快转变农业发展方式、以工促农和以城带乡中发挥更大作用。

经过几十年的发展，农业生产性服务业已经从农村经济的薄弱环节成长为农业农村经济转型升级的引擎。未来，要尊重农业生产性服务业发展的内在规律，完善内生发展机制，增强政策调控与产业发展的匹配性，为农业生产性服务业加快发展和优质高效发展营造良好的外部环境。借此，为加快转变农业发展方式提供持续的动力源。

第五章

农业生产性服务业发展模式和产业属性

农业的根本出路在于发展农业生产性服务业（姜长云，2016）。生产性服务业是集聚创新要素、推动产业结构升级的引领和支撑，其加速发展是三次产业结构演化规律的深化拓展，与农业内部分业分工耦合的结果就是农业生产性服务业的大发展。国际经验表明，发展农业生产性服务业是解决农业劳动力非农化、老龄化的重要手段，也是推进农业现代化的重要抓手。近年来，随着中国农业生产性服务社会化、市场化的深入推进，专业化、规模化、集约化等产业特征逐渐显现。在农业发展水平较高的地区，农业生产性服务业与农业产业链紧密相连，与其他涉农产业网状联结，增强了农业的要素、资源集聚力，激发了农村经济发展活力，被称为提高农业效率的新途径和以工促农的产业路径。

不少国内专家学者开始关注和研究农业生产性服务业发展的相关问题。如对中国农业生产性服务业发展现状、问题、制约因素等的研究（姜长云，2011；杜志雄，2013；张红宇，2015），对促进农业技术进步、规模经营、结构升级等正向"外溢"效应的实证研究（郝爱民，2015；李颖明，2015；张忠军，2015），从供给或需求角度对农业生产性服务供给评价、需求意愿和影响因素等的研究（张晓敏，2015；罗小锋，2016；夏蓓，2016）等。从已有研究来看，对农业生产性服务业的研究已经有了一定深度和广度，为本章提供了借鉴。但多是现状、问题、意义等层面的研究，从产业角度探析产业属性等规律性问题的较少。中国农业生产性服务业正加速发展，新型服务主体和业态加速涌现，与不同类型农业经营主体互动中衍生出一些新问题，为捕捉到这些新情况，有必要做跟踪研究。本书以此为出发点，对发展模式、产业属性进行解析，有助于更新对农业生产性服务业的认识，为产业发展和政策制定提供参考。

一、农业生产性服务业主要发展模式

农业生产性服务业是指为农业产业链提供中间投入服务的生产性服务业，就业务而言，大部分学者把它归入农业社会化服务体系中。[①] 农业社会化服务体系和农业生产性服务业的内容大致相同，只是强调重点有所不同（姜长云，2016）。在对发展模式的划分上，政策角度一般将其分为公益性、经营性以及介于二者之间三类，其内部均有专项服务与综合服务的差异；研究角度主要按照经营主体及其功能划分，如政府涉农部门创新服务职能、农民合作社内在扩张、农业龙头企业外部拉动、农产品市场和流通组织引领带动、传统服务组织创新发展、新型农业服务组织加速发展等（姜长云，2011；肖卫东，2012）。可以看出对模式划分的研究时间较早，难以反映近年来的业态创新。对于传统农业公共和公益性服务，一般由政府涉农服务机构提供，已有研究将其纳入政府主导的农业公共服务或公益性服务体系中，重新界定已无必要。本章从培育产业的角度研究农业生产性服务业，侧重点在经营性服务方面，并尝试从演化特征角度对模式进行分类。

（一）农业生产单一环节服务模式

农业生产不同环节的劳动需求、技术水平、操作特征不同，社会化、市场化的需求不同，使农业生产性服务是分环节逐步外包的。如产中服务的外包是由劳动强度大、适合机械操作的耕种收环节到操作复杂、精细程度高的植保环节依次推进的。与之相适应，提供农业生产性服务的经营主体也是按照这种分

[①] 自1991年国务院出台《关于加强农业社会化服务体系建设的通知》以来，政策文件中都以强调农业社会化服务体系为主，鲜有农业生产性服务业的提法。

工深化的次序，分环节逐步发展起来的，形成了农业生产单一环节服务发展模式。这一发展模式伴随着家庭承包制的改革而产生，由农户兼业逐步发展到多元主体，由产中服务逐渐拓展到产前、产后环节，延伸至整个农业产业链。目前，其服务供给主体有小农户、服务专业户、服务队、农民合作社、返乡农民工、农村创业青年、专业服务公司等，并呈现相应的业态。① 这一模式适应了小规模分散农户为主的农业生产经营现状，对于农业节本增效、拓展增收空间有重要作用，是目前较为常见的模式。

(二) 农业产业服务链模式

对于农业兼业化、农民老龄化严重的地区，单一环节服务能够解决劳动力紧缺问题，但不能从根本上解决农民不愿种地的难题。与之相适应，农户有将农业生产经营部分或全程外包的愿望，以保证农业基本收入。顺应这种需求，各地出现了部分环节链条式或全程服务的形式，2013年国家进行农业生产全程社会化服务试点，加速了这一模式的形成。托管经营是其中典型代表，以土地托管最为普遍，如2015年山东省土地托管面积已有2000多万亩②，约占全省耕地面积的17%。土地托管是伴随农业劳动力非农化而产生的，最早是亲戚或邻里间非经营性委托（承担赡养义务或实物馈赠），逐渐演化成经营性服务机构（见表5-1）。近年来，品牌托管、营销托管、供应链金融等新型、高端的服务业务兴起，成为该模式的亮点。

(三) 农业产业服务平台或集成服务商模式

"想种地、种好地"的家庭农场、农民合作社等新型经营主体，大都希望

---

① 普通农户，在经营自家农地外，为周边提供简单农事劳动、农产品初加工服务；农资零售商、农机户、经纪人、运销户等服务专业户提供相应服务业务，他们部分由普通农户分化而来，部分从基层站所、供销社等农业服务部门分流而来，有些成长为服务公司，或其他服务组织在农村的终端末梢；农机合作社、植保合作社、经纪人协会、购销合作社等，植保服务队、瓜果采摘队等组织化的经营主体提供专业化、规模化的服务；返乡农民工、农村青年、专业服务公司等在农业领域创业或拓展业务，主要是农业经营管理、电子商务、品牌设计、咨询、智慧农业等高端服务。

② 参见《大众日报》2016年7月10日刊载的"山东鼓励开展土地托管服务"。

表 5-1　　　　　　　　农村土地托管服务业态特征

要素	业态特征
托管主体	家庭农场、种养大户、农民合作社、集体经济组织、龙头企业、农业服务公司、供销合作社、邮政公司、国有粮食企业、农垦企业、涉农部门兴办的服务实体等。
托管方式	环节式托管：农户根据实际需要，委托部分服务项目或委托给不同服务主体，如全程农机服务。 全程式托管：农户将生产全程和生产资料全部委托（有些农户保留生产决策权），约定基本产量和超产分配方式（保底＋分红），或按生产成本＋服务费用收费，又称保底型托管。
服务方式	托管方提供服务；整合各环节服务；购买第三方服务。

方便快捷地获得农业生产性服务。与之相适应，网络化、平台化的农业生产性服务业发展模式，利用了集群集聚优势和现代信息技术的便捷性，降低了服务供给和使用成本，在实践中迅速兴起。其初级形式是农业服务组织的区域集中发展，如农产品、农资批发市场、县域、乡镇农业服务部门周边等。近年来，通过组织创新、管理创新、技术创新等发展了几种新兴业态（见表 5-2）。其中，互联网＋现代农业服务平台，如农产品、农资电子商务平台，智慧农业服务平台等，为农户提供了方便、快捷获取服务的载体，体现了现代信息技术使现代创新要素加速向农业渗透融合的作用。随着各类农业服务主体和模式的兴起，谁来为"农业服务者"服务的问题日渐突出。顺应这种需求，为农业服务提供服务的"集成服务商"也开始兴起，如第四方物流平台[①]、农机化综合服务中心（区域农机维修中心、农机 4S 店）等。农业产业服务平台往往以平台型企业为主导，通过发挥服务中介和支持作用，有效整合农业生产各环节服务和科技、金融、物流、营销等资源，提高引导和创造服务需求的能力，增强创新驱动能力、价值增值能力和产业影响能力，成为农业产业链、供应链、价值链转型升级的领航者。

---

① 第四方物流（4PLTM，Fourth Party Logistics）是 1996 年由美国埃森哲（安达信）咨询公司率先提出并注册的，定义为"集中和管理本组织和其他组织的资源、功能和技术，并设计和运行综合的供应链解决方案的集成商"。可以理解为供应链的集成者，具有强大的整合集成能力，可以降低供应链运行成本，提高运行效率和质量。现实中可对应部分物流园区、电商创业园等。

表 5-2　　　　　　农业产业服务平台或集成服务商模式业态

类型	业态
农业生产综合服务平台	政府涉农部门兴办或与市场主体合作建立的兼有公益性和经营性的农业服务平台公司，可实现"点菜式、超市式"的农业生产综合配套服务。
农业生产服务联盟	同类型的农业经营主体、服务主体或行业协会联合协作，组成服务联盟，对接政府机构、金融机构、相关企业等。
互联网+现代农业集成服务平台	电商平台外，还有互联网和农业科技、大数据、农资供应、农产品加工等结合形成的各种智慧农业服务平台。
农业服务集成服务商	为农业生产性服务的高效、优化供给提供服务的经营主体。

（四）农业生产经营区域服务体系模式

在农业产业化经营实践较早的地区，不同环节、不同类型的服务主体相互联系，出现了区域性的服务协调组织，服务体系雏形显现。虽然这些地区服务主体数量多、种类全，但相互之间组织化、一体化程度不够，没有形成稳固的联结形态。随着近年来农村产业融合的加速推进，农业服务主体之间不断提高组织化程度，分工协作、优势互补、网络联结，形成了各具地方特色、有稳固联结形式的农业生产经营区域服务体系，如农业产业化联合体、农业共营制、现代农业综合体等。

一是安徽省探索发展的现代农业产业化联合体，是由农业龙头企业牵头，农民合作社和家庭农场参与，集生产、加工、服务于一体的农业产业化经营组织联盟。龙头企业负责制定生产标准，提供农资采购、产品营销、技术、培训、金融等服务；家庭农场负责标准化生产；合作社组织产前、产中、产后服务，形成紧密联结的农业产业链系统。

二是四川省崇州市探索形成的"农业共营制"。农户以土地承包经营权入股，成立土地股份合作社，聘请种田能手担任职业经理人；政府整合涉农机构、科研单位、市场主体资源，扶持发展农业服务超市和各类服务主体，形成了土地股份合作社+职业经理人+现代农业服务体系的农业生产经营形式。

三是浙江省探索发展的现代农业综合体，即以农业为主导，融合食品加工、商贸物流、科普会展、教育培训、休闲观光、文化创意等相关产业，建设的集农业产业园区、科技示范、居住社区、生态涵养、服务经济等功能于一身，有效对接城市市场的产业结合体。其中，政府、科研院所、龙头企业按比较优势建立紧密协作关系，促进集约化家庭生产与产业化合作服务的结合。

实践中，供销合作社、邮政公司、国有粮食企业等，依托自身服务网络，创新发展了适应地方特色的农业生产经营服务体系。这些区域性服务体系，具有公益性与经营性服务相结合，多重层次、多种形式、多元主体，覆盖全程、综合配套、便捷高效等立体式复合型服务体系的特征；为农村金融机构、政府涉农服务部门等提供了创新服务、强化功能的载体和渠道。

结合前文的分析，不同模式的特点、适用范围可归纳为表 5-3 所示的内容。也有学者将农业生产性服务模式划分为集中托管模式、套餐服务模式、看单点菜模式三种。这三种模式是近年来农业生产性服务业态创新的典型形式，实践中发展迅速。从本书划分类型的视角来看，它们与服务链、服务平台或集成服务商模式相互交织，只是角度不同，并无矛盾之处。

表 5-3　　　　　　　不同发展模式的特点和适用范围

模式	特点	适用范围
农业生产单一环节服务	专业化、片段化	广泛存在，但较之其他模式，是农业发展基础较为薄弱，新型农业经营主体和服务主体尚未发展起来的地区最为普遍的业态形式。
农业产业服务链	规模化、链条化	农业产业化有了一定基础，农村劳动力非农就业机会、渠道多，新型农业经营主体、服务主体有了一定发展但尚未主导区域农业发展格局的地区。
农业产业服务平台或集成服务商模式	平台化、网络化	区域经济发展较好，农业产业化有了一定基础，新型农业经营主体、服务主体发展迅速并明显带动区域农业发展的地区。
农业生产经营区域服务体系	区域化、体系化	区域经济发展较好，区域农业公共服务完善，农业产业化基础较好，新型农业经营主体、服务主体发育充分并主导区域农业发展格局的地区。

二、农业生产性服务业的产业属性

生产性服务产品具有产出无形性、知识密集性、报酬递增性、产品差异性、进入壁垒性等特点,反映了生产性服务业的资本深化和要素依赖升级、空间集中集聚、组织形态"外部化"、产业融合、垄断竞争等发展规律(刘志彪等,2015)。农业生产性服务业既有生产性服务业的特征,也有与农业相适应的特点。

(一)发展过程具有明显的阈值效应[①],需要满足递进升级所需要的需求和要素配给要求

Young(1928)发展了斯密(1776)关于"分工受市场范围限制"的思想,认为"分工取决于市场规模,而市场规模又取决于分工",二者之间是相互依赖的关系。对于农业生产性服务业的形成与发展来说,只有经营主体对生产性服务的需求达到一定规模,专业化的服务供给才会出现;服务需求规模的扩张又取决于服务主体的专业化程度和经营主体的分工水平。如在家庭承包责任制改革之初,农村劳动力流动受到限制,农业产中服务需求受到抑制,服务分化进程相当缓慢。[②] 随着外出务工政策的放开,农村劳动力加速外流,农业生产性服务需求逐步得到激发,但受制于农村先进技术和现代要素的配给约束,多数地区初期农业生产性服务业的发展以弥补劳动力空缺为目的,供给能力、技术水平满足不了需求扩张的要求,难以有效阻遏农户土地撂荒、闲置、粗放经营等行为。也就是说,只有具备了一定的服务市场需求规模、服务主体要素配给,才能实现农业生产性服务业的顺利升级发展。如部分农业现代化推进顺利的地区,需求规模和要素配给达到了要求,农业生产性服务业才成长为农业发展的带动力量。从发展规律和实践历程来看,农业生产性服务业从形成到发展一般经历三个阶段:一是需求诱致分工

[①] 如果经济变量之间存在相互作用关系,那么其中一个经济变量对另一经济变量能够产生影响或引发其变化所必须达到的最小变化量(幅度)就是阈值。这里指需求规模、层次、技术、资本、人才等要素配给的变化量。

[②] 这一时期是19世纪80年代初期到中期,农资供应由供销社和农业资料公司负责,粮食等主要农产品以统购统销为主,农技推广等农业服务由政府涉农服务部门主导,以农村集体经济组织提供为主。随着改革推进,出台了一些市场化政策措施,如:成立技术服务公司,允许技术人员获得增产分红;允许农民自主销售部分农产品,换工、请季节工和专业工等,购置机械从事生产和运输;支持农民成立技术服务组织,扶持发展服务专业户等。但受当时政策限制,这些经营性服务发育程度很低,规模小,不稳定。

产生；二是普遍外包加速发展；三是资本深化创新发展。前两个阶段依赖于所服务产业，第三阶段才相对独立，引领产业发展。目前，中国各地农业生产性服务业发展水平不一，但总体上看，多数处于第二阶段，少数处于向第三阶段转化的时期。要加速发展农业生产性服务业，政策支持上应着重满足阶段转化所需要的需求规模和层次、要素配给的阈值，如促进适度规模经营、完善产业发展环境等。

（二）同时具有范围经济和规模经济特征，需要处理好"大而全"与"专而精"的关系

与工业生产不同，农业生产时效性、地域性强，需要抢农时，单一环节服务需求时间短且集中，就算是形成规模化的服务需求，也不能支撑服务主体的全年业务。如小麦机收集中在成熟期十几天时间里，全国范围的跨区机收也仅是5月中旬到7月中旬。加之不同作物、不同环节的服务设施设备专用性强，服务主体会同时经营多种服务业务，导致范围经济特征显著。如农机合作社逐步配置了全套机械设备，提供不同作物、不同环节的农机服务。但单一环节服务又具有规模经济特征（芦千文等，2016），需要分工专业化，扩大单项服务规模，降低成本、增加收益。这就需要在范围经济与规模经济效应之间寻得平衡点。杨小凯（2000）认为，交易效率的改进能促进分工，而分工深化会增加交易成本，分工经济与交易成本之间存在两难冲突。也就是说，专业化水平提高的正收益与交易成本提高的负收益相互作用，会影响服务主体在专业化经营与多样化经营间的选择决策。交易成本的变化是这种影响机制中的决定性因素。因而，某项服务的交易成本不同，专业化程度也就不同。在农业生产性服务的交易中，时限性、地域性是决定交易成本的重要因素，且不同环节的差异较大。一般而言，研发、信息、咨询等知识密集型服务时限性、地域性较弱，交易成本较低，适合专业化经营；农业产中各环节服务时限性、地域性较强，交易成本高，适合兼业或综合经营。这说明不能盲目追求分工深化，应视服务业务在专业与综合之间寻得平衡，追求业务专业化、服务综合化。农业生产性服务供应体系应是综合经营、专业经营、兼业经营交织并存。

(三)与农业产业布局呈现空间协同特征,需要形成"大分散、小集中"的网络结点式发展格局

生产性服务业,尤其是高级生产性服务业,越来越呈现地理上的集中集聚趋势,如中央商务区、大型物流园区等。农业生产性服务业也集中集聚发展,但与中央商务区、大型物流园区的面状集聚不同,主要呈现大分散、小集中的网络结点式分布格局。如农业共营制案例中的农业综合服务站①是在乡镇的网络结点,伸出触角联结各个村庄;乡镇之间发生横向、纵向联系,形成大分散格局下的区域服务网。从区位理论出发,产业布局取决于经营导向、要素特征、产品特征、需求特征等;从经济地理视角考虑,产业集聚形态是报酬递增、运输成本和需求布局交互作用的结果。对于生产性服务来说可达性也是非常重要的因素(魏后凯,2006)。这些因素最终反映为不同产品供给成本结构的不同。也就是说,产业集聚形态的不同,是对不同产业服务供给成本结构不同的反映。农业生产性服务业面对的是面广、分散的农户,且受土地这一不能移动的要素的制约,需求密度远低于二三产业,使服务供给的交易成本和分销成本②占总成本比重很高。这种成本结构下,均衡结果自然是偏向农户、贴近农业,与农业布局呈现空间协同。农产品加工、流通、营销等环节的生产性服务,也能呈现面状集聚态势,这是靠近二三产业环节、农产品可以运输等综合作用的结果。所以,发展农业生产性服务业不能盲目追求集中集聚,应注重形成大分散、小集中的网络结点式发展格局,合理布局与农业贴合紧密的基层服务机构。

(四)服务产品垄断竞争属性限制区域市场格局的优化升级,需要建立利益联结共享机制

服务产品是经验性商品,质量只有在使用后才能了解,生产者与消费者之

---

① 集中了农业服务超市、农机合作社、农技服务站、农村产权交易管理服务中心等。
② 指交易成本以外的与服务产品生产成本无关的成本,可以理解成对接服务消费者和消费者消费服务的成本。因为服务是不可储藏、不可运输的,随着距离的增大,分销成本递增。

间存在信息不对称,因而具有垄断竞争属性。知识、技术越密集,差异化就越强,垄断因素也就越多。加之农业生产性服务的规模经济效应、需求密度低等特征,区域内可容纳的农业服务主体数量不多。村庄内提供农机服务的农户屈指可数,农民合作社、服务队的服务能力可辐射周边乡镇,品牌、金融等高端服务发展所需的市场容量和空间范围更大。这使得农业服务主体拥有自然垄断地位,具有价格谈判优势,从而影响或操纵服务价格。据笔者对所在家乡(鲁西北)的观察,经常发生本村农机户协商抬高价格、抵制外来农机手的行为,村民只能被动接受逐年攀升的服务价格。这种垄断竞争属性限制了农业生产性服务业的优化升级。所以,在培育新型农业服务主体,扶持农户跨越从事农业生产性服务门槛的同时,也要完善产业发展的利益联结共享机制,鼓励互利互惠、合作共赢模式,推进农村产业融合发展,化解垄断竞争的负面影响。

(五)农业经营主体结构决定了需求扩张特征,需要顺应农户分化趋势,引导服务供给结构优化升级

基于对当前发展阶段的判断,中国农业生产性服务业总体上还处于农业的从属地位,说明需求扩张是其发展的主要牵引力。当前阶段,农业经营主体结构演化是影响农业生产性服务需求的最重要因素。① 不同类型农业经营主体的服务需求差异明显,如:小农户需求点多面广、单体规模小、层次较低;新型农业经营主体需求连片集中、单体规模大、层次较高,还对金融、品牌、咨询、电子商务等高端需求强烈,并有向建设现代供应链、价值链等更高端需求升级的趋势。中国的农业经营主体结构演化呈现三个特点:农户大量兼业化、老龄化;农户向家庭农场、专业大户的分化加速;农民合作社、农业公司等数量迅速增加。与之相对应,农业生产性服务需求变化也呈现三个特点:小农户兼业化、老龄化过程中不断释放服务需求,推动总需求不断扩张,但这种需求层次较低,且需求表达不畅、实现成本较高;新型经营主体加速发展,使高层次服务需求迅速释放;由于农业经营主体结构以小农户为主,且短期内难以改

---

① 农业生产性服务需求取决于农业的规模结构、技术水平等,但也可以看成是农业经营主体的需求表达。目前,农业经营主体结构处于加速演化之中,尤以普通农户与新型经营主体的加速分化最为显著。

变，总需求扩张增量中仍以低层次需求为主。这种变化趋势将使农业生产性服务业的自我发展以低水平扩张为主。① 新型农业经营主体是加快农业发展方式转变、实现农业现代化的生力军。农业生产性服务业的发展应顺应农业经营主体结构演化的趋势，满足小农户和新型经营主体需求。同时，要注重发展规模化、标准化、高端化的农业生产性服务，增强对农业经营主体演变的引领带动能力。

三、结论启示与政策建议

促进农业生产性服务业加快发展、优质高效发展是未来加快转变农业发展方式的必然选择，是向农村经济结构调整要动力、促进农村经济繁荣的重大举措。基于前文分析，应理性认识不同发展模式的特点、适用范围，把握产业属性，顺发展规律而为，引领农业生产性服务业加快发展和顺利升级。

一是注重不同模式的多元协同联动。不同发展模式交织并存，是与不同地区的农业发展水平、经营主体结构互动的结果，有一定的适用范围（见表5-3）。不同模式间不只是此消彼长的竞争关系，更多是功能互补的协作关系。在服务体系的构建上，应该注重不同模式的多元、分层、协同、联动发展，应与农业经营主体的结构演变相适应。不同地区在选择发展模式时，不宜盲目"另起炉灶"，应充分研判本地区农业发展基础，审慎学习借鉴其他地区成功经验，注重因地制宜、突出特色。

二是突出产业升级的政策推动功能。对农业生产性服务业加快发展的政策支持，应瞄准阶段转化的关键节点，推动顺利转型升级。如在产业发展初期和转型升级时期，政策的着力点在于降低小农户的需求表达成本和新型主体的服务使用成本，引导服务主体创新融资方式、提高技术水平、增加人才储备、提高服务能力，满足服务主体升级发展的需求规模和能力要求。在其他时期，则

---

① 目前农业生产性服务业仍属于农业产业体系中的薄弱环节，尚没有满足普通农户的需求。这种形势下的需求结构变动，会使农业生产性服务业的自我发展以满足低层次需求为主，而高层次农业生产性服务业发展的技术、投资等门槛高，会受到间接抑制。本章中的"低层次""高层次"只是相对的概念。

主要发挥市场配置资源的决定性作用和产业政策的调控引领作用，优胜劣汰，提高产业发展质量。

三是发挥产业属性的战略指引作用。从农业生产性服务业的范围经济、规模经济、空间协同、垄断竞争等特征出发，在经营战略的选择上，要处理好"大而全"和"专而精"的关系，注重发展、合理布局基层经营性服务机构，形成"大分散、小集中"的网络结点式空间分布格局。同时，要注意建立利益联结共享机制，形成各参与主体扮演合适角色、承担相应责任，合作共赢、互惠互利的产业生态，推动农村产业融合发展。

四是强调政策创新的引领引导作用。综合前文分析，可以考虑将调控政策从对服务主体的支持转向重视高层次服务业务的培育、区域服务体系的建设，加速现有服务主体向新型服务主体的转型升级，如对规模化、高层次以及农业关键领域、环保型生产技术的购买服务进行补贴。这样可以带动新型农业经营主体加速发展，形成农业生产性服务业与农业农村经济的良性互动。

第六章

合作社联合社的组织制度创新与经营方式转变[①]

与小农分散独自进入市场相比,合作社有着明显的优越性。国内外经验表明,农民专业合作社的发展有利于解决单个农户无法解决和难以经济合理地解决的问题,可以成为现代农业的重要经营主体,也是推动农业发展方式转变的重要力量。构建集约化、专业化、组织化、社会化相结合的新型农业经营体系,农民专业合作社不可或缺。自 2007 年 7 月 1 日《中华人民共和国农民专业合作社法》实施以来,中国农民专业合作社发展很快,成为农业组织创新的突出亮点和农业产业化经营的重要支撑。截至 2012 年一季度末,全国依法登记的专业合作社已达 55.2 万家,实有入社农户达到 4300 多万户,约占农户总数的 17.2%。[②] 但是,与其他市场主体特别是大型龙头企业相比,单个专业合作社的竞争力量仍然有限,在某些方面甚至存在明显弱势。特别是随着外部市场竞争的加剧和合作社业务的扩大,农民专业合作社规模小、层次低、实力弱的问题日趋凸显,成为制约其进一步发展的突出问题。加强合作社的联合和合作,增强合作社的竞争能力、服务能力和抗风险能力,日益成为农民专业合作社发展面临的迫切要求。在此背景下,许多地

---

① 本章研究获得国家社科基金重大项目(课题批准号11&ZD010)支持。
② 农业部:"'十二五'末农民专业合作社发展要力争实现四大",中国农业新闻网,http://www.farmer.com.cn/。

方农民专业合作社联合社应运而生。从实践来看，专业合作社及其联合社的组织制度创新往往不是一个单一的过程，而是一个伴随农业经营方式转变的过程，甚至组织制度的创新与经营方式的转变呈现密切的互动关系。本章试图以安徽宿州市 YLD 农业科技专业合作联合社①为例，就此展开分析，从中得出若干结论和启示。

一、YLD 农业科技专业合作社联合社的发展过程和运作模式

YLD 农业科技专业合作社（以下简称 YLD 专业社），位于安徽宿州市埇桥区。埇桥区是全国重要的粮食生产基地，是第一批国家现代农业示范区，曾获"全国超级产粮大区""产油大区""无公害农产品生产基地""国家绿色农业示范区"、省"生猪调出大县（区）""蔬菜产业化十强县（区）"等殊荣。YLD 专业社成立于 2008 年，具有土地流转、土地托管、农技推广、科技培训、信息服务、农资经营连锁与配送等多种功能。近年来，依据入社自愿、退社自由、自主经营、自负盈亏、民主管理、利益共享、风险共担等原则，该社得到了较快发展，社员数已由成立初期的 43 户发展到 2012 年的 581 户，带动农户 1658 户。该社是全国首批评选的农民专业合作示范社，也是安徽省农民专业合作社信息化建设示范社。近年来，YLD 专业社经历了从土地流转、土地经营权入股到土地托管的农业经营方式转变，也经历了从专业合作社到专业合作社联合社的组织制度创新。除特别说明外，下文将在 YLD 专业社基础上成立的 YLD 农业科技专业合作社联合社，简称为 YLD 联合社。在 YLD 专业社发展及其向联合社转变的过程中，组织制度创新有效顺应了农业经营方式转变的需求，并不断巩固农业经营方式转变的成果，促进了农户经营和合作社经营的有机结合，实现了"生产分散在户，服务统一在社"的新型农业规模经营。

---

① 为避免给所在合作社带来意想不到的负面影响，本章将相关合作社名用英文首字母表示。

（一）经营方式变迁：从土地流转到土地托管

YLD 专业社最初主要通过土地流转和土地入股，从事规模化的良种繁育。近年来，在许多地方，农户小规模分散经营与发展现代农业的矛盾迅速凸显。农业专业化、规模化、品牌化、集约化的发展，越来越面临农户小规模土地分散经营的瓶颈制约，导致农技成果转化推广难、农业机械化发展难、农业污染控制难、农业节本增效难、农产品产销对接难，成为农业发展面临的突出问题。与此同时，随着农村青壮年劳动力的大量外流，农业劳动力老弱化、妇幼化的问题迅速凸显，农村土地撂荒或粗放经营的问题不断加重，谁来种田、如何种田越来越成为发展现代农业不容回避的问题。许多留守农民从事农业经营，不仅体力和精力不足，也缺乏足够的科技知识和学习能力，导致部分地区农业粗放经营有所加重。更有一些农民因难以识别假化肥、假农药，导致减产减收。为解决这些问题和困难，YLD 专业社开始通过土地流转和土地经营权入股等方式，将农民手中的耕地组织起来，进行规模化良种繁育。2009 年，该社实现土地经营权流转 2115 亩；2010 年，该社又实现土地经营权入股 3050 亩。

在不断探索的基础上，YLD 专业社又摸索出土地托管这种新型经营方式。从 2011 年开始，YLD 专业社创新土地规模经营方式，实行土地托管。具体操作办法是：（1）在宣传动员的基础上，合作社同农户签订土地托管协议书，合作社对农户交由其托管的土地实行五统一、二分散：统一测土配方施肥；统一机耕和机播；统一种子供应；统一田间管理（包括除草、杀虫和治病）；统一机收并按标准回收良种，分散晾晒、分散储藏（见专栏一）。（2）合作社同有资质和信用的大型种子公司签订种子回收合同。（3）购进上市公司或全国百强企业的优质化肥、农药供施肥撒药。（4）成立农机、植保服务队，并优先选择托管农户的机械和人员加入服务队。2011 年，YLD 专业社托管农户土地 2730 亩；到 2012 年 4 月底，该社又新增托管农户土地 1642 亩；到 2012 年 9 月，YLD 联合社已在埇桥区托管农民土地 9000 余亩，包括对安徽 DY 现代农业投资发展有限公司在埇桥区建立的 5400 亩现代农业循环经济产业基地，从机耕、机收、田间管理到农资供应实行全程托管。

> **专栏一：YLD 农业科技专业合作社对农户的土地托管范围**
>
> 1. 托管机耕：乙方适时统一机耕，机耕费用低于市场机耕价。
> 2. 托管测土配方施肥：乙方免费采样测土配肥，肥料选用大型厂家专用配方肥，肥料价格低于市场价。施肥可由甲方操作，也可委托乙方操作，工时费另算。
> 3. 托管种子：乙方提供甲方所需小麦和玉米种子，价格不高于种子公司的销售价格。
> 4. 托管播种：乙方提供先进的播种机械实行机械化播种，亩播种价低于市场价。
> 5. 托管田间管理：乙方负责提供化除化控、治虫防病的配方农药，农药价格低于市场价；乙方提供喷施农药服务队，工时费由甲方承担。
> 6. 托管机收：乙方提供谷物收割机（特殊种植除外）负责收割，收割费用由甲方承付，费用低于市场价。
> 7. 托管销售：甲方可委托乙方销售，也可自行销售，价格随行就市，对指定的良种繁育地块按照繁育种子协议书价格执行。
>
> ——摘自 YLD 农业科技专业合作社同农户签订的土地托管协议书，甲方为农户，乙方为 YLD 农业科技专业合作社。

（二）组织制度创新：从专业合作社到合作社联合社

YLD 专业社良好的运行成效，吸引了许多专业合作社加盟。应周边地区许多专业合作社的要求，2012 年 4 月，YLD 农业科技专业合作社与其余 10 家农民专业合作社共同发起，成立了宿州市 YLD 农业科技专业合作社联合社，即 YLD 联合社。2012 年 5 月，YLD 联合社的成员单位已经发展到 18 家，包括种植、农机、植保、土地流转等领域的专业合作社和农资配送中心等（见图 6-1）。在专业合作社加入联合社之前，由 YLD 联合社向有意加入该联合社的成员单位发出倡议，有意向的单位填写加入联合社申请表。申请表主要包括从事经营的项目、成员数、固定资产、流动资产、营销收入等基本信息。待申请得到审核批准后，YLD 联合社还会与申请方签署一份正式的加入联合社协议书，逐一明确相关事宜。

YLD 农业科技专业合作联合社
├─ 种植专业合作社：YLD 农业科技专业合作社、XY 种植专业合作社、QF 甜叶菊种植专业合作社、NX 种植专业合作社、HY 种植专业合作社、HQ 种植专业合作社、JH 种植专业合作社、QM 种植专业合作社、SY 瓜菜专业合作社、SN 种植专业合作社、JF 种植专业合作社、ZY 种植专业合作社、BS 种植专业合作社
├─ KC 植保种植专业合作社
├─ CQ 农机专业合作社
├─ TY 土地流转专业合作社
├─ LD 生物科技有限公司
└─ 宿州市 HX 农资配送中心

图 6－1　YLD 农业科技专业合作社联合社成员单位概况

YLD 联合社成立之后，逐步建立起相对健全的组织结构和运行机制。在组织结构方面，建立起了包括成员大会、理事会和监事会在内的治理框架。成员大会是本社的最高权力机构，由全体成员单位组成，每年召开 4 次成员单位大会，决定联合社经营和发展的重大事项。理事会是联合社的执行机构，对成员大会负责。联合社设理事长一名，同时也是联合社的法定代表人。加入联合社的各成员单位理事长均为常务理事，理事长、副理事长从常务理事成员中选举产生。理事会会议的表决，实行一人一票制。理事会负责聘任或解聘经理，经理对理事会负责，负责经营管理联合社的各项业务。联合社还设立监事会，包括一名监事长，两名监事，代表全体成员监督检查理事会和工作人员的工作。同时，联合社还制定了较为规范的盈余分配制度、财务制度、学习培训制度、成员（代表）大会制度、理事会工作制度、理事长职责、监事会职责、合作联合社章程等规章制度。其中最为重要的是联合社章程，这是联合社运作的基本依据。

二、YLD 联合社经营方式转变的动因及影响

土地流转、土地入股和土地托管作为不同的农业经营方式或土地经营方

式,对利益相关者的权责利组合,往往会产生不同的影响,并形成不同的运行绩效。近年来,中国农村土地流转加速推进。据农业部统计,2008年底,农村土地流转面积占家庭承包经营耕地面积的8.9%,而到2011年底这一比例已达17.8%,年均提高近3个百分点。在此背景下,YLD专业社的主导经营方式却从土地流转"切换到"土地托管,看似不符合新潮。原因何在?对不同利益相关者的行为分析,可以为此提供答案。

(一)基于合作社经营视角的分析

1. 实行土地托管方式的直接动因,在于打破土地流转模式下合作社投入能力的局限

近年来,中国农产品成本上升较快,土地成本、人工成本和农资成本日益成为农产品成本提高的重要推手。在许多地方,随着土地流转规模的扩大,土地流转成本的提高对农产品成本的提高也起着推波助澜的作用,甚至在相当程度上影响着农业经营结构的选择,导致部分农业经营者放弃粮食生产,增加经济作物生产。受自身规模、资产实力和融资能力的限制,合作社要通过土地流转方式取得土地经营权,还会面临投入能力不足的困扰。如2009—2012年,宿州市埇桥区每亩土地的流转费用已从500元上升至1000元左右。加上每亩第一季的化肥、种子、农药成本约240元,机耕、机播、机收费用约100元,管理费约50元,合作社如从农户手中转入1000亩耕地,就需先行投入生产经营资金139万元,超出大多数专业合作社的投入能力。在土地由农户向合作社流转的背景下,合作社是唯一的农业经营主体,也是唯一的农业投入主体。合作社若从农户手中转入更多土地,则需要更大规模的投入,多数合作社往往力不从心。相比之下,在土地托管模式下,农业经营主体已由原先土地流转模式下的合作社,转为农户和合作社"双层经营",实现了微观层面农业经营的"统分结合"。不仅如此,在土地托管模式下,合作社既是"统"的层面之农业经营者,也是"分"的层面农业经营者——农户的服务供应商,实现了合作社的"一身二任"。在土地托管模式下,实现了农户分散经营与合作社统一经营在农业领域的有机结合,创新了农业规模经营的实现方式,但对农业经营的主要投入责任则由合作社"回归"到农户,帮助合作社有效规避了规模化投入能力不足的困扰，尤其是有效化解了合作社难以支付大规模土地流转费用的困难。

2. 对合作社大规模经营风险的担忧，也是土地流转、土地入股向土地托管转变的重要原因

在土地由农户向合作社流转的土地流转模式下，农户获得稳定的土地流转收益，前提是将土地经营权让渡给合作社。农户在让渡土地经营权的同时，也将土地经营的潜在风险和或有收益一并转移给了合作社。农业再生产作为经济再生产和自然再生产的统一，环境可控性较差，容易面临较大的自然风险。以2011年为例，根据《中国统计摘要·2012》的资料，中国农作物受灾面积占播种面积的比重达到20%，成灾面积占受灾面积的比重达到48.1%。近年来，多数农产品价格波动加剧，在总体上呈现波动幅度放大、波动频率增加的态势，导致农业经营的市场风险也呈增大趋势。在此背景下，无论是采取土地流转还是土地入股方式，合作社如果大规模转入土地，都可能面临大规模、集中化的风险。在当前中国农业保险制度尚不健全的背景下，一旦出现严重的水旱灾害、价格下跌，合作社很容易遭遇严重的经营危机，甚至一蹶不振。与小规模农户分散经营相比，合作社"大包大揽"的土地流转或土地经营权入股方式，虽然可以实现规模经济、范围经济，也会面临风险容易集中而难以化解的问题。如在粮食成熟待收或收割待晒期间，遭遇连阴雨，合作社相对于农户，更容易面临较大的粮食霉变或产后损失。事实上，多数合作社缺乏足够土地来建设较大规模的仓储设施或晒场，也增加了土地流转或入股模式下合作社遭遇粮食霉变或产后损失的可能。可见，从土地流转或入股转向土地托管，有利于促进合作社经营风险的分散化。

3. 实行土地托管方式，有利于化解现行土地制度对合作社发展的制约

通过土地流转或土地入股方式，合作社可以获得农户承包土地的经营权。近年来，国家政策也一直明确支持和鼓励土地流转。但即便如此，合作社要通过土地流转或入股等方式，获得长期稳定的土地经营权还面临相当大的困难。主要原因有三：

——农民非农就业机会的多寡及其就业和收入的稳定性，在很大程度上影响着农户土地流转的稳定性。土地流转或土地入股，是农户和合作社双方意愿对接的产物。近年来，由于宏观经济形势的复杂性和较强的不确定性，在较大程度上影响农民非农就业机会的多寡及其就业和收入的稳定性，由此间接影响农户土地流转行为的稳定性。

——当前多数农户的土地流转以短期为主，导致合作社难以获得长期稳定的土地经营权。在多数地方，愿意同合作社签订长期土地流转合同的农户并非很多。如据黄延信等调查，各地土地流转的期限多在5年以下，黑龙江省土地流转期间为1年的达到了71%（黄延信等，2011）。近年来，许多地方的土地流转价格上涨较快，也导致选择较短的土地流转期限成为多数农民的理性选择。

——当前就总体而言，农户的土地承包经营权还具有社会保障功能。在农户通过土地流转或入股方式向合作社转移土地经营权之后，农户的收益预期能否得到稳定保障，也会对农户土地流转或入股行为的稳定性产生重要影响。在一个地区，如果农户观察到预期收益得到保障的土地流转或土地入股"案例"不多，多数农户对土地流转或入股收益能否得到稳定保障，很容易采取"观望"态度。这会加剧农户土地流转行为的短期化和不稳定性，加大合作社获得长期稳定的土地经营权的困难。

无论是合作社，还是其他经营主体，如果难以获得长期稳定的土地经营权，必然难以形成长期稳定的经营收益预期。这又很容易妨碍其实施必要的长期化土地经营行为，如加强农田基本建设、实施土地综合整治。采取土地托管方式，可以有效避免上述三方面因素对于合作社获得长期稳定的土地经营权的制约，将农户分散经营与合作社统一经营有机结合起来，通过合作社与农户之间的土地托管协议，将保障农户的预期收入与保障合作社对长期投入的收益预期有机结合起来，为合作社获得长期稳定的土地"统一"经营权提供了基础。

此外，如前所述，在现行农村土地用途管制政策下，合作社要获得规模化的仓储设施和晒场建设用地，往往很难获得有关部门审批。而缺乏相关建设用地，导致缺乏足够的仓储设施和晒场，又容易增大粮食收割后遭遇霉变的风险。从这方面说，YLD专业社选择土地托管方式，也是在现行土地制度下的不得已而为之。在土地托管方式下，农户的仓储设施和晒场，可以自行分散解决，也可通过邻友互助或市场化途径分散解决。

4. 实行土地托管，有效缓解了现行金融制度下合作社面临的信贷约束

在现行金融制度下，合作社融资能力的局限，也推动了YLD专业社从土地流转、土地入股向土地托管的转变。在现行农村金融体系中，为农服务的中小金融机构发展滞后，土地承包经营权抵押等也面临较多的实际限制。这些方面都加剧了合作社融资能力的局限。2011年底，虽然全国农民专业合作社已达50.9万家，但据银监会统计，只有2万家获得贷款支持，不到合作社总数的4%。可见，严重的信贷约束，对合作社扩大土地流转规模构成了硬约束。YLD专业社从土地流转、土地入股转向土地托管，有利于在现行金融制度下，更好地扩大合作社的土地经营规模，更好地在"统一经营"层面实现农业规模经济，找到了农户分散经营与合作社规模经营的有效结合点。

（二）基于农民利益视角的分析

1. 从土地流转或入股到土地托管的转变，迎合了农民对土地的复杂心态

当前，许多合作社难以从农民手中大规模获得长期稳定的土地经营权，很大程度上源于农户对土地的复杂心态。许多农民，特别是年长的农民，有重视土地的传统心理，不愿轻易放弃土地经营。许多农民"抱怨"种地不赚钱，但在农村土地持有成本较低，甚至可以据此稳定获得相关农业补贴的背景下，许多农民很可能不把放弃土地承包经营权作为最佳选择，除非据此可以定期获得稳定甚至不断增长的收入。对于那些缺乏非农就业机会，或因家庭拖累难以离乡进城的农民，土地经营是其赖以生活的依托，他们更不愿意放弃土地承包经营权，除非据此可以获得稳定的就业机会和收入来源。近年来，随着农民收入来源结构的拓展，农业在农民收入来源中的比重出现下降，由此导致部分农民对土地的依赖性有所降低，但仍有相当一部分农民不愿放弃土地承包经营权。一个重要原因是，土地对农民的综合重要性，远远超过土地经营（或农业）收入对于农民收入的重要性。虽然农业经营的比较利益较低，但仍然可以把务农当作一种生产方式和生活方式。许多地方的农业日益转向"口粮农业""副业农业"，很大程度上与此有关。有些长期外出打工的农民，年长后返乡务农，可能是为了规避城市生活的高成本，或是因为不适应城市产业对于体能和技能的新要求，但与"叶落归根"的传统心理和把农业当作一种生产方式、生活方式，也有很大关系。甚至有些外出打工的农民，虽然非农就业收入较高、稳定性较强，农业收入占其收入总量的比重较低，但对土地承包经营

权仍然或多或少地持有"食之无味,弃之可惜"的态度。在相当一部分农民看来,土地不仅是重要的生产资料,也是重要的财产权利和向非农产业转移的最后一道"避险工具"。随着工业化、城镇化的推进,就总体而言,土地的资本属性不断增强,已有越来越多的农民关注工业化、城镇化带来的土地增值收益,因此不愿割舍土地承包经营权。与土地流转或入股方式相比,土地托管较好地兼顾了农民对土地的上述复杂心态。

对地权稳定性的担忧,也是部分农民对土地流转心存疑虑的重要原因。即便是在《农村土地承包法》实施之后,许多地方的农村土地调整依然没有完全停止。据陶然等 2008 年对 6 省 119 个村庄 2200 多农户的大样本调查,二轮承包后发生各种类型土地调整的村仍占 42.01%(陶然等,2009)。出于对失去土地承包经营权的担心,很多农户选择了放弃土地流转,或是缩短流转期限以规避风险。土地托管模式迎合了农户珍视土地、担心失去土地的心理,通过土地经营权在农户层面的分散经营和在合作社层面的统一经营有机结合,既消除了农户对失去土地承包权的担忧,又为在区域或合作社层面实现农业规模经营开辟了路径,容易得到农户认可。此外,在上述土地流转模式下,农户将土地经营权转移给合作社,除得到土地流转收益外,还让渡了剩余索取权。而在土地托管方式下,农户按土地托管协议,获得了参与剩余索取权分割的资格,因此也容易受到农民的拥护。

2. 土地托管方式较易绕开合作社的融资瓶颈,并分散农业经营风险

克服农户小规模分散经营的弊端与局限,是发展农民专业合作社等合作经济组织的重要原因之一。但农户小规模分散经营并非一无是处,全面否定也不符合辩证法。比如,由于农户经营规模小,单个农户对农业生产的投入规模相对于农户纯收入总量不是很大,多数农户基本胜任,即使有资金缺口往往也不是很大。这就绕开了在土地流转或土地入股模式下合作社融资能力不足的限制。在当前农户收入来源日益多元化的背景下,情况更是如此。甚至在农户内部,日益拓展的非农收入来源可以很好地发挥"以工促农、以城带乡"的作用。又比如,在农户小规模分散经营的背景下,农业经营风险很容易实现分散化,多数农业经营风险容易被控制在农业经营主体可以承受的范围内。假设一个农户的土地经营规模为 10 亩,亩均年纯收益 1500 元,各种风险影响农户收益的概率为 20%,那么农户每年风险损失的期望值为 3000 元。2011 年,全国农民人均年纯收入6977元，农户来自于农业的纯收入仅占收入总量的36%左右。在此背景下，多数农业经营风险的平均影响，是大多数农户可以承受的。

（三）实行土地托管方式的效益和影响：分析与评价

1. 实行土地托管，从整体上有利于更好地获得分工和专业化的好处

分工与专业化是提升经济效益和产业竞争力的重要手段，这是经济学理论反复重申的事实。从国内外经验看，当前的产业分工正在由以往的产业间分工为主，向以产业内分工和产品内分工为主加快深化的态势。在现代农业或农业产业化经营中也是如此。与土地流转或入股等经营方式相比，在土地托管方式下，由于规避了合作社融资能力的局限，由于实现了合作社和农户的"统分结合"，合作社更容易扩大农业经营规模，更容易取得规模经济和范围经济，也更容易依托土地经营规模的扩大，深化农业的产业内分工和产品内分工，更为便捷高效地发展农产品加工、仓储物流、包装分级和相关农业服务业。合作社作为面向农户提供农业生产性服务的专业化服务供应商，更容易借助分工协作的优势，提高服务质量和服务效率。从农户层面来看，借助合作社"统一经营"的带动作用，农户也可以在更大范围、更高层次上参与社会分工，分享分工与专业化的收益。比如，农户通过接受来自合作社的土地托管服务，只需交纳较少的资金即可获得来自合作社的"一揽子"服务供给，可以达到让留守农民省心、让家庭外出务工者放心的效果。通过农民家庭内部的分工，部分劳动力转移到城镇和非农产业，农户更容易分享工业化、城镇化的好处。[①]又比如，在土地托管方式下，在农资采购、农机作业、病虫害防治、产品流通和销售等主要生产经营环节，相关服务均可由合作社作为专业化的服务供应商来提供，可以明显减少对农户自我服务的依赖，节约服务成本。[②]以往每到农忙季节，外出务工的农民多需要返乡务农，以解决农忙季节的劳动力短缺问题。在土地托管方式下，合作社可以及时向农户提供优质廉价的服务供给，不

[①] 据国家统计局监测，2011年在本乡镇地域以外从业6个月及以上的农村劳动力已经达到15863万人，这是农村劳动力参与工业化、城镇化的最主要形式。数据来源："2011年我国农民工调查监测报告"，国家统计局网站，http://www.stats.gov.cn/tjfx/fxbg/t20120427_402801903.htm。

[②] 目前我国的农业机械化率已经达到54.8%，农业生产方式已经从以人畜力为主转入以机械作业为主的新阶段。其他的生产性服务业也有了很大的发展。

仅免除了外出务工者农忙返乡的旅途劳顿之苦，还可以大量节省农户的相关费用支出。这都是分工、专业化带给农民的好处。

2. 实行土地托管，有利于粮食增产、土地规模经营和农业发展方式转变

从YLD联合社现行实践来看，土地托管经营方式取得了良好的经济绩效，有望产生深远影响。一是土地托管提高了土地产出率和农产品产量。在土地托管方式下，合作社通过统一采用优良品种、统一机械作业、统一技术标准等手段，使每亩比原有经营方式下可增产粮食100斤以上，有效提升了土地产出率，获取了规模效益。土地托管通过经营方式的创新，按照农户和合作社"双层经营"的方式，大幅提升了合作社统一经营的惠及面和有效半径，提升了区域农业生产经营的规模化水平，也带动了更大范围的粮食提质增产。二是促进了农户和农业的节本增收。合作社通过统购分销等方式，降低了化肥、农药等农资采购成本和农机使用成本。如2011年秋季，在化肥价格上扬之前，合作社召开了托管农户化肥供货会，会时供价2630元/吨，种地时市场价3500元/吨，仅此一项可让农户每亩节省成本40多元。2011年，与市场价相比，按照土地托管方式，机耕、机播、机收低12元/亩，化肥、种子、农药保守估算低18.5元/亩，收购价高0.07元/斤。综合起来，农户将土地交由合作社托管，每亩可增收200余元。三是推进了农业产业链的有机整合。通过合作社嵌入农业产业链条，农户更加深入地参与了农业分工和专业化。合作社从上市公司或全国百强企业购进优质化肥和农药，有利于提升农产品或食品质量安全水平，减少农业污染和灾害损失，并带动农资工业发展方式的转变。合作社通过集中统一销售农产品，有利于打造农产品品牌，拓展农产品销路，提升农产品价格，从销售端更好地带动农业产业链的发展方式转变。

3. 从土地流转或入股向土地托管的转变，实现了农户、合作社和国家等利益相关者的合作共赢

YLD联合社的农业经营方式转变，之所以顺利推进，是因为在保障农民收入较以前不减少的基础上，维护了农户和合作社双方的合法权益。按照现行土地托管方式，YLD联合社确保农户被托管土地的经济效益，不低于未托管同等地块的农业收入。YLD联合社同有资质和信用的大种子公司签订种子回收合同，也确保了农产品销路，解决了一家一户闯市场的难题。在土地托管方式中，所有农用物资由YLD联合社提供，农户按现款现货方式支付，不得赊欠。国家已发的综合粮补归农户所有，YLD联合社争取的新项目资金由其自行支配，农户不得享受和干涉。同时，在现行农村土地制度、金融制度等制度环境约束下，为规避土地流转和土地入股经营面临的矛盾与问题，通过土地托管的制度创新，可以帮助合作社更好地应对土地流转引发的风险集中问题，这是在现有制度环境约束下不得已的选择。对农户来说，土地托管模式有效化解了农村劳动力转移后"谁来种地""如何种地"的难题，兼顾了农民的自主选择权。结合前文分析可见，YLD联合社实行土地托管方式，是综合权衡各种约束后的理性选择，实现了农户、合作社和国家等利益相关者的互惠共赢。

三、YLD联合社组织制度创新的动力及与农业经营方式转变的互动

近年来，在农民专业合作社迅速发展的同时，许多地方农民专业合作社联合社也在快速发展。到2011年底，全国各类联合社已达2140个。那么，农民专业合作社联合社的发展动力来自何处？这种合作社的联合何以会实现？在农民专业合作社联合社的发展过程中，组织制度创新与经营方式转变之间到底是什么关系？对YLD联合社形成与运行状况进行分析，有助于更好地理解这些问题。

（一）从专业社到联合社的组织制度创新：动力分析

1. 专业合作社运行的良好绩效，成为进一步促进合作社联合的理由

解决小生产与大市场的矛盾，是许多地方农民专业合作社形成的初始原因。YLD专业社成立后，不仅扩张了农业经营规模，提高了市场影响力；还通过农资的统购分销和农产品统一收购、统一销售，让农民更好地参与了产前、产后环节的利润分割，向农民展示了联合和合作的好处。即便如此，在当前背景下，与多数产前环节的农资供应商、产后环节的粮食收购商相比，农民专业合作社的规模仍然较小，服务能力仍然较弱，在市场竞争中仍处于不利地

位。这种问题在全国也是较为普遍的。据统计①，2011年，农民专业合作社为成员提供的经营服务总值为6183亿元，其中统一销售农产品总值达4615亿元，平均每个合作社分别仅为121万元和91万元。为消除单个专业合作社的局限，增强合作社的影响力和竞争力，更好地带动农民增收和产业发展，专业合作社发展到一定阶段后，容易产生扩大联合和合作的需求。初尝合作"甜头"的农户，也容易把希望寄托在进一步合作上。与此同时，合作社运行、发展的绩效和经验，不仅为争取地方政府更好地支持合作社"做大做强"提供了理由，还可能为合作社发展提供不断壮大的"企业家队伍"。合作社的各种利益相关者对"放大"合作社成效的期望，很容易形成促进合作社联合和深化合作的动力。YLD联合社成立后，其服务领域和业务范围迅速扩大，运行绩效明显提升，也在不断强化扩大合作社联合的动力。YLD联合社的主要服务功能包括：（1）为成员单位的土地流转、土地入股、土地托管提供必要的组织、协调、管理和完善手续等服务；（2）组织采购和收购，向各成员单位供应所需的生产资料，并销售成员单位生产的农产品；（3）面向各成员单位提供所需的运输、储藏、加工和包装等服务；（4）引进新技术、新品种，开展技术培训、技术交流和咨询服务；（5）为农资经营连锁店的社员提供农资配送服务。与以前的YLD专业社相比，YLD联合社对农户的服务能力得到了大幅提升，惠及面明显扩张，较好地规避了单个专业合作社规模小、层次低、服务功能弱的问题。

2. 联合社的运行，为进一步获得规模经济和范围经济提供了可能

与此前单个的专业合作社相比，YLD联合社拓展了合作社的利益空间，大大降低了交易成本。斯蒂格利茨把交易成本定义为"进行交易所增加的成本，而这些成本可以是货币、时间，也可以是某种不方便"。②在土地托管方式下，联合社面向农户提供服务，不仅是农业经营"统分结合"中"统"的层次，也是系统化的农业生产性服务供应商。相对于此前的各个专业合作社，YLD联合社把单个专业合作社所涉不同领域的服务内部化和组合化，通过联合社章程等规章制度，将各专业合作社对农户的服务供给"打包"销售，按

---

① 农业部经管司、经管总站："全国2011年农民专业合作社发展情况"，中国农业信息网，http://www.agri.gov.cn/。

② 斯蒂格利茨：《经济学》（下册），中国人民大学出版社，1997年。

照与农户之间的土地托管协议书,分阶段、分农时向农户提供,可以大大节约服务供给过程中的谈判费用、履约费用等交易成本。

此外,联合社通过各成员单位之间的横向联合或纵向联合,大幅扩张了社员规模、农业经营规模,促进了区域农业规模经营与合作社规模经营的和谐结合,也延伸了农业产业链。在联合社运行中,由于服务的社员数或农业经营规模明显增加,联合社对化肥、农药等农资产品的采购量和对农产品的收购量明显扩大,有利于显著提高联合社的价格谈判能力,从而一方面降低农资产品的采购价格和采购成本,另一方面提高农产品的销售价格,从两方面给合作社和农民带来实实在在的好处。通过吸纳有利益互补关系的不同专业合作社或农资供应商、服务商加盟,扩大了资源优化配置的空间范围和回旋余地,可以更好地实现规模经济和范围经济。

鉴于面向农民的培训服务、科技服务和信息服务体系建设,大多具有典型的网络效应。① 不同专业合作社的联合和联合社服务社员规模的扩大,有利于提升信息服务、技术培训和科技咨询服务的规模经济水平和服务能级,并降低单位服务成本。目前,联合社成立了农资配送平台、信息平台和科技咨询平台。农资配送平台包括487家连锁店、18家联合社成员和30家专业合作社,通过技术人员提供肥料、农药和种子保障;通过与大厂家合作,杜绝了假冒伪劣农资的问题,并确保了救灾化肥的供应。信息平台向农户提供价格信息动态、病虫害预报等,并进行网上信息发布。合作社还通过购买电脑、摄像机、投影仪、照相机、扩音台等服务设备,搭建科技咨询服务平台,向农户提供社员培训和科技下乡服务等。

(二)组织制度创新与经营方式转变的互动逻辑

1. 从专业社到联合社的组织创新,顺应了农业经营方式转变的需求

在YLD专业社和联合社形成发展的过程中,一个不容忽视的事实是,合作社组织制度的演进与经营方式的转变,几乎是同步推进的,两者之间存在密切联系和互动影响。深入分析可以发现,组织制度创新顺应了经营方式转变的

---

① 当一种产品给某个消费者带来的价值或效用,与其他使用该产品的消费者人数呈现正相关关系时,经济学上称其存在网络效应。

需求,并为经营方式的创新提供了载体。在实行土地托管之后,合作社对农业的"统一经营",实际上是通过面向农户提供系列化服务来实现的。从加入联合社的18个农民专业合作社来看,除了种植业合作社之外,还包括了农资配送、农机、植保等专业化服务主体。联合社将这些不同类型的服务主体整合在一起,既分工,又协作,确保了农户的生产经营得以顺利展开,农业产业链、价值链得以有效运行,也确保了土地托管这种新型经营方式得以顺利展开。

2. 联合社的组织制度创新促进了组织内不同成员的优势互补,为巩固农业经营方式转变的成果提供了支撑

尽管联合社的组织制度创新促进了土地托管这种新型经营方式的运行,但这种新型经营方式是否具有可持续性,还在很大程度上取决于联合社提供的服务功能能否满足土地托管方式下农户对农业服务的多方位需求。而这不仅取决于联合社能否成立和可持续,还取决于联合社能否形成对其不同类型成员的吸引力,特别是由其不同类型成员提供的多方位服务的整合、集成能力。从YLD联合社的运行情况看,在联合社内部通过不同的专业合作社之间,甚至通过在合作社与农资经销、配送企业之间建立稳定的合作关系,实现合作社之间,甚至合作社与农资经销、配送企业之间的互惠共赢。专业合作社和企业加盟联合社,不仅让联合社受益,也使已经进入联合社的合作社和企业获益。从合作社到联合社的组织创新,实现了不同成员单位之间利益的协调耦合。目前加入联合社的18家合作社,主要包括了植保、农机合作社及其他种植业合作社,这些合作社之间具有很大程度的利益互补性。比如,通过与农机、植保专业合作社的合作,种植业合作社能够获得优质服务,并降低相关投入费用。而农技、植保合作社则稳定实现了农技服务、植保服务市场的规模化拓展,为进一步增加收入来源提供了可能。埇桥区CQ农机专业合作社,往年夏季作业面积大约8000多亩,自从加入联合社以后,夏季作业面积增加到15000多亩,仅夏季就多创收近30万元。其他从事植保等相关生产服务的合作社,也能通过加入联合社来拓展服务范围和市场空间。至于LD生物科技有限公司、HX农资配送中心,则通过加盟联合社:一方面,稳定扩大了农资经销或配送服务的市场;另一方面,提高了种植合作社使用的农资质量,增强了农资供应的及时性。

3. 企业家在组织制度创新中的特殊作用，有利于激发组织创新与农业经营方式转变的互动

相对于小农分散经营，发展合作社是一种重要的组织制度创新。相对于发展专业合作社，成立合作社联合社也是重要的组织制度创新。但是，这些组织制度创新能否持续，很大程度上取决于有无立足现实、前瞻未来、运筹帷幄且有广泛社会关系的合作社企业家。甚至专业合作社联合社能否有效整合各个加盟的专业合作社和农资经销、配送企业，也在很大程度上取决于有无兼具远见卓识、经营能力和奉献精神的合作社企业家。大量国际经验也支持这种结论：合作社企业家对于合作社的发展至关重要。YLD 专业社和联合社能够取得良好的运行绩效，能够吸引其他专业合作社加盟联合社，时任董事长韩素兰等一批合作社企业家的贡献至关重要。她曾长期担任供销社农资部经理、农资配送中心经理，熟悉商业经营、农产品购销和农资市场，并与许多种植承包大户有广泛联系。企业家在合作社发展和联合中的重要性，在全国范围内也具有较强的普遍性。据统计，2011 年底由农村能人牵头领办的合作社 45.8 万个，占合作社的比重高达 89.9%。①

四、研究结论与启示

（一）农业经营方式转变和农业组织制度创新，均是不同利益相关者利益协调和有机结合的产物

推进农业经营方式转变和组织制度创新，应该顺势而为，因势利导，不能过度依靠外力干预。只有这样，农业经营方式转变和农业组织制度创新才是可持续的。因为无论是农业经营方式转变，还是农业组织制度创新，都涉及个人理性和集体理性的矛盾和冲突。"如果一种制度安排不能满足个人理性的话，就不可能贯彻下去"，"解决个人理性和集体理性之间冲突的办法，不是否认个人理性，而是设计一种机制（或相应的制度安排），在满足个人理性的前提

---

① 农业部经管司、经管总站："全国 2011 年农民专业合作社发展情况"，中国农业信息网，http://www.agri.gov.cn/。

下达到集体理性"。"通过合作方式解决争端所达成的效率总是最大的","至少一方不同意的交易比双方都同意的交易所产生的总效用要低"(卢现祥,1996)。在推进农业组织制度创新和经营方式转变的过程中,应该谨记这一点。比如,在联合社运行中,促进不同成员之间利益的耦合,增进组织制度创新与经营方式转变的良性互动,对于联合社提高运行绩效和推进可持续发展,都有至关重要的影响。

(二)农业经营方式转变和组织制度创新,是在现有制度环境约束下不断"试错"、总结和优化选择的结果

推进农业经营方式转变和组织制度创新,应该注意培育鼓励"试错"、总结和学习的环境。正如阿瑟·刘易斯(1990)所说,"制度促进或限制经济增长取决于制度对努力的保护,为专业化所提供的机会,以及所允许的活动自由"。YLD联合社实行土地托管方式,为在现有制度环境约束下农户、合作社和国家等不同利益相关者的合作共赢,找到了一种最优解。联合社的组织制度创新,通过促进组织内部不同成员的优势互补和有机结合,把来自不同成员的资源、要素和服务组合起来,巩固了农业经营方式创新的成果,降低了公共产品和公共服务的使用成本,实现了区域规模经济;有利于增强联合社在市场博弈中的谈判能力,促进农业的横向一体化和纵向一体化。

(三)土地托管和专业合作社的发展、联合社服务能力的提升,有利于解决发展现代农业中"谁来种地""如何种地"的问题

如前所述,土地托管通过合作社统一经营和农户分散经营的有机结合,解决了土地流转、土地入股两种经营方式运行中的问题,形成了区域农业规模经营的新模式。近年来,在大量农村青壮年劳动力进城后,农村劳动力出现了老弱化的趋势,引发了"谁来种地""如何种地"的担忧。但从本章对土地托管方式和联合社组织制度创新的分析可见,借助合作社企业家的带动作用,通过联合社统一经营带动农户分散经营,有利于解决老弱化农民发展现代农业"向何处去"的问题。通过联合社面向农民提供组合化的服务供给,可以解决

老弱化农民"如何着手""有心无力"的问题。稍加推断,可以看出,专业合作社的作用虽然不如联合社,但也有类似功能,只不过功能弱些而已。由此可见,培育现代农业经营主体,专业合作社的地位不可或缺,联合社至关重要,应该加大支持力度。

(四)支持合作社的组织制度创新,应把营造有利于合作社企业家成长发育的环境放在重要地位

在YLD合作社的运行中,合作社企业家发挥了特殊重要的作用,这是一个"因人而成"的典型案例。但把特定企业家的作用绝对化,把合作社的发展更多地寄希望于某个特定人物,也容易产生"精英依赖症",给合作社的经营带来特殊风险。在中国农民专业合作社或其联合社的发展中,"因人而败"的案例也不鲜见。一旦合作社或联合社赖以产生发展的精英人物出现问题,则可能对整个合作社或联合社的经营造成致命打击,导致"因人而败"的后果。可见,"因人而成"的同时,也蕴含着"因人而败"的风险。[①] 实际上,这种担心并非杞人忧天。苑鹏(2008,2011)研究一家奶牛合作联社最终解散,内部原因就是领办人没有精力应对和处理相关危机。综合考虑"因人而成"和"因人而败"两方面的因素,在专业合作社和联合社的发展中,要注意培育合作社企业家队伍,优化其成长发育和发挥作用的环境。

---

① 苑鹏:"山西晋中犇牛奶农专业合作社联合社调查思考",《中国奶牛》,2011年第7期。

第七章

现代农业产业化联合体的组织创新逻辑

在农业和涉农领域，各类经营主体独立经营时都不能应对全部风险，他们各自有着相对独立的比较优势和比较劣势，在实践中探索了多种联合经营方式，通过合作弥补比较劣势、增强比较优势。其中，发轫于安徽省宿州市的现代农业产业化联合体①，把农业龙头企业、农民合作社、家庭农场等新型经营主体组合起来，实现了农业产业链不同环节的有效衔接，推动了农业供给侧结构性改革、农村一二三产业融合发展。联合体以其显著的实践成效，迅速发展起来并推广至全省，还吸引了其他省区的学习借鉴。如河北省在其现代农业发展"十三五"规划中，明确提出"到2020年，重点培育和支持100家领军企业，重点培育100个销售额超10亿元的现代农业产业化联合体，支持龙头企业与上下游中小微企业形成联盟，实现全产业链发展"。为此，2016年课题组赴宿州调研了具有典型代表意义的HH粮食产业化联合体、BMLY蔬菜产业化联合体、ZF中药材产业化联合体、QY鸭产业化联合体等，详细了解联合体产生的来龙去脉、发展状况、运营特点、参与意愿、困难挑战、支持政策、未来计划等。通过调研发现，联合体有效解决了农业产加销服不协调、主体功能定位不清晰、利益联结机制不紧密、现代要素集聚不畅通等难题，塑造了产业链竞争优势，调动了各方经营主体参与农村产业融合的积极性。

---

① 开始称"现代农业产业联合体"，后来改为"现代农业产业化联合体"。后文"联合体"无特殊说明均指现代农业产业化联合体。文中涉及的具体企业、联合体均用字母代替。

一、现代农业产业化联合体发展的现状特点

宿州市是安徽省的地级市,位于淮北平原东北部。近年来,宿州市作为国家现代农业示范区和全国农村改革试验区,瞄准建设"创新型农业现代化先行区",培育新型农业经营主体,推进农业经营体系创新,建设优势主导农业产业链。2012年,HH种业公司、BMLY农业科技公司、QY集团等农业龙头企业牵头农民合作社、家庭农场等成立了第一批现代农业产业化联合体。当年9月,宿州市选择16个联合体作为试点,在总结经验的基础上逐步推开。到2016年9月,宿州市联合体发展到195个,涉及195家农业龙头企业、695个农民合作社、1271个家庭农场,经营土地面积72.3万亩,覆盖各类农业主导产业,年产值200亿元以上。2015年,安徽省全面启动了联合体培育工作,力争到"十三五"末达到3000个,其中省级示范联合体500个左右。

案例7-1 HH粮食产业化联合体由HH种业公司牵头成立,主要进行小麦良种繁育和高产玉米种植,是宿州市选定的首批试点之一。目前,已发展和吸纳13家农民合作社、27家家庭农场,经营土地面积1.6万亩。公司负责农资采购、农产品购销、重大固定资产投资、种植计划制定、技术研发等,为家庭农场垫付资金、提供担保;农民合作社负责组织农民标准化种植、提供生产服务等;家庭农场负责流转土地、扩大规模,专职农田种植管理。联合体采用了绿色增产模式,小麦、玉米均增产50千克/亩,2015年亩均节本增效621元。参加联合体的家庭农场,均实现了适度规模经营。2015年,联合体常年用工118人,季节性用工1.2万人次;辐射4万亩小麦良种繁育,带动6500农户,户均增收230元。

现代农业产业化联合体是不同经营主体在保持独立经营地位前提下,平等、自愿地订立联合章程、签订合作协议,确定生产、交易、服务关系,实行一体化经营,形成利益共同体。农业龙头企业作为产业链组织者,发挥资源整合、要素集成、拓展市场等作用,提高农业产业链二三产业环节档次,带动一

产环节提高质量,推动农业产业链延伸、拓展、升级。参与联合体的农民合作社,多数是服务类合作社,少数是生产类合作社。农民合作社在龙头企业与农户之间发挥桥梁、纽带作用,组织农户进行标准化、规范化种养,提供全程农业生产性服务。家庭农场、专业大户等规模化经营主体,前有农业龙头企业的资金、技术、市场支持和风险保障,后有农民合作社或农业龙头企业的全程生产性服务支持,可以放心流转土地扩大经营规模。其他利益相关者,根据自身经营业务和比较优势进入相应环节,与农业龙头企业、农民合作社、家庭农场等共同打造完整高效的农业产业链。根据安徽省和宿州市的认定标准,联合体具有表7-1所示的要素或要件特征。

表7-1　　　　　　　　现代农业产业化联合体的特征

要素	具备条件
主体构成	1个龙头企业,至少1个农民合作社,至少5个家庭农场。若龙头企业多于1个,要明确以牵头企业为主。
联结机制	以契约形式清晰确定的生产服务协议、利润分配、风险共担等利益联结。
组织体系	联合体章程,理事会机构的职责分工、决策机制;联合体建设方案;各成员组织、运行、管理、操作的制度和规程。
经营特点	有明确的主导产业、品牌运营内容、固定办公场所。
组织属性	没有法人资格,以服务成员为宗旨,各成员地位平等、加入自愿、退出自由。

不同农业产业链的特点不同,所建立的联合体也会有所差别。在粮食等必需、大宗农产品领域,产业链各环节提质增效作用较为均等,龙头企业发挥骨干带动作用,但与农民合作社、家庭农场是相互支撑的合作关系。在集约化、规模化、标准化水平高的畜禽养殖、高科技种养领域,龙头企业一般是大型企业集团,具备很强的资源整合能力和市场影响力,在产业链中处于绝对主导地位,农民合作社、家庭农场成为"种养车间"。其他农业领域,如水果、蔬菜、中药等特色农业产业链,往往处于二者之间,其联合体中龙头企业具备较强的产业链掌控能力,与农民合作社、家庭农场形成网状联结的共赢关系。如BMLY蔬菜产业化联合体内,BMLY农业公司在成立物流公司、完善本地配送网络的同时,与超市、经纪人合作,建立了通达上海、南京等的销售渠道。BMLY农业公司制定种植标准、计划,通过技术示范、资金支持、全程服务、保底价收购等带动农民合作社、家庭农场提高种植水平,优化结构。

案例7-2 QY鸭产业化联合体由QY集团牵头成立，经营YTG鸭祖代繁育到肉鸭养殖、加工的全产业链，已吸纳20家合作社和80多家家庭农场参与，带动4000余养殖户和1万余人就业，2015年营业收入22亿元。集团成立了鸭棚代建队、技术服务队、饲料配送队、产品和鸭粪回收队，提供全程生产服务，统一技术标准；直接或通过合作社组织农户养殖种鸭、肉鸭；与银行合作，解决农户贷款3亿元；实行保底价+二次分红和风险互助，化解农户养殖风险。农户种鸭养殖18个月、3600只/棚·劳动力，保底净收益50元/羽；肉鸭养殖38天、7000只/棚·劳动力，保底净收益2元/羽。集团拥有专业研发团队，能及时掌握市场变化，抵御了几次大的疫情，祖代种鸭市场份额迅速达到国内1/3以上。下一步，集团将建设养殖小区，吸纳贫困户入驻，带动周边脱贫致富。

可见，现代农业产业化联合体是指依托农业产业链，农业龙头企业、农民合作社、家庭农场及其他利益相关者，按照优势互补、分工协作、合作共赢原则，组成的集生产、加工、服务于一体的新型农业产业化经营组织联盟。联合体在组织架构和合作机制上呈现出以农业龙头企业为核心、以农民合作社为纽带、以家庭农场为支撑，相互间分工协作、紧密联结的共同特征。在不同农业产业链，联合体各方参与主体的协作方式、相对地位略显不同，但都以比较优势互补实现产业链综合效益最大化。

二、现代农业产业化联合体产生的动因分析

（一）联合经营潜在收益是联合体产生的根本诱因

一种制度安排下无法实现的潜在收益会诱导人们做出新的努力，产生新的组织形式。农业龙头企业资源整合、创新引领、市场开拓和风险抵抗能力较强，比较优势集中在农业产业链前后端的产品加工、技术研发、品牌建设等环节。但直接与农民对接成本很高，面临原料质量参差不齐、收购渠道不稳定等

问题；若流转土地自己经营，存在雇工监督难题，且易与农户发生纠纷。农民合作社组织动员农户能力强，集中了农户服务需求，具有规模化服务优势，但产业链资源整合和创新引领能力不如企业。同时，面对农户规模小、土地细碎的作业条件，农民合作社服务效率受到限制，服务对象也不稳定。农户是种养环节最基本的经营主体，在邻里间流转土地比较便利，在精细种养和质量控制方面具有比较优势。但农户"只顾低头种地，不抬头看市场"，难以突破资金、技术、风险制约。因此，从构建完整高效的农业产业链来讲，各方主体按照比较优势承担相应产业环节，确定权责利关系，签订合同协议，就能实现互利互惠、合作共赢，满足各自的利益诉求。龙头企业获得了稳定可靠的原料渠道，提高了盈利能力；农民合作社获得了集中连片的服务对象，扩大了经营收益；家庭农场化解了种养风险，提高了生产率，增加了农业收入。联合体构建了完整高效的农业产业链，为供应链、价值链建设创造了条件，有助于塑造产业链竞争优势。

（二）政府部门外部推动是联合体产生的直观触发因素

创新动力来源于企业家职能或动机的实现。自发的产业组织创新，是企业家先发现盈利机会，然后重新组合生产要素，建立新的经营组织。但对联合体的产生来说，虽然客观条件——比较优势互补的潜在收益和具备企业家素质的新型经营主体——已经具备，却是政府部门外部推动才把成立联合体的潜在动因变成现实行动。经过反复调研论证，宿州市先组织一批企业牵头成立联合体，随后出台了《宿州市现代农业产业联合体建设试点方案》，对参加联合体的经营主体给予政策支持：对农业企业用于扩大生产规模的固定资产所投入的当年新增贷款余额给予财政贴息；对实行标准化种植的家庭农场连片流转土地100亩以上的，每亩奖补200元，连补三年；对认定为中小型和大型家庭农场的分别一次性奖补3万元和5万元；对于农机合作社新建机库棚300平方米、拥有农机30台（套）以上的给予10万元补贴；联合体成员购置农业机械优先享受农机购置补贴；优先协调落实龙头企业建设用地指标，落实合作社、家庭农场等设施用地政策。同时，还明确了金融服务、项目扶持、人才支持、教育培训等具体支持政策，打消了参与主体的顾虑，调动了他们参加联合体的积极性。

可见,企业家精神和潜在收益至多是组织创新的必要条件。德鲁克(Drucker,1985)认为,有目的的创新机遇来源中,意外事件、不协调事件、流程需要、市场或产业结构变化存在于产业组织内部,只需"少许努力便会实现";认知变化、新知识存在于产业组织之外,有着较大的不确定性,不是成功创新的最可靠来源。联合体是新事物、新知识,是地方政府反复调研、甄别之后推介给经营主体的。地方政府发挥了触发组织创新的媒介或中介作用。

三、现代农业产业化联合体发展的内在逻辑

(一)构建了降低交易成本的合作机制

一种好的制度框架可以降低交易成本。联合体运营机制降低交易成本的作用比较突出。一是构建了完善的契约体系,明晰了权责分配关系。降低交易成本的契约安排是经济主体的选择方向。在联合体内,成员之间签订了合同,确定了产品和服务买卖关系,界定了合作行为、分配机制、违约责任等,稳定了交易关系,降低了交易频率,减少了不确定性。二是执行了统一的生产标准,化解了道德风险难题。联合体在种养环节实行标准化生产经营管理,使企业全面了解农户生产,便于指导监督。联合体成员都是规模经营主体,主动配合是理性选择。与小农户相比,规模经营本身也降低了交易成本。三是形成了有效的协调机制,破除了产业联结断点。联合体成员间可以共享资产,降低了资产专用性导致的交易成本。组织协调是联合体的功能之一,满足了分工深化对协同性的依赖,协调了分工经济与交易成本的"两难冲突"。交易成本的降低反映在联合体成员综合效益和竞争力的提升上。此外,表7-2所示的风险互助机制得以实施,以及QY集团帮助数千农户解决贷款难题未出现不良户,也是联合体内部交易成本降低的典型例证。

(二)构建了增强互信互利的内生机制

个人理性不是集体理性的充分条件,合作本身存在"搭便车"等问题,

需要建立互惠行为准则,达成"集体行动的逻辑"(奥尔森,2011)。联合体通过互利+约束的方式,将个人理性转化成集体理性。一是多重要素联结:资产联结——农户带机加入龙头企业领办的农机合作社;资金联结——龙头企业为农户垫付资金;技术联结——龙头企业通过合作社推广新技术。还有品牌联结、服务联结、相互入股等。二是互利互惠互助。龙头企业以优惠价供应农资,以高于市场价收购产品,为农户提供免费技术服务等。农民合作社、家庭农场主动配合完成各项协同生产任务,共同维持联合体的正常运行。三是内部风险控制。规避风险是农户最为头疼且无能为力的问题。除通过标准化管理化解道德风险和技术风险外,联合体还通过风险共担化解经营风险。如实行市场价+加价、保底价、二次分成等,QY鸭产业化联合体还探索了风险互助机制(见表7-2)。四是双向约束机制。对不按标准生产的不合格产品,企业有权拒绝按约定价收购。家庭农场享有经营自主权,但卖给联合体的产品必须符合要求。这套内生的紧密联结和互信互利机制维持了联合体的凝聚力、向心力。以此,联合体突破了"集体行动的困境",实现了从零和博弈向正和博弈的跨越。据调研,部分联合体仅在成立初期出现过"违约"现象(属于"磨合期"正常现象),在随后发展中,成员数量、整体规模迅速扩大,但极少出现"违约"情形。不少联合体为控制整体规模不得不限制新的成员加入。

表7-2　　QY鸭产业化联合体的风险控制和互助机制

合作方式	内容
资金支持	公司垫付种苗成本、饲料成本;农户承担鸭舍建设和管理费用,交纳种鸭、肉鸭养殖押金
保底价	不管市价多低,均按保底价回收,合格种蛋1.38元/枚、菜蛋3.80元/斤、破蛋2.00元/斤。
二次分配	前一日苗价超过协议价后,每超0.10元种蛋加价0.04元/枚。饲料比合同价每上涨1元/包时,二次分配连续15天情况下加价基础上涨0.015元/羽。
风险互助	公司和农户各出0.05元/羽设立风险保障金,由专门账户管理。

(三)配置了组织顺利成长的管理要素

组织演进不是自发的,是在竞争中求得生存的过程。按照格林纳(Greiner，1998）的组织成长五阶段模型，不同阶段的管理方式、经营战略以及诱发组织演进的危机不同；每一阶段既是前一阶段的结果，也是后一阶段的原因；通过解决危机，推动组织成长进入下一阶段。在联合体成立前的机制设计中，尤其是降低交易成本的合作机制和增强互信互利的内生机制，为联合体组织成长配置了化解前两阶段危机的必备要素。宿州市要求联合体明确主导产业链和品牌运营内容，对申请加入联合体的经营主体进行筛选认证，明确由1家龙头企业主导联合体发展等，满足了联合体第一阶段发展要求。同时，联合体自身也设计了一整套生产经营制度、分工协作制度和利益联结机制，满足了第二阶段组织发展要求。这样才有了联合体从启动试点到规模扩张再到普及推广的较为顺利的组织成长和演进过程。目前，整体上看大部分联合体处于该模型的第二阶段，少部分处于二、三阶段过渡时期，能否审时度势引进适应下一阶段的管理要素至关重要。

可见，联合体已具备相容性集团的特征。奥尔森（2011）认为，相容性集团需要具备两个条件：一是集团成员足够少；二是存在迫使个人努力谋取集体利益的激励机制。在联合体内，风险控制和约束机制可以保持适度的成员数量和经营规模；要素联结、互惠互助创造了合作共赢条件，形成了迫使个人努力的激励机制。由此，会诱发一系列卡尔多—希克斯改进和帕累托改进，推动联合体不断自我完善。

四、现代农业产业化联合体创新的经验启示

联合体产生之前，当地已依次经历了"公司+农户"买单型、"公司+中介+农户"订单型、"公司+合作社+家庭农场"松散联合型的演化过程，孕育了联合体形成的土壤。因此，联合经营是实践积累演化的结果，是新型农业经营主体自发意愿，代表了农业经营组织创新的重要方向。

（一）纵向联合是产业链延伸升级的重要推力，带动经营主体横向互动和产业链拓展，推动比较优势向竞争优势转变

比较优势互补是纵向联合实现的基础。联合体之所以成效显著，还在于其

能形成范围经济与规模经济的良性互动。BMLY蔬菜产业化联合体在拓展销售网络、打造高端品牌、提高加工档次的同时，优化家庭农场种植结构，提高种养环节的效率和质量。ZF中药材产业化联合体在扩大种植规模、延长加工链条的同时，带领家庭农场发展乡村旅游，开发农业多重功能价值。这样，种养环节的集约化、规模化、标准化，使其由产业链薄弱环节转变成竞争优势的来源，进一步推动产业链升级。以此，联合体由要素资源导向向消费导向转变，由降本增效向追求品牌增值转变，由发挥比较优势向塑造竞争优势转变。这种纵向—横向互动机制，是联合体内生发展机制的外在表现，是合作剩余循环累积、不断扩增的源泉。

（二）机制设计是农业经营组织创新的必备环节，将实践成果制度化、规范化、常态化，提高了组织创新成功的概率

机制设计，即设计一套制度或规则来达成既定目标，这里指联合体合作机制的制度化、规范化。农业产业化实践中有了订单、合同等契约安排，但没有将互利合作制度化，因此，都谈不上机制设计。与之对比，机制设计在联合体形成和发展过程中发挥了重要作用。具体而言，地方政府在调研中发现不同主体的联合意愿，与他们反复协商论证、设计制度，然后套用到不同产业中进行调整。这样设计出的联合体经营机制，把合作机制、生产投入、劳动操作、技术标准等规则化，可操作、易执行（张贴在固定办公场所）。地方政府还设计了认证管理、创新服务、监督保障等配套制度体系。可见，重视机制设计是联合体显现成效并可复制推广的重要经验。反观许多昙花一现的农业经营方式创新，大都忽略了机制设计。因此，推进农村产业融合发展，要优先确立适合本地特色的融合机制，在实践中试错、总结和优化，固化为制度规则，形成制度演化路径。

（三）完善服务是化解组织创新障碍的重要路径，推动了现代要素向农业的加速渗透，营造了农村产业融合发展的环境

联合体实践过程中，政府部门主动创新服务，帮助克服资金、技术、人才等对创新发展的限制。试点之初，宿州市就出台一系列强化服务的政策，完善

了农业科技、农机装备、信息化、质量安全、金融、加工流通、农资、教育培训、土地流转等服务体系。在金融服务方面,建立家庭农场信用评价体系,引导推出"劝耕贷""金担通"、保证保险贷款、产业链贷款等,推出农业政策性保险提标扩面试点和小麦、玉米补充保险,蔬菜、果树保险等。在生产性服务方面,公益性服务体系在市、县(区)设立服务中心,实行包片、包户制度,定期上门服务。与此同时,联合体主动对接政府服务资源,增强辐射带动能力。这样联合体就内嵌了区域性农业生产经营服务体系,提供了现代要素进入农业的通道和载体。因此,推进农村产业融合发展,必须建立服务支持体系,提供全面、配套、便捷的服务,降低融合发展成本。

(四)示范引领是联合体扩大规模和迅速普及的重要原因,促进了新型农业经营主体培育,形成了区域层面上的"羊群效应"

联合体实践过程中的示范引领表现在两方面:一是联合体内部,龙头企业、农民合作社对家庭农场的生产技术示范。尽管家庭农场在种养环节具有比较优势,但龙头企业或农民合作社都会流转土地,用作技术研发、试验的核心基地,新技术成熟后向家庭农场示范普及。二是联合体成员对周边经营主体的引领带动作用。以直观效果吸引周边农户加入联合体,带动区域内农业企业、农民合作社规范化发展。有一些联合体还通过土地托管、为周边农户提供农业生产性服务等方式,提高区域农业生产经营水平。联合体作为新型经营主体集群,已发挥出区域整体带动作用。因此,推动农业生产经营组织创新,要注重发挥示范引领作用,加大对示范型农业龙头企业、农民合作社、家庭农场的扶持力度,引导发挥其在组织创新、业态创新、利益联结机制创新等方面的带动作用。

五、联合体继续推进创新发展的挑战与对策

(一)价格波动风险冲抵了新型经营主体的创新发展成果,急需营造新型经营主体发展的良好外部环境

目前的宏观经济形势下,尤其是在农业供给侧结构性改革政策的导向作用

下，部分粮食价格出现大幅下跌，如调研时宿州市玉米价格已下跌至联合体流转土地种植粮食无利可图甚至亏损。玉米价格低位徘徊或继续下跌的可能性比较大，价格下跌也很有可能扩大到小麦和水稻。这将对粮食种植领域的新型经营主体造成不利影响。据家庭农场反映，这种价格形势下最多能撑两年，之后只能降低租金或退租。家庭农场在前期大量投资，这种不可抗拒的外部风险，会延长投资回收期，在持续亏损情况下更"弃之不甘，坚持无益"。蔬菜、水果、肉类等农产品价格的剧烈波动，也是相应领域联合体面临的主要难题。新型经营主体是推进农村产业融合发展的有生力量，应该帮助他们化解价格波动的不利影响。如在价格支持政策向"市场定价、价补分离"转型过程中，注意避免农产品价格剧烈波动，协同推进农业补贴政策改革，降低创新发展风险，必要时支持渡过难关。

（二）政策期望落差限制了新型经营主体的发展速度和带动作用，急需迎合需求创新政策支持方式

新型经营主体相比小农户，对政策需求内容、方式不同，对政策创新提出新要求。如家庭农场对保险服务需求强烈，但政策性保险无法获得[1]，商业性保险供给不足。宿州市与保险公司合作进行了政策创新，允许家庭农场的流转土地参保，但需要转出户签字同意放弃参保。这一过程成本极高，且保额与期望相差很大，又不反映实际损失，多数家庭农场就放弃了机会。有些联合体探索了互助保险，具有政策启示意义。调研中，联合体都希望政府将对保险机构的支持转向对互助保险业务的支持，建议由联合体出资、政府配套，由第三方机构托管。联合体拥有信息优势，比保险机构的成本更低、风险更小，易于被农户接受。此外，还希望将农机购置补贴转为农机服务补贴。在他们看来，农机购置补贴主要是推高了农机价格，而农机专用性强、利用率低、更新快，通过补贴降低服务价格，既能提高农机利用率，也能降低农业生产成本，提高农业机械化水平。所以，应创新政策支持方式，加强对区域层面和业务层面的支持。可以考虑把农村产业融合发展基础好的地区作为试验区，将财税支持政策

---

[1] 不少地方农业政策性保险，不向农户收取保费，而在赔付金额下发时直接扣除。因多地按区域、面积平均发放赔付金额，变成了普惠型变相补贴。土地流转出去的农户仍然享受政策性保险。

与建立融合发展机制、利益联结机制挂钩，重点支持经营主体间融合发展的薄弱环节。

（三）发展能力不足制约了联合体组织创新深入推进，需要顺应组织演变趋势，推动能力提升与组织创新的协同

联合体普遍反映人才不足、招聘人才难，其背后凸显的是发展能力的不足。联合体内生发展机制形成的是内敛型组织创新路径，分工深化格局不断固化。这对于处于初创期的联合体来说至关重要。但长远来看，联合体要顺利实现从"初创期"到"盛果期"的转型升级，需要能力培养与组织创新的协同共进。内敛型组织创新使外部风险越来越集中于龙头企业，对其抗风险能力要求越来越高，农民合作社、家庭农场的产业链经营能力却得不到培养。最终，联合体命运取决于龙头企业的兴衰。近年来，涉农企业经营不善、老板跑路的情况时有发生，不能完全排除联合体龙头企业发生这种情况的可能。所以，应着眼于培养合作社、家庭农场的发展能力和参与能力，如：增强农民合作社的产业链资源整合能力，支持有实力的农民合作社或联合社成为联合体领头羊；建立联合体人才流动互助机制，鼓励家庭农场进入产前、产后环节，提高全产业链经营能力。以此，将内敛型组织创新优化为开放型组织创新，符合格林纳五阶段组织成长模型中所提出的规律性要求。反观以往各地农业经营形式的创新，往往是开始轰轰烈烈，然后缺乏可持续性，不久便销声匿迹，其重要原因就是忽略了这一点。

（四）"排斥"小农户缩小了组织创新受益范围，需要继续创新利益联结机制，扩大示范引领作用

"合作机制会朝着有利于具有企业家精神和处境较好农民寻求新的市场机会的方向变革，但创造一种保护、增进贫苦农民利益的机制却愈发困难。"（Clegg，2006）联合体创立初期就具有典型的"精英俘获"特征，"排斥"小农户。参与联合体的农民合作社多是服务类合作社，而由小农户参与的种养环节生产类合作社较少。多数联合体要求农户达到家庭农场的认定标准，相当于

设置了很高的参与门槛。小农户既达不到参与联合体的门槛，也缺乏通过合作社参与的途径，就被"排斥"在外。调研中观察到联合体带动农民增收的效果主要惠及家庭农场、专业大户等精英农户，而对小农户的外溢作用主要是流转土地、务工收入等，带动他们参与农村产业融合发展的作用较弱。未来很长时期，中国农村将是少数家庭农场、专业大户、服务专业户与大量小规模兼业农户并存的格局。农业经营方式的创新，若"排斥"小农户，则与推进农村产业融合发展的精神不符。所以，对于较为成熟的联合体来说，要注意与小农户建立合理的利益联结机制，提供更多的发展机会，把示范带动效应扩散给小农户。这是联合体应恪守的基本原则和价值观念，也是能否实现持续健康发展的关键。可以通过培育种养环节生产类农民合作社，扶持其规范化发展，为小农户创造参与联合体的途径。

综上分析，现代农业产业化联合体通过组织形式创新、合作机制创新、联结机制创新，理顺了产销衔接关系，打通了现代要素进入农业的通道，打造了高效运行的农业产业链、供应链，找到了实现多元经营主体合作共赢的路径。可以认为，农村不同产业领域、农业产业链不同环节的经营主体分工协作、优势互补、网状联结，建立共赢的联合经营机制和紧密的利益联结机制，是推进农村产业融合发展的有效路径。

第八章

农业产业化龙头企业与发展涉农平台经济

当今世界,互联网技术的迅速发展,正在不断拓展产业边界,丰富着产业融合的内涵,并以生态化和复杂网络形式重塑跨越时空的巨大商业生态系统——平台经济,为解决长期难以解决的技术、经济和社会问题提供了新的路径,为创新产业乃至经济社会发展的理念和治理方式提供了新的选择,其经济社会和创新价值日趋显著。与此同时,平台经济发展也为深化技术创新、制度创新和商业模式创新不断提出新的复杂问题,急需因势利导,在尊重其产业特性和运行发展规律的前提下有效破解。鉴于发展平台经济属于新生事物,近年来相关研究虽然日益引起重视,但在总体上仍然比较鲜见,且以现象描述和表层分析居多。本章选择发展平台经济的一个层面——农业产业化龙头企业发展涉农平台经济问题进行专门研究。长期以来,农业产业化龙头企业(以下简称龙头企业)一直是推进农业产业化经营的领航力量,也是推进农业供给侧结构性改革的生力军。近年来,在发展涉农平台经济方面,龙头企业也是积极的先行者。对农业产业化龙头企业发展涉农平台经济问题进行研究,对于探讨涉农平台经济的发展思路和对策选择,富有启发意义。

一、平台、平台经济和涉农平台经济

平台在本质上是支撑交易或交流互动进行的空间或场所,具有信息收集、资源整合、供需匹配、交易撮合、服务支撑、价值创造等作用。平台经济是以平台运营主体——平台型企业为主导，吸引需求方用户、供给方用户、平台支撑者等不同层面参与者，组成密切分工合作的经济系统，形成核心竞争力和价值增值能力的效应。理论研究中，常把平台经济等同于双边或多边市场，靠网络外部性聚合在一起（Caillaud and Jullien，2003；Evans，2003；Rochet and Tirole，2006；Rochet and Tirole，2006）。

与平台和平台经济概念相对应，涉农平台就是为涉农产品、要素、信息交易提供服务的平台；涉农平台经济就是以涉农平台为主导，通过集聚整合资源、提供直接交易载体、发挥服务支持作用，吸引交易关联方组成新的经济系统，形成核心竞争力和价值增值力的效应。涉农平台搭建后，以涉农平台型企业为核心形成涉农平台经济系统，以匹配供需、撮合交易和价值创造的经营行为，瞄准特色细分市场和个性化、差异化需求，拓展交易范围，激发中小需求者活力，引发原有经济或产业系统的裂变升级。涉农平台经济的边界取决于涉农平台的范畴和影响范围。从平台的交易中介属性出发，涉农平台的范畴是联结涉农双边市场的中介型平台。涉农平台经济系统的参与者就是涉农平台的影响范围，其参与者由需求方用户、供给方用户、平台型企业、平台支撑者组成，如买方客户、卖方客户、电商运营企业、为电商平台提供服务的企业等共同组成涉农电商平台系统。

近年来，涉农产品和农业功能需求的多样化、个性化、高值化迅速增长，消费方式向体验化、健康化、娱乐化转型升级，推动着农业产业链的价值增值点和利润增长点向供给端的规范化、透明化质量控制和消费端的品牌化、精准化营销创新转移。在这种形势下，借助平台经济优势，搭建涉农服务平台，为农业生产者、产品需求者和要素供给者创造便捷化、低成本参与农业产业链的机会，成为龙头企业引领组织方式和商业模式变革、创新经营机制的重要内容。因此，由龙头企业直接兴办或主导搭建的涉农服务平台大量涌现，将现代服务业引入农业产业链，显著提升了龙头企业产业链组织能力和区域资源整合能力，成为平台经济与农业农村经济融合发展的亮点。

二、龙头企业发展涉农平台经济的模式

龙头企业发展涉农平台经济主要从三个维度进行：一是直面消费者的精准

营销平台;二是加强生产和供应过程控制的生产管理(服务)平台;三是引进创新资源的要素配置平台。平台业务的拓展和创新一般同时兼顾二到三个维度的需求,形成综合性、集成化的涉农平台经济发展趋势。

(一)精准营销涉农产品和服务的电子商务平台

近年来,在涉农产品和服务营销过程中,电商平台的作用日益凸显,对增强农业供给侧对农产品需求侧变化的动态适应和反应能力、提升农业价值链的作用迅速增强。很多龙头企业抢先布局电商平台,成为涉农电商发展的重要推动力量。据农业部农业产业化办公室提供的数据,67.5%的龙头企业已经开展了电子商务,其余的也大都在做这方面准备。龙头企业发展涉农电商平台的方式主要有两种:一是借助已有的大型电商平台,如阿里巴巴、京东、我买网等,开设旗舰店、特色馆等;二是直接成立电商平台(营销网站、微店、手机App等),如雏鹰农牧集团设立了微·DO商城,为客户提供线上购物和相应增值服务。这些涉农电商平台可交易的产品、服务种类日渐丰富,如生鲜产品、农资、休闲农业、民宿旅游等网上交易额迅速增长;一些基于业态、商业模式创新的涉农电商平台也日渐兴起,主要是支撑定制式服务、体验式消费、共享式交易的网站、软件,如互联网+农机服务、农产品社区配送等。

(二)配套服务农业生产和经营的综合为农服务平台

为迎合农户个性化、多样化、综合化的服务需求,不少龙头企业逐渐采取整合自身和区域服务资源、由农户选购服务的方式介入农户生产过程,形成了以服务中心、服务超市为典型形式的综合性为农服务平台(见案例8-1)。通过这类平台,农户方便、快捷地获得生产生活服务;农业供应商、服务商也可以精准营销、精准服务,效率显著提高。

案例8-1 2015年10月,吉林市宇丰米业有限责任公司与供销合作社合作创办了永吉县宇丰供销现代农业服务中心。该中心占地1.2万平方米,建筑面积2100平方米,其中服务超市600平方米,对各项服务明码标价,提供一

站式农业生产性服务。服务中心采取公益性服务和经营性服务相结合的方式,与农业三站(农业经济经营管理站、农业技术推广站、农业机械管理站)、金融机构合作,提供技术推广、经营指导、金融保险等服务;引进农资公司直营店,设立配肥中心、庄稼医院,邀请农艺专家现场、在线服务;购置农业机械化设备,提供全程机械作业服务;聘请职业经理人对流转土地进行集约化、规模化经营。在电子商务方面,开通了供销e家、开犁网,推进网上交易、仓储物流、终端配送一体化经营。(根据课题组2017年7月调研时该企业提供的资料整理)

(三)促进产业纵向整合和优化的农业产业链服务平台

适应农业产业纵向一体化经营的需要,很多龙头企业向全产业链运营服务商转型,发展了农业产业链集成服务平台。这类平台借助互联网、信息化技术,纵向整合科技、金融、物流、信息、政策等资源,为产业链参与者和利益关联方提供配套化服务支撑和集成解决方案(见案例8-2)。这类平台主导的农业产业链运作模式已成为保证农产品生产链、资金链和产品链安全的一种管理模式创新,是推动农业供给侧结构性改革的重要方式。

案例8-2 猪联网是大北农集团推出的智慧养猪战略平台,以联结为核心功能,将产业链各环节企业和从业者聚拢起来,形成闭合产业生态圈。猪联网2.1版上线以后,增加了猪交所、猪金融等新功能。养猪场通过平台可以直接对接供应商、服务商、屠宰加工企业、金融机构,及价格、政策等信息资源。平台可以方便地获得猪场生猪资源和养猪数据,提供指标管理服务,制定管理改善方案,帮助猪场提升规范化管理水平。目前,猪交所已成为国家级生猪市场交易平台,猪联网的产业链资源整合、优化配置功能进一步凸显。[根据大北农集团官网(www.dbn.com.cn)、猪联网网站(z.nxin.com)等介绍资料整理]

三、龙头企业发展涉农平台经济的意义

（一）龙头企业为平台经济在农业农村经济领域加快发展提供了载体

平台的建设和发展一般需要资本实力强、整合能力强、创新驱动能力强的投资运营主体。尤其是在平台发展初期，要经历相当长的亏损经营时间，阿里巴巴、京东、亚马逊等较为成功的平台型企业也不可避免。这种对发展平台经济市场主体的门槛要求，源自平台经济的"临界规模"和双边市场中特殊的定价行为、竞争策略。首先，平台建设初期需要大量固定投资，后期运营、维护也需要成本投入，须有一定数量且结构合理的用户流量支撑，否则会处于亏损运营状态。用户积累需要一定时间，长短取决于经营策略、资源整合能力等。很多平台型企业因为没有突破临界规模而失败。其次，平台用户需求的网络外部性限制了平台垄断定价和成本加成能力，需要采取针对双边用户的差异化定价和竞争策略。平台需求的网络外部性导致互联网平台往往成长很快，价值迅速攀升，远超传统经济中依赖规模经济性成长的企业。平台生态圈成长的关键在于，快速形成必要的用户基数，为充分发挥网络外部性、提升网络价值提供条件。但网络外部性是双向的，一方用户的减少也会加速另一方用户的消失。这对平台型企业的投资运营能力提出很高要求，需时刻保持创新驱动冲劲，不断创新商业模式和盈利模式，挖掘边际需求，维持客户黏性。不少前期成功的平台型企业就因为对此比较忽视，而在与后起之秀的竞争中败下阵来。此外，受农业空间分散性、农产品增值空间有限和主要用户是规模较小的农业生产者等因素影响，涉农服务平台很难单纯依靠平台本身的交易服务业务实现盈利，加大了涉农服务平台兴办和持续运营的难度。这也说明，要投资和运营涉农服务平台，需要经营者同时具备"企业家精神"和较强的经营实力，且具备更强的探索创新盈利模式的能力。

相比其他涉农经营主体，龙头企业具备克服这些困难、推动涉农服务平台创新发展的比较优势。龙头企业在长期实践中，形成了规模可观的集成服务需求，大都具备了相当的产业链和区域资源整合能力。在农业产业化经营中，龙

头企业带动农民合作社、家庭农场、小农户等分层发展、互补发展，在一定区域内或围绕产业链形成了分工协作系统，具备了平台运行系统的雏形。在此基础上，龙头企业搭建涉农平台，将实践积累的成果制度化、稳固化，把集聚的产业链参与者转化成平台用户，扩大经营范围和辐射范围，总体上可以缩短涉农服务平台初期的高风险、易亏损时间，较为平稳和迅速地跨入可持续运行状态。而且，不同层次和区域辐射范围的龙头企业，可以在不同层面发挥推动涉农平台发展的作用。体系化、网络化的大型涉农服务平台，如全国性、跨省域的涉农电商平台、农业创新服务平台、全产业链集成服务平台，可由具有同等层次区域辐射能力和产业链集群发展能力的大型龙头企业集团投资创办和运营（见案例8-2）；区域性、综合性的涉农服务平台，尤其是一些综合性的为农服务平台和地域性的农业创新服务平台，可由市县域层面的龙头企业直接投资建设，或与农民合作社（联合社）、农村集体经济组织、公益性农业服务力量等联合、合作建设（见案例8-1）；品牌化、特色化、个性化的小微涉农服务平台适合由龙头企业以多种形式带动涉农服务公司、返乡创业者、农民合作社、家庭农场等自发进行。这样平台经济就以龙头企业为载体，化解了门槛要求，加快与农业农村经济的融合发展进程。

（二）龙头企业借助涉农平台推动了农业产业化经营机制创新

涉农平台经济在发展中呈现出的双边市场性、集聚辐射性、共赢增值性和快速成长性等特点，在减少信息不对称、增强产业创新驱动能力、引导和创造需求等方面的重要作用（姜长云、杜志雄，2017），正是龙头企业破解动态能力塑造瓶颈、实现经营机制创新所需要的。以涉农平台经济为代表的新型农业发展模式，正成为龙头企业推动农业产业化战略转型与业态创新的重要方向。

1. 农业产业化经营创新的瓶颈

在产业链成长初期，分工经济和规模经济是驱动产业链快速成长的主要动因。随着市场趋于成熟，需求的高端化、多样化、个性化因素凸显，产业链进入差异化竞争阶段，有效需求不足成为产业链升级发展的主要制约因素。这一阶段，产业链驱动力量向下游环节转移，如何引导不同参与主体密切合作，集成运用创新资源要素，发挥协同创新优势，适应、引领、创造需求，成为产业链持续升级发展的重要路径。

当前，农业产业需求格局已进入高端化、多样化、个性化阶段，农业产业化经营要适应这种转型要求，增强适应、引领、创造新需求的能力。这对以龙头企业为主的产业链组织者、主导者的综合能力提出了更高、更新和更难达到的要求，能力不足的问题凸显出来。

一是农业产业链高端高效运营的能力不足。主要是农业产业链各环节组织化程度不高，不同参与主体的协同创新意识不强，难以形成产业链的动态核心竞争能力。需要产业链组织者通过组织方式、商业模式等经营机制创新，提供产业链优化的集成解决方案，对各参与主体进行整合，接入创新资源要素，提高产业链各环节运行效率。

二是农业供应链动态适应需求变化的能力不足。随着对农产品和农业多功能需求的转型升级，供应链各环节适应营销模式和消费方式动态变化的难度加大。尤其是瞄准特色细分市场和个性化小众需求的营销模式创新，如网络营销、产地直销、社区配送、体验消费等的迅速发展，要求供应链各环节同步加强供给端质量控制，做到标准化、规范化、透明化，便于消费者及时获取供给过程信息。现有的农业供应链运行机制，很难同时兼顾消费端营销模式创新和供给端服务模式创新，需要有从事质量控制和信息收集、发布的专业服务主体，克服信息不对称产生的逆向选择和道德风险问题，形成从餐桌到田间的、需求导向的农业供应链。

三是农业价值链兼容小农户的能力不足。农业产业需求格局的变化也引起价值链驱动者由上游的生产者、加工商向下游的零售商、大买家转移，背后是对农产品价格、质量和标准的全面控制，农业生产过程资本和技术密集度的提高。期间，农业"订单"偏好规模化生产者，小农户因经营规模小、技术能力弱、协调成本高等容易被排挤出价值链（洪银兴、郑江淮，2009）。这一价值链演化趋势与政策要求辐射带动小农户的导向不相符，凸显了农业价值链兼容小农户的能力瓶颈。实践中，组织农民合作社、强调利益合理分配、增强服务带动等强化联系程度的具体做法，增强了农业产业化经营的内敛性[①]，并没从根本上消除介

[①] 实践中，已经形成了诸如联合体、综合体、共营制、产业联盟等新型经营机制，通过组织、服务、要素等多种联结方式，组成了利益共同体。但这些经营机制创新的结果往往只惠及新型经营主体，与普通农户的边界依然存在，而且产业覆盖和区域辐射范围受龙头企业等经营能力的限制。农民合作社和家庭农场等社区亲和型主体，带动普通农户的作用显著，通过后文分析可知，其联结和组织普通农户的成本依然很高。借助涉农服务平台，能以更有效的方式实现小农户与现代农业发展的有机衔接。

入小农户生产过程的交易成本,也没有打破小农户参与现代农业发展的门槛。农业价值链的主导者仍有继续创新经营机制,探索兼容小农户方式的强烈动机。

2. 涉农平台经济是龙头企业推动农业产业化经营创新的"催化剂"

从实践效果来看,龙头企业发展涉农平台经济,开展经营机制创新,较好地打破了上述三个方面的能力瓶颈。平台经济产生于撮合用户发生交易的经营行为之中,发挥作用的领域一般是产业链关键结点和价值增值薄弱环节。对农业产业化经营来说,涉农平台的介入,将引致产业链、供应链的分裂和再整合,重划效率导向的"市场势能"(李凌,2015)。其作用机制表现在以下几个方面:

一是挖掘边角市场、长尾市场潜在需求。由平台专职收集、整合、匹配供需信息,甄别、监督、约束交易双方,可有效降低用户交易成本。在此基础上,涉农服务平台整合集成供给端资源要素,汇集产品需求者、农业生产者的"零碎"需求,为二者直接对接创造条件,提高了中小需求交易的经济可行性,释放了潜藏在长尾市场中的边际需求。如小农户可以通过为农服务平台自由选购各项服务,在其他形式下则很难实现。因此,涉农平台经济,拓展了农业产业化经营空间,是蕴藏在长尾市场中的新经济形态。

二是剔除、整合、再造农业产业链的低效环节。如电商平台的设立,使中间的多级批发、分销、中介环节被剔除、再造,相应的仓储、中转、集散、配送等物流环节被整合。这一作用也发生在产业链其他环节的要素、服务交易中,显著提升了产业链、供应链的运营效率。

三是提升农业产业链组织运营者的资源整合能力和创新驱动能力。通过涉农平台,将供应商、生产者、服务商、消费者组织在一起,增强了龙头企业的资源整合能力。龙头企业借助平台,打破创新要素资源在区域、部门、学科、产业间的界限,提高对接公益性服务资源、创新要素资源的效率,为农业产业化经营提供人才培养、资源配置等关键性服务支撑。

四是有利于把小农户引入现代农业生产经营体系中。龙头企业借助涉农服务平台的专业服务支撑和倾向性引导作用,使小农户具备参与现代农业发展的条件,容易进入现代农业产业链、供应链、价值链运营轨道。[①] 如通过平台掌

---

① 指利用平台服务农户"最后一公里"的独特优势,将农户引向标准化、规范化生产方式。这属于平台奉行非中立性竞争策略形成的市场"圈定效应"(曲创、刘洪波,2017),在双边市场中属于垄断行为。但这里更需关注对农户生产方式的引导作用。

握农户种养环节物质投入、标准执行信息以及信用状况、技术需求等，将现代要素导入农户生产经营中。这也为更好发挥农民合作社、家庭农场等新型经营主体示范带动小农户创造了条件，为发挥农业产业化带动小农户增收提能增效作用提供更有效的服务支撑机制。

五是构建不同经营主体间新型协作共赢关系。平台竞争优势来自双边市场的网络外部性，使参与各方具有相互依赖、俱荣俱损的动态特征（李凌，2015）。涉农平台介入后，同一产业链的不同经营主体，形成一种新型的协作式互惠合作共赢关系。其中，工商资本和平台本身的"势力"得以限制，各参与主体可以共享价值链增值收益。由此，构成的农业产业生态圈，具有跨界融合特征，驱动着农业产业链裂变升级，具有更强的区域示范带动能力。涉农服务平台居于中心结点位置，具有"牵一发动全身"的作用。

综上，龙头企业发展涉农平台经济后，联结分工协作的桥梁作用进一步增强，不同参与主体形成的互动、协调、自适应的经济系统更加完善。其中，涉农服务平台"中介中心性"地位凸显，通过信息精准匹配、服务精准供给、产品精准营销，重构供需交互模式和消费方式，成为农业产业化经营机制创新的"催化剂"，有助于解决当前存在的产业链竞争力不强、组织化和一体化程度低、利益联结和分配机制不完善等问题。部分龙头企业借助平台的产业链组织和价值链驱动功能，成为农业供给侧结构性改革的"领航者"，实现向新型农业综合服务商的成功转型。

四、龙头企业发展涉农平台经济面临的问题

涉农平台经济发展迅速，但尚属新生业态。受对平台经济规律把握不准，思想观念转变滞后，体制机制束缚较多，市场环境尚不完善等因素的影响，龙头企业在发展涉农平台经济方面出现了一些问题，也存在一些亟待解决的难点。

（一）盲目建设，散、弱、小问题较为突出

涉农平台对临界规模的要求和农业空间分散的特征，使一定区域或产业内可容纳的平台数量很少。如基层综合为农服务平台在探索中形成了"三公里

服务圈""十公里服务圈"等。但不少龙头企业忽视这一点,存在求新、求快、求关注的功利主义、盲目建设倾向,集中发生在涉农电商平台、基层为农服务平台等领域。如有的龙头企业不顾市场需求、产品特点就盲目开展电商业务;也有的龙头企业将服务农业生产的业务部门"摇身一变",成了服务平台;甚至出现了一个乡村同时存在多家为农服务中心的情况。由此导致大量散、弱、小的涉农服务平台存在,反而加剧了资源分散程度。

(二)功能雷同,低水平重复竞争问题较为突出

平台之间的竞争,如果不注重需求管理,不以差异化、个性化、定制化服务积累边际用户、维持交易流量,就容易陷入低水平重复竞争中。不少龙头企业发展涉农平台经济,仍选择传统竞争策略下规模经济、范围经济的扩张套路,在单项服务规模增加有限的情况下,转向增加服务种类、追求功能齐备,导致平台功能的趋同,出现了"样样通、样样松"现象,造成重复建设和投资浪费。如很多为农服务中心、超市等,大都购买了测土配方设施。其实只需由一家机构专门从事测土配方,由各平台购买服务即可满足用户需求。不少龙头企业主导创办的农业创新服务平台、产业链集成服务平台,为扩大辐射范围,也选择增加服务功能,忽略服务质量的提升,反而更难跳出低水平重复竞争困境。

(三)盈利较难,商业模式创新滞后问题较为突出

据笔者对河北、山东等地的调研,不少为农服务中心或小型电商平台处于微利甚至亏损状态,难以支撑运营成本,有些已成为"摆设"。近年来,一些经营农资生产销售的上市公司向农业综合服务商转型,搭建了体系化、网络化的大型涉农服务平台,如诺普信的"田田圈"、辉丰股份的"农一网"、云图控股的"云图生活"等,但大都面临持续亏损或经营危机。[①] 按说依托上市公

[①] "田田圈"销售收入,2015年、2016年分别为1.55亿元、0.79亿元,2017年上半年骤降为不足250万元;2016年"田田圈"亏损1.86亿元,导致诺普信亏损1322.23万元。2015—2016年,"农一网"销售收入从0.79亿元升至2.13亿元,但亏损分别为0.46亿元、0.26亿元。辉丰股份不得不出售"农一网"81.41%的股权。"云图生活"销售收入、净利润,2016年为1.26亿元、-0.76亿元,2017年上半年为0.24亿元、-0.37亿元。根据华夏时报:《诺普信"田田圈"收入跳水 农资电商偃旗息鼓》(http://www.chinatimes.cc/article/70423.html)资料整理。

司的资源整合能力，能够迅速积累平台用户、突破临界规模限制，但为何仍出现这种经营困境？究其原因是对平台经济的特殊竞争模式把握不准，仍按照传统思路开展相关业务，导致"平台虽好，无人光顾"的尴尬处境。这也与经营理念、营利模式的选择不当有关。如把涉农平台作为单纯的营销机构，缺乏主动服务、精准服务理念；坚持各项业务都盈利的固有思维，忽视权衡维持用户流量的竞争策略与发挥平台整体利润创造作用的关系。当然，在平台搭建初期的用户积累过程中，出现亏损属于正常现象，也不可避免，需要认识到以平台集聚资源、积累客户，可以为企业自身发展提供拓展发展空间和价值创造空间的新机遇。因此，要具有足够的战略定力和经营耐心，才能把涉农平台经济的潜在机遇转化为可能。然而，在积累用户期间，出现客户流失、流量下降，甚至"今天风风火火，明天轰然倒塌"的情形，则更多属于龙头企业发展涉农平台经济过程中，不注意按照平台经济规律开展商业模式创新而产生的问题。对此，要有清醒的认识。

（四）制度约束，创新发展的体制机制障碍较为明显

产业的跨界融合发展导致产业边界的模糊化、组织运行的网络化、生产方式的复杂化，提升了监管和风险控制的难度。如果沿用传统监管手段或监管过严，容易"一管就死"、抑制创新；如果忽视监管机制建设和创新，也容易积累发展风险。涉农平台经济具有典型的跨界融合特征，虽然迅速发展，但处于初级阶段。目前，对平台的属性界定、法律定位不清晰，对涉农服务平台的运行规律和特殊性认识不够，且尚未建立专门针对平台的监管体系。这种情况下，沿用原有的市场监管制度不利于涉农服务平台正常发展，尤其是容易把对平台业务的监管直接用到对平台本身的监管，或把平台的特殊定价行为、竞争策略误判为垄断行为，以致中断或改变平台正常的经营业务，稀释平台业务的竞争优势。有必要针对涉农服务平台的规律和特点，创新监管体系和政策支持方式。2017年6月，国家发展改革委印发了《服务业创新发展大纲（2017—2025年）》，在健全现代高效的监管体系方面，提出创新新业态新模式监管方式，"坚持审慎监管和包容式监管，避免过度监管，充分发挥平台型企业的自我约束和关联主体管理作用，创新对'互联网＋'、平台经济、分享经济等的

监管模式"。但具体如何创新,尚需进一步探索。该大纲还明确实现公平开放的市场准入、发展充满活力的市场主体、营造公平普惠的政策环境等深化改革方向,以及创新监管理念和方式、实行统一综合协同监管等具体举措。目前来看,仍有三方面需要注意:一是对服务业的监管方式如何适应涉农服务平台的特点和发展要求;二是对涉农服务平台的支持政策如何与新型农业经营主体的支持政策相衔接;三是如何调整和完善针对涉农服务平台的财税、金融、价格、土地、公共服务等配套政策。

此外,还存在人才、资金、基础设施等方面的制约因素,但这是涉农经营主体发展面临的普遍问题,这里不再赘述。

五、龙头企业创新发展涉农平台经济的对策

涉农平台经济是农业与现代服务业深度融合发展的重要演变形式,是农业生产性服务业创新发展的亮点所在,也是当前新型农业服务主体的重要组成和培育新型农业服务体系的重要抓手。龙头企业通过发展涉农平台经济,既推动农业产业化经营机制创新,也带动区域农业农村经济和农业产业链发展活力、运行效率的提升,激发农业经济的新业态、新商业模式,为农村一二三产业融合发展提供新的动力。涉农平台经济的迅速发展正成为推动农业供给侧结构性改革、建设现代农业产业体系的新引擎和新增长点。通过平台经济的去中心化、网络化、扁平化的要素配置、服务供给和生产组织方式,涉农服务平台的迅速发展,将为农业产业转型升级提供新的动力,为创新农业社会化服务提供新的机制,为小农户与现代农业发展有机衔接提供新的途径,成为实施乡村振兴战略的重要路径和着力点。要从平台经济的内在规律和现代农业服务业的特点出发,把发展涉农服务平台作为培育新型农业服务主体的重要内容,把发展涉农平台经济作为农业产业化经营机制创新的重要方向,提升涉农平台经济对构建现代农业农村经济体系的引领支撑能力。

一是优先鼓励和支持龙头企业发展涉农平台经济。加大政策支持力度,把龙头企业发展涉农平台经济作为支持农业生产性服务业发展、新型农业经营主体和服务主体培育的重点内容。鼓励龙头企业探索涉农服务平台的先行发展经验,

通过政府购买服务、示范性平台创建等，引导龙头企业规范发展涉农平台经济。鼓励龙头企业主导和带动不同层次的农业产业化经营主体参与不同层面的涉农平台建设，发挥农民合作社、家庭农场、农业服务企业等的差异化竞争优势。

二是重点支持建设辐射带动能力强的涉农服务平台。为避免盲目、重复建设，可以鼓励同一区域或同一产业的龙头企业联合建设涉农服务平台，共享、共用资源。着重提升涉农服务平台的整合资源、对接供需、协同创新等功能，形成覆盖全程的要素流动和服务供给机制，链接高效的产业链或价值链治理模式。

三是把探索涉农服务平台盈利模式与创新农业社会化服务供给机制结合起来。不少运营较好的涉农服务平台，以免费公益性服务把农户和农业服务主体组织起来，积累用户数量和交易流量，再通过自营增值服务或对接供应商、服务商赚取营销差价（见案例8-2①）。这为创新涉农服务平台商业模式提供了方向，也为创新农业社会化服务机制提供了机遇。可以把涉农服务平台作为引导公益性服务入户的新载体。

四是营造龙头企业发展涉农平台经济的体制机制环境。针对涉农服务平台的规律和特点，加快相关领域体制机制的深化改革，实现与服务业发展、新型农业经营主体培育等相关监管和扶持政策的有机衔接，激发涉农服务平台的市场活力。尤其是围绕建立市场准入负面清单制度、破除各类显性隐性准入障碍、确立法人主体平等地位、实行统一综合协同监管等方面，打破不利于涉农平台经济发展的利益格局，为涉农服务平台提供平等的发展机会。要把握好涉农平台经济的产业属性和运行规律，努力增强监管和调控的可预见性，平衡好创新风险与创新收益的矛盾关系、一般性与特殊性的辩证关系，衔接好现有成熟的监管措施，避免设置不成熟的管制手段，发挥好协会型组织、联盟型组织等在平台治理和自律中的作用，减少对平台创新活动的实质性损害，创建涉农平台经济发展的良好环境。

此外，还应健全完善金融机构、科研单位等与平台的对接机制，加快推进农村信用体系、农业大数据服务、农业标准化生产体系、农产品质量安全监管体系、农业信息化基础设施等的建设工作，加快完善融资支持、人才培养、土地使用、联合重组、财政税收等政策，为涉农服务平台健康快速发展提供软硬件支撑。

---

① 大北农集团对"猪联网"营利模式的定位，是通过数据信息管理吸引用户，通过平台交易流量留住用户，通过产业链金融产生盈利点。

第九章

推进农村一二三产业融合发展的路径和着力点

2015 年中央一号文件首次提出推进农村一二三产业融合发展的重大政策导向。同年 12 月 30 日《国务院办公厅关于推进农村一二三产业融合发展的指导意见》（国办发〔2015〕93 号）正式发布，将推进农村一二三产业融合发展提到"拓宽农民增收渠道、构建现代农业产业体系的重要举措""加快转变农业发展方式、探索中国特色农业现代化道路的必然要求"等战略高度。《中共中央关于制定国民经济和社会发展第十三个五年规划的建议》要求"着力构建现代农业产业体系、生产体系、经营体系，提高农业质量效益和竞争力，推动粮经饲统筹、农林牧渔结合、种养加结合、一二三产业融合发展"。2016 年的中央一号文件在其全部六部分 30 条内容中，专列第三部分共 4 条内容部署"推进农村产业融合，促进农民收入持续较快增长"。当前，面对经济发展新常态，研究推进农村一二三产业融合发展问题，对于统筹城乡发展，推进农业供给侧结构性改革和促进农业、农村经济发展方式转变，具有重要的现实指导意义。

一、农村一二三产业融合发展的主要路径

农村一二三产业融合发展以产业链延伸、产业范围拓展和产业功能转型为

表征,以技术融合和体制机制创新为动力,以产业发展和发展方式转变为结果,通过实现农业、农产品加工业、农资生产和流通业、农业和农村服务业在农村的融合渗透与交叉重组,形成新技术、新业态、新商业模式,实现产业跨界融合、要素跨界流动和资源集约配置,激发新的市场需求及其在农村的整合集成,带动农村产业布局的优化调整。从国内外经验来看,农村一二三产业融合发展主要通过以下路径或模式来实现。

(一)按顺向融合方式延伸农业产业链

立足农业,向农产品加工业和农产品直销、餐饮、农产品物流等农村服务业等顺向融合,如兴办农产品产地加工业,建立农产品直销店等,甚至直接形成链接农业生产与农产品消费的农业全产业链发展模式(见案例9-1)。少数家庭农场、农民合作社甚至农业产业化龙头企业作为该路径的实施主体,逐步形成影响农业产业链的科技开发能力,并在构建本土农业产业链、对接全球农业价值链的过程中,逐步扩大对资源、要素甚至农产品品牌的整合能力,形成对农业产业链的控制力、对农户从事农业产业化经营的辐射带动力,提升农业产业链增值能力。日本发展"六次产业"的产地加工型和产地直销型模式,均属于这种路径。

案例9-1 湖北省YC市XXH柑橘专业合作社[①]2006年成立时纯粹从事柑橘种植,现已发展到集柑橘生产、加工、销售,果蔬冷链物流,农业科技开发,柑橘文化和农业生态旅游于一体,形成围绕柑橘产业链、一二三产业融合发展的格局。该合作社现有柑橘基地1.7万亩,辐射柑橘面积10万亩;2014年实现柑橘销售10.6万吨,营业收入3.6亿元,综合利税800余万元;已被评为全国农民专业合作社示范社,全省5强农民专业合作社,省级农业产业化、林业产业化重点龙头企业。"XXH"商标获得"中国驰名商标",产品获得"国家绿色食品""湖北省名牌产品"和"湖北省三大名果"等称号。近年

[①] 为避免给相关地方、企业或合作社带来超出预料的不便,本章中涉及这些地方、企业、合作社时一律用英文字母表示。

来，该合作社按照"合作社＋基地＋成员＋实体"方式，投资成立了6家实体。XXH产后处理中心和XXH科技中心已初具规模，XXH名优特果蔬配送中心、XXH生态文化旅游中心建设逐步推进，XXH生态产业园项目建设已经展开。该合作社牵头15家合作社联合组建了湖北XXH柑橘联合社，实行"整合资源、优势互补、抱团经营、共同发展、利益共享、风险共担"；同时按照"成员股和投资股"的思路，探索成员资金互助方式，解决合作社实体发展的资金困难。该合作社成立的柑橘综合服务公司，通过提供标准化和专业化的单项服务、托管服务和土地流转服务，帮助农户解决因劳动力短缺和老龄化形成的"橘园难管和无人管"问题。合作社的标准化果园建设、专业化技术服务、商品化加工包装、多层面宣传推广和品牌化营销，有效提高了品牌知名度和影响力。该合作社还通过疏通外贸出口、农超对接、农商对接、电子商务等渠道，构建畅通发达的市场销售网络，有效规避了柑橘销售由中间商把控、利益向中间商流失的问题，带动了柑橘收购价格和橘农收入的提高。2014年，该合作社实现成员盈余返还80.4万元，成员股金分红53.6万元，在松滋、丹江口等地区的柑橘收购价格高出当地收购价约10％。

（二）按逆向融合方式延伸农业产业链

依托农产品加工或流通企业，建设优质、高效、生态、安全甚至高产的农产品原料基地，实现农村一二三产业逆向融合。借此，为农产品加工或流通企业提供数量稳定、质量安全的农产品原料保障，强化覆盖全程的农产品质量安全保障体系（见案例9-2）。结合逆向延伸农业产业链，深化农业产业链分工，还可以丰富农业产业链和现代农业产业体系的内涵。有些超市或大型零售商，培育自有品牌，创新商业模式，发展体验经济，还可以更好地发现、凝聚、引导甚至激发消费需求，促进农业价值链的升级，推动农业产业化由生产导向更好地转向消费导向。

案例9-2 2003年成立的湖北XSTX茶业有限公司位于湖北省YC市。该公司以精心研制的"XSTX"牌品牌系列茶为主导产品，集茶叶种植、加工、仓储保鲜和销售于一体，实行产业化经营、科学化管理，现有资产总额 5281 万元，固定资产 2769 万元。该公司拥有新开发的无公害、无污染标准化茶园 3 万多亩，覆盖周边茶园 4 万多亩，带动周边茶农 1 万多户；年初制、精制加工干茶 5000 余吨，年销售额近亿元。2009 年 6 月，该公司发起组建了 YCGSYW 茶叶专业合作社，形成了"龙头企业+合作社+基地+茶农"的运作模式，既帮助农民解决了茶叶鲜叶难卖问题，又为龙头企业解决了茶叶加工的货源和产品质量保障问题。2013 年，经村民代表大会表决同意，在 YL 区 XBP 乡 JLS 村按"整村入社，土地入股，土地所有权、承包权、经营权三权分离，"组建了 XSTX 土地股份合作社。XSTX 土地股份合作社以农民土地承包经营权和 YCGSYW 茶叶专业合作社的资产评估作价入股，合作社利润分配中股金分红和茶叶鲜叶交易额分红分别占 40%、60%。到 2014 年底，GSYW 土地股份合作社拥有社员 1008 户，流转土地 7658 亩，总股份 75948 股，带动茶农人均年增收 1000 余元。GSYW 茶叶专业合作社已成为国家农民专业合作社示范社，XSTX 品牌被评为湖北省著名商标，合作社生产的 XSTX 系列产品获中国国际森博会金奖、中国绿色产品金奖。在实施中央现代农业高效标准茶园项目、低丘岗改造项目、河堤治理项目的同时，该公司正在致力打造生态观光茶园，发展乡村旅游。在 XSTX 茶叶产业链，基本形成了公司做干茶叶购销和品牌、合作社做鲜叶收购和加工、土地股份合作社做基地和茶叶种植示范的发展格局。公司是合作社的团体会员。

（三）农业产业化集群型融合

以农业产业化集群或产业区为依托，形成农村第一、第二、第三产业空间叠合、集聚集群和网络发展的形态。许多农业产业化集群逐步形成以一个或少数几个农业产业化龙头企业为核心的发展格局。农业产业化产业区是以农产品加工或农产品及农资流通、涉农服务企业集聚区为依托，以农业产业化龙头企业或农业产业链核心企业为主导，以优势、特色农产品种养（示范）基地（产业带）为支撑，集聚企业高度分工、密切协作、网络链接、有机融合的农村社会经济空间，往往集约化程度较高，经济效益较好，对农产品原料基地建设和农民增收的辐射带动作用强劲（见案例9-3）。许多地方发展一村一品、一乡（县）一业，建设特色村镇，属于这种形式的雏形。

案例9-3 河南XZ市系全国"优质大枣基地"和中国名特优经济林"红枣之乡"。到2011年，全市红枣种植面积近18万亩，已形成大枣加工企业100余家，年加工大枣8000万千克，其中约1/8用于出口，年利税10亿多元，成为全国枣产品加工集散地和技术孵化中心。国家级农业产业化重点龙头企业HXN枣业作为该集群核心企业，系国内加工规模最大、产品种类最多、辐射带动力强劲的红枣深加工企业，拥有自建原料基地8000亩，联合建立的标准化种植基地5万亩，销售网络遍布全国300多个城市的2000多家专卖店。红枣种植和加工的发展，有效带动了相关商贸物流业的兴盛。以HXN枣业为代表的若干红枣深加工企业通过建立标准化原料基地，按照"龙头企业+基地+农户""龙头企业+基地+合作社+农户"方式带动农民规模化、集约化种植红枣，并按高于市场价格一定幅度的价格同农户签订订单合同，有效保障了原料质量。近年来，HXN枣业还在积极建设红枣冷库物流配送中心和中国红枣及特色干果综合交易市场。

（四）农业功能拓展型融合

通过赋予农业生态、环保、科技、教育、文化、体验等内涵，发展休闲农业、乡村旅游、科普农业等形式，转型提升农业的生产功能和经济价值。有些地方甚至用经营文化、经营社区的理念，打造乡村旅游景点，培育特色化、个性化、品牌化或高端化的休闲农业和乡村旅游品牌。如有些地方促进"桃子经济"向"桃花经济"转变，实现由"种桃卖果挣钱"向"种桃养花赚钱"的转型。有些地方还利用产业或产品生产的食物链、生态链关系，按照发展循环经济和生态经济的原理，重组农村一二三产业之间的关系，促进资源节约、集约和可持续利用，并将其同拓展农业的教育、文化、科技等功能，发展乡村旅游结合起来。近年来，在中国许多城郊地区蓬勃发展的工厂化农业和社区支持农业等新型业态，应当属于此种路径。日本发展"六次产业"的旅游消费型模式，也属于这种路径。

（五）服务业引领型融合

通过成立市场化的农业生产性服务组织，建设平台型企业，或推动农产品生产及加工企业向农业服务企业甚至农业综合服务商转型，引领或更好地辐射带动农业发展方式转变（见案例9-4）。如通过市场化的农机服务、动植物疫病防治服务、农产品流通服务等，承接农户的服务外包，帮助农户解决农业劳动力大量转移后"谁来种地""如何种地"等问题，促进农村土地流转方式的创新，解决农业劳动力短缺带来的土地"撂荒"问题，推动土地撂荒向土地规模化集约利用转变，也为转移农民向新市民或新型产业工人的稳定转型提供便利。近年来，有些地方通过创建平台型企业，发展涉农平台型经济，为农产品及其加工品、涉农服务提供实体交易场所或虚拟交易空间，沟通农业上下游产业链及涉农产品（或服务）的供应商和消费者，并为此发挥服务中介和支持作用，带动价值增值。如通过C2B（Consumer to Business，消费者到企业）等逆向服务创新，从现有产品或服务提供流程的反向出发，发现用户新需求，创造新价值。C2B电子商务以消费者为核心，重塑电子商务的商业模式，由买家主动参与电子商务的交易发起、商品定价和产品生产等关键环节，由商家根据顾客需求从事采购或定制生产，以此降低库存和相关成本。相对于前述路径，在服务业引领型融合中，服务业的引领、引擎或支撑作用更为突出。

案例9-4 大北农集团现有产业主要涵盖饲料（包括生物饲料）、动保、疫苗、种植、种业和植保等领域。近年来，该集团致力于向科技、信息、金融、人才"四位一体"的现代综合服务型平台企业转型。拟在农业科技板块涵盖现有业务的同时，拓展以互联网技术和平台为依托的农业信息产业板块，形成包括猪管网（养猪企业管理与服务平台）、智农商城（农业电商平台）、农信网（农村互联网金融）和智农通（基于移动端的即时服务系统）的养猪生态圈，以农业和农村小微金融为代表的金融板块，以培养、集聚农业专业人才或新型职业农民为主要内容的人才板块，并推动畜牧业联盟化、互联网化和金融化发展。

近年来，许多地方通过线上线下有机结合方式推进农村一二三产业融合发展，也属于服务引领型融合。通过农业电子商务与农业生产、农产品加工流通的有机结合，形成线上带动线下、电子商务带动实体经济的发展格局。许多地区在发展设施农业和高端、品牌、特色农业的过程中，越来越重视这种方式。有些地区还结合优势、特色农产品产业带建设，加强同电子商务等平台合作，形成电子商务平台或"互联网+"带动优势特色农产品基地的发展格局（见案例9-5）。

案例9-5 YCYW长江生态渔业有限公司作为上海CXT生态渔业有限公司的全资子公司，坚持"以环保为标准，以科技为依托，以市场为导向"，同上海海洋大学合作，专注于三峡肥鱼的种源培育、繁殖、生态养殖和养殖水体环境保护，形成环保型网箱生态养殖模式，已通过无公害农产品产地认定和产品认证，被农业部命名为第6批健康养殖示范场，YC长江肥鱼获得农产品地理标志。为有效规避市场上同类低质产品的恶性竞争，推进产品品牌化建设，该公司同国内排名第一的生鲜电商平台合作，通过线上线下有机结合、线上带动线下的方式，共同推动长江肥鱼冷鲜产品和深加工产品的市场推广和销售，目前已在北上广三地同时上线推广销售冷鲜肥鱼，形成覆盖长三角、珠三角、京津冀22个城市的物流配送体系。该公司还以国家地理标志产品为纽带，通过合作孵化、委托加工、委托养殖、肥鱼深加工合作研发等方式，加强与YC周边地区企业、合作社和大学的合作，带动YC肥鱼产业发展。该公司拟通过成立行业协会方式，制订肥鱼行业标准，引导行业分工，规避行业无序竞争。今后，公司准备将业务重点置于市场渠道与品牌、种源培育与产品研发等产业链两端，将产业链中间环节外包。

此外，也有人将种养重组的循环经济型融合作为农村一二三产业融合发展的路径之一。但我们认为，所谓农村一二三产业融合发展至少应有农村第一、第二、第三产业中两个或两个以上"到场"，种养重组的循环经济型融合实际上是农村第一产业内部不同行业之间的融合，不应列为农村一二三产业融合发展的内容。

以上5种路径，主要是根据农村一二三产业融合发展过程中，第一、第二、第三产业的相对地位和组合方式划分的。路径1和路径2实际上是将农业产业链延伸型融合按照产业链延伸的方向进一步细分的产物。有些地方把发展有机种养同发展餐饮经济结合起来,形成"前餐后种""前餐后养"的发展路径,也属于农业产业链延伸型融合。相对而言,在推进农村一二三产业融合发展的过程中,按顺向融合方式延伸农业产业链往往进展较慢,容易保护农民的主体地位,农村一二三产业融合发展的进程容易与农民参与能力的成长进程相适应,农民也更容易分享农村一二三产业融合发展的成果。按逆向融合方式延伸农业产业链,容易形成公司(包括平台型企业)主导农村一二三产业融合发展的格局,推进的实际进展往往较快,但农民容易丧失主导权和利益分享权,陷入利益分配的边缘地位,农民参与能力不适应农村一二三产业融合发展进程的现象也容易形成。日本政府在推进农村"六次产业化"的过程中,更多地鼓励农业后向延伸,内生发育出农产品加工、流通业和休闲农业、乡村旅游,防止工商资本通过前向整合兼并、吞噬农业,防止农民对工商资本形成依附关系,这是一个重要原因。路径3是农村一二三产业在地域空间上高度集聚、叠合和网络化发展的结果。路径4是农业功能转型和业态创新的产物,主要形成农村第一、第三产业"你中有我,我中有你"的发展格局。相对于前4种路径,在路径5服务业(第三产业)的引领带动作用更为突出,技术创新、业态创新、商业模式创新往往更为密集,甚至农村一二三产业融合发展更多地带有线上线下结合的特征,"互联网+"特征更为鲜明。

现实中的农村一二三产业融合发展路径,往往属于以上5条路径之一,或者不同程度地带有上述部分路径结合的性质。如按顺向融合或逆向融合方式延伸农业产业链的路径,可能同服务引领型融合结合起来。

二、农村一二三产业融合发展中的两个关系

推进农村一二三产业融合发展与发展乡镇企业或农业产业化,具有一定的历史渊源。科学辨识其相互关系,有利于更好地认识农村一二三产业融合发展。

(一)推进农村一二三产业融合发展与发展乡镇企业的关系

谈到推进农村一二三产业融合发展,许多人自然想到日本学者今村奈良臣20世纪90年代中期首倡的"六次产业"概念和由此引发的日本农业"六次产

业化"，甚至将日本"六次产业"和农业"六次产业化"推到中国推进农村一二三产业融合发展"先师"的地位。但要细究起来，在此方面中国也不必妄自菲薄。实际上，20世纪80年代初，中国乡镇企业的发展已在推进农村一二三产业融合发展方面进行了积极的探索，这方面的探索并不晚于甚至早于日本农业"六次产业化"的实践。

今村奈良臣首倡"六次产业"，旨在通过鼓励农业生产者发展多种经营，促进农产品（食品）加工业、农资制造业和农产品或农资流通业、农业旅游业等农业农村服务业发展，将流到农村外部的就业岗位和附加值内部化，帮助农业生产者更好地获得农产品加工、流通和农业旅游业等附加值，借此促进农民增收和农村发展活力的增强。日本发展"第六产业"的主要形态有产地加工型——利用本地农产品发展农副产品加工业、产地直销型——产地生产组织自行建立直销店和旅游消费型——发展乡村旅游。① 其实，日本发展"六次产业"的宗旨和主要形态，在20世纪80年代初中国乡镇企业的发展中就有体现，并成为相关政策鼓励的方向，只不过较为初级而已。②

在此说到中国乡镇企业很早就有日本发展"六次产业"的类似做法，并非基于"老子先前比你好"的"阿Q"情节，只是提醒中国乡镇企业在推进农村一二三产业融合发展方面的经验教训值得借鉴。如从乡镇企业发展的经验

---

① 冠名"第六产业"，源自第一产业、第二产业、第三产业"$1+2+3=6$""$1×2×3=6$"。后来今村奈良臣进一步强调"六次产业"是第一产业、第二产业、第三产业之积，意在强调农村第一、第二、第三产业融合发展。

② 中国的乡镇企业，1984年前叫社队企业。1979年《国务院关于发展社队企业若干问题的规定》（试行草案）就提出"宜于由社队企业加工的农、林、牧、渔业产品及土特产，均可由社队企业加工"。1983年中央一号文件提出，"农民个人或合伙进行长途贩运，有利于扩大农副产品销售，有利于解决产地积压、销地缺货的矛盾，也应当允许"。1984年中央一号文件提出，"当前农村兴起的饲料工业、食品工业……最为社会所急需而又能较快发展"，"应有计划地优先发展。有关部门和地方要给予积极的指导和扶持"。1984年《中共中央、国务院转发农牧渔业部和部党组关于开创社队企业新局面的报告的通知》同意将社队企业更名为乡镇企业，同时提出"由社队企业加工生产配合饲料，原料就近、销售就近，最为经济合理"。1985年的中央一号文件明确"国家将以一定的财力物力支持粮棉集中产区发展农产品加工业"。1992年《国务院批转农业部关于促进乡镇企业持续健康发展报告的通知》（国发〔1992〕19号）提出，"乡镇企业要因地制宜，积极开发利用当地资源，大力发展农副产品（包括林、畜和水产品）加工业……农用工业和第三产业"。1993年《国务院关于加快发展中西部地区乡镇企业的决定》，明确要求"兴办乡镇企业要立足于开发利用当地资源。把资源优势转化为经济优势，是实现中西部经济迅速发展的重要途径"，"中西部地区发展乡镇企业，要面向国内外市场需要"，中西部大多数地区应当"把积极兴办农副产品加工、储藏、保鲜、运销等企业放在重要地位"。

来看，推进农村一二三产业融合发展，应该注意立足资源优势，与时俱进地促进资源优势转化为经济优势。这与日本推进农业"六次产业化"有许多共同之处。日本政府推进农业"六次产业化"，一个重要动因是解决经济高速增长过程中农村大量青壮年劳动力进城带来的山间农业区、山地与平地之间的中间农业区（即中山间地区）人口过疏化和农业、农村发展缺乏活力的问题。从历史上看，这些地区由于经济落后、交通不便，在实现农业的产品功能上面临诸多不便。但这些地区良好的农业环境和自然景观，有利于开拓农业的生活、生态功能，甚至有利于传承农业科技、教育和文化。随着居民特别是城市居民收入水平的提高，消费者对农业的关注日益由农产品价格转向优质、安全、放心、饮食健康、消费体验甚至传统的饮食文化和农产品新鲜度日益受到重视。在此背景下，日本中山间地区发展农业的传统劣势，反而有利于转化为发展农业观光旅游和土特产品生产、推进农业"六次产业化"的优势。类似现象在中国许多山区也有体现。如云南省许多山区"一山分四季，十里不同天，五里不同调"，按照常规的农业产业化思路，这些地区农产品品类多，但单类连片规模小，不利于推进农业产业化经营。结合发展休闲农业和乡村旅游，利用这些小众化农业、农村特质资源，反而更容易营造农村一二三产业融合发展的特色和竞争力。近年来，云南省发展现代农业庄园经济成效显著。这些现代农业庄园主要是通过开发农业的产地营销、观光旅游和休闲养生等功能，实现农村一二三产业融合发展。

乡镇企业是过渡时期的过渡现象，甚至当前就总体而言，乡镇企业的概念已经过时。乡镇企业运行的市场环境发生重大变化、体制背景基本消失，固然是重要原因；但许多地方乡镇企业加快衰亡，与不重视市场开拓和创新也有密切关系。乡镇企业的这种命运，对于当前推动农村一二三产业融合发展也提供了一些教训。如应该更加重视统筹城乡发展，把推进农村一二三产业融合发展作为推进农业供给侧结构性改革的重要措施，在面向、适应城市农产品消费市场的同时，更加重视创新产品和服务供给，增强供给的趣味性、参与性、体验性和文化内涵，增强创造市场、引导市场的能力。近年来，随着城乡居民收入和消费水平的提高，对农业或农产品消费的主流已由模仿型、排浪式消费转为个性化、多样化消费，由生存性消费转为发展型、享受型消费，与农业相关的服务消费日益成为农业消费的主要增长点。这为推进农村一二三产业融合发展提供了重大机遇，也对在农村一二三产业融合发展过程中增强开拓市场、引领市场的能力提出了更高的要求。当前许多地方的农村一二三产业融合发展在总体上仍处于"幼树期"或"初果期"，尚未进入"盛果期"。随着时间的延续和政策支持的日益强化与明朗化，增强供给侧的创新能力对于增强开拓市场、引领市场的能力更应具有前瞻性。否则，随着农村一二三产业融合发展进入"盛果期"规模的扩大，市场进入过度、量增价跌效益降的问题很可能由"星星之火"燃成"燎原之势"。对此中国许多产业的发展已经提供了很好的案例，为持续健康地推进农村一二三产业融合发展，重视这一问题越早越主动，越晚越被动，切不可大意！

（二）推进农村一二三产业融合发展与发展农业产业化的关系

《人民日报》1995年12月11日发表了"论农业产业化"的社论，并用超常规篇幅介绍了山东潍坊发展农业产业化的经验。该文认为，中国农村的改革发展已有若干举世瞩目的"单项突破"，但把各个单项改革有机结合起来，把农业和农村经济整体地继续向前推进，则需要符合社会主义市场经济要求的、能够整体推进农业和农村经济改革发展的思路。农业产业化战略"体现了我国农村的改革和发展由单项突破进入到整体推进的新阶段"，是"具有全局性的重要思路"。农业产业化"以国内外市场为导向，以提高经济效益为中心，对当地农业的支柱产业和主导产品，实行区域化布局、专业化生产、一体化经营、社会化服务、企业化管理，把产供销、贸工农、经科教紧密结合起来，形成'一条龙'的经营体制"；它通过"改造传统的自给半自给的农业和农村经济，使之和市场接轨，在家庭经营的基础上，逐步实现农业生产的专业化、商品化和社会化"，是"农民进入市场的主要方式和主要依托"，"核心问题是如何把'千家万户'和'广阔市场'两者结合起来"。此后，农业产业化的理念日益得到政府政策的重视和理论界、实际部门的认可，农业产业化蓬勃发展的态势逐步形成，农业产业化的组织制度创新也更加丰富多彩。对于这一问题，笔者已在相关文章中做过分析。

从前述社论对农业产业化内涵和地位的分析可见，农业产业化是个较为综合和包容性的概念，可以成为农村一二三产业融合发展的重要内容和发展源头;农村一二三产业融合发展是农业产业化的延伸和发展,在外延上大于农业产业化,是农业产业化的延伸版和升级版。如前述,按顺向融合方式延伸农业产业链,按逆向融合方式延伸农业产业链和农业产业化集群型融合。在服务业引领型融合路径中,农村一二三产业之间往往并非单纯的产业链延伸关系,服务业与第一产业甚至第二产业的关系更多地发生在不同经营主体之间,如由平台型企业带动或电子商务带动实体经济的农村一二三产业融合发展。因此,服务业引领型融合更多地具有农业产业化升级版的特征。至于农业功能拓展型融合,很难说是农业产业化的延伸版和升级版,准确的说法应该是农业产业化的拓展版。此外,从外延上看,相对于农业产业化,在农村一二三产业融合发展中,产业边界往往更加模糊,业态创新和商业模式创新更为丰富,技术创新更具有整合集成和跨界融合的特征。

三、推进农村一二三产业融合发展的主要着力点

当前,就总体而言,农村一二三产业融合发展在中国仍属新生事物。但在部分地区,推进农村一二三产业融合发展对于促进农业转型升级、增强农业质量效益和竞争力、带动农民增收和建设美丽乡村的积极意义已清晰显现。按照2016年中央一号文件要求,为了更好地"用发展新理念破解'三农'新难题,厚植农业农村发展优势,加大创新驱动力度,推进农业供给侧结构性改革",应该科学选择推进农村一二三产业融合发展的着力点。

(一)完善农村一二三产业融合发展的利益联结机制

相对于发展现代农业或农业产业化,在农村一二三产业融合发展中,参与主体更加复杂多元,因此完善利益联结机制更为关键,应作为推进农村一二三产业融合发展的首要着力点。除专业大户、家庭农场、农民合作社、农业产业化企业、投资农业的工商资本等部分新型农业经营主体外,农村一二三产业融合发展的经营主体还包括与此相关的各种工商企业和社会资本。通过社区支持农业等方式,许多市民、社区或其联合组织也成为农村一二三产业融合发展的

重要参与主体,甚至投资者。供销社、农信社、邮政系统、农村集体经济组织和电商企业、农机公司、农产品配送公司、农业设计公司等新、老农业服务主体,也是农村一二三产业融合发展的重要参与者和利益相关者。

近一年来,中央政府重视推进农村一二三产业融合发展,很大程度上源自农村一二三产业融合发展具有依托农业、立足农村、惠及农民的优势,有利于开发利用农业农村的特质资源和特色优势,深度挖掘农业多种功能,是实现农民增收的重要支撑;有利于培育农业农村发展新动力、拓展发展新空间、构建产业新体系和发展新体制,也有利于推进新型城镇化和新农村建设双轮驱动、互促共进。由于农村一二三产业融合发展的路径和模式更为复杂多样,利益主体更为复杂多元,完善农村一二三产业融合发展的利益联结机制应该因地制宜、因类制宜,不宜千篇一律,更不宜为了贪图形式上的"紧密",而导致利益联结机制缺乏可持续性。

完善农村一二三产业融合发展的利益联结机制,应该努力引导不同利益主体之间形成风险共担、互惠合作和激励相容关系,引导不同类型经营主体之间、不同利益主体之间形成分工协作、优势互补甚至分层发展、分类发展、网络联动新格局。要把鼓励各类经营主体或服务主体更好地带动农民增强参与农村一二三产业融合发展的能力、获得参与农村一二三产业融合发展的机会,与带动农民增收、分享农村一二三产业融合发展的"红利",放在同等重要的地位。要通过支持农民合作和联合,帮助农民增强在农村一二三产业融合发展中的"话语权",防止垄断资本凭借资本优势和市场强势将农民推向权益分配的边缘地位,形成类似"企业控制产业融合"的现象。在当前经济下行压力较大的背景下,更要加强农村一二三产业融合发展的风险防范机制建设,将"老板跑路""企业倒闭""环境破坏"等负面现象消灭在"萌芽"之中。

(二)搭建农村一二三产业融合发展增强创新能力的平台

当前,在中国许多地方,推进农村一二三产业融合发展尽管仍处于"初级阶段",但是市场同质竞争问题已经日趋凸显,错位竞争和个性、特色、服务体验不足的问题较重。许多农村一二三产业融合发展项目"规划前景诱人",但实际经营惨淡,融资难、项目落地难、吸引人才和优质要素难,与此均有很大关系。其原因固然很多,但创新能力不足恐怕是共性甚至最为重要的原因。因此,在推进农村一二三产业融合发展的过程中,搭建增强创新能力的平台应是主要着力点之一。如搭建企业家成长和培养培训的平台,搭建农村一二三产业融合发展的骨干人才培训平台、销产衔接和市场信息平台等。在推进农村一二三产业融合发展的过程中,如果说企业家是"领头羊",骨干人才则是"顶梁柱"。销产衔接和市场信息平台建设,有利于增强农村一二三产业融合发展创造市场、引领市场、适应市场的能力。

(三)创新农村服务业发展理念和体制机制

《中共中央关于制定国民经济和社会发展第十三个五年规划的建议》提出了"创新、协调、绿色、开放、共享"的发展理念。在推进农村一二三产业融合发展的过程中,贯彻这一发展理念,不仅有利于增强可持续发展能力,也有利于让农民更好地参与融合发展进程、分享发展成果。推进农村一二三产业融合发展的过程,从根本上说是推进农业工业化、工业服务化、服务产业化、产业信息化的过程。在此过程中,农村服务业的发展往往具有"画龙点睛"或举足轻重的作用。创新农村服务业发展理念,有利于丰富农村一二三产业融合发展的内涵;对于发挥服务业的引领支撑作用,提升农村一二三产业融合发展的层次,具有更加重要的意义。创新农村服务业发展理念,归根到底要靠完善体制机制来保障。要按照创新理念,着力引导农村服务业市场化、产业化、社会化、网络化,着力引导农村服务业优化质量提升机制,推进标准化、品牌化建设,为农村服务业增强可持续发展能力和参与、引领农村一二三产业融合发展的能力创造条件。要按照统筹城乡发展的思路,更好地发挥城市服务业对农村服务业发展的带动作用,为提升农村服务业发展水平和质量,为更好地发挥城市消费对农村一二三产业融合发展的带动力创造条件。

第十章

日本农业生产托管服务的发展及其启示

农业生产托管服务是在农户等农业经营主体不流转土地经营权的条件下，农业生产性服务组织接受农户等农业经营主体委托，代其承担并完成农业生产过程中耕、种、防、收等全部或部分作业环节的农业经营方式。《农业部办公厅关于大力推进农业生产托管的指导意见》（农办经〔2017〕19号）提出，发展农业生产托管有利于引导普通农户参与农业现代化进程，促进服务规模经营发展和农业节本增效，也有利于推进农业绿色发展。《农业部、国家发展改革委、财政部关于加快发展农业生产性服务业的指导意见》（农经发〔2017〕6号）要求把发展农业生产托管服务"作为推进农业生产性服务业、带动普通农户发展适度规模经营的主推服务方式"。到2016年底，全国以综合托管系数计算的托管面积达到2.32亿亩。[①] 到2017年底，山东省以综合托管系数计算的托管面积已达3200多万亩，综合托管率近20%。[②] 但就总体而言，我国农业生产托管服务的发展仍然处于初级阶段。在此背景下，借鉴国际经验，有利于更好地引导农业生产托管服务持续健康发展。日本与我国在农业资源禀赋上有很多相似之处，发展农业生产托管服务已有数十年的历史，其经验对我国富有借鉴意义。本章试对日本农业生产托管服务的发展历程进行回顾，探讨其经

---

① 冀名峰："农业生产性服务业：我国农业现代化历史上的第三次动能"，《农村经营管理》，2018年第2期。

② 吕兵兵："山东：'托管'服务改写三夏"，农业农村部网站，http://www.moa.gov.cn/xw/qg/201806/t20180626_6153201.htm。

验教训及对我国的启示。

一、日本农业生产托管服务的产生背景

日本农业生产托管服务①的发展已有近60年的历史。最先，由小规模兼业农户或高龄农户将部分或全部农业作业外包给农业机械设备齐全的专业农户和农业生产组织。也有以村落为单位的集体承包，即村落内数十家农户共同提供土地，其中一部分人承包所有的农业作业。② 日本农业生产托管服务的形成与发展，主要基于以下两方面的背景。

（一）对推进土地规模化集中的被动替代

第二次世界大战后初期，日本农地制度改革形成了以小规模自耕农为主的农业发展格局。直到20世纪70年代中期，日本经济高速增长，工业化、城镇化迅速推进，大量农村劳动力转向非农就业，农业兼业化、老龄化和农业衰退问题日益严重。日本在1961年的《农业基本法》中提出了扩大农业经营规模、培育自立经营农户的目标，随后通过修改法律、提供经济激励、放松流转管制等，鼓励兼业、老龄农户离农，努力发展多种形式规模经营主体。③ 但农民流转农地的积极性不高，以土地集中为主的规模经营成效甚微（见表10-1）。农户分散经营的格局一直难以改观，扩大土地流转规模的空间有限。在销售农户中，第二类兼业农户相比第一类兼业农户和专业农户经营规模更小④，但数量更多；规模更小的自给农户占总农户比重持续增加

---

① 日语原文是"農作業の受委託"，国内学者翻译时称为农作业委托经营、农作业委托承包、农作业承包、农业生产委托等，指与"农作业委托""农作业承包"等密切相关的经济行为。为方便，无特殊说明的农业生产托管均指农业作业托管。文中数据未注明出处的均来自日本农林水产省网站统计情报，http://www.maff.go.jp/j/tokei/kouhyou/kensaku/bunya1.html#a1。

② 速水佑次郎、神门久善：《农业经济论（新版）》，中国农业出版社，2003年，第263-264页。

③ 叶兴庆、翁凝："拖延了半个世纪的农地集中——日本小农生产向规模经营转变的艰难历程及启示"，《中国农村经济》，2018年第1期。

④ 2016年平均规模分别为1.2公顷、3.5公顷、4.0公顷。

（见表10-1）。2015年，销售农户中借入土地的农户数量比重为36.3%，占所经营面积的26.9%，继续提高的难度越来越大。不少农户为突破使用机械、引进技术的规模限制，利用家庭剩余的农业劳动力，主动承包其他农户农业作业，成为提供托管服务的农户和经营组织。缺乏农业劳动力的兼业、老龄农户，则开始将农业作业外包给他人。

表10-1　1950—2016年日本农户结构、规模和从业人员情况

年份	平均规模（公顷）	农户（万户）	持土地非农户（万户）	农户中专、兼业数量结构（%）			自给农户占总农户比重（%）	60岁以上农民在相应农业从业者中的比重（%）		
				专业农户	第一类兼业农户	第二类兼业农户		从事者	就业者	骨干农民
1950	0.82	617.6	—	50.0	28.4	21.6	—	—	—	—
1960	0.88	605.7	—	34.3	33.6	32.1	—	15.5	17.5	13.8
1970	0.95	534.2	—	15.6	33.6	50.8	—	20.5	27.0	20.1
1980	1.01	466.1	—	13.4	21.5	65.1	—	23.9	35.8	27.8
1990	1.13	383.5	77.5	15.9	17.5	66.5	22.5	33.7	50.6	46.0
2000	1.25	311.6	109.7	18.2	15.0	66.8	25.1	43.6	65.9	66.5
2010	1.33	252.6	137.4	27.7	13.8	58.6	35.5	51.4	73.8	74.3
2015	1.43	215.5	141.4	33.3	12.4	54.3	38.3	—	76.8	78.4
2016	—	—	—	31.3	14.7	54.0	—	60.6	78.1	78.4

注：1985年以后，日本把农户分为销售农户和自给农户两类，自给农户为0.1—0.3公顷且销售额在15万日元以下的农户，大于0.3公顷或销售额在15万元以上的为销售农户。专业农户是家庭成员中没有从事兼业的农户；兼业农户是指家庭成员中1人以上从事兼业的农户，家庭收入以农业为主的农户为第一类兼业农户；家庭收入以农业为辅的农户为第二类兼业农户；1985年以后农户专、兼业结构是指销售农户中专业农户和兼业农户的数量结构。农业从事者是指15岁以上从事农业生产和经营劳动的人，农业就业者是农业从事者中自营农业者或兼业经营中农业主要从事者，骨干农民是在农业就业者中从事自营农业的人员。

（二）解决农业劳动力老龄化和后继无人问题的策略选择

日本面临着严重的农业劳动力老龄化和后继无人难题。2016年，日本农业从事者、就业者、骨干农民的平均年龄分别达到60.9岁、66.8岁、66.8

岁，其中 60 岁以上者所占比重分别达 60.6%、78.1%、78.4%，分别较 2001 年增加 16.3 个、11.6 个、11.7 个百分点；75 岁以上者所占比重分别为 21.2%、31.5%、29.5%，其中农业从业者和就业者的比重分别较 2001 年增加 10.5 个、13.3 个百分点，骨干农民的比重较 2011 年增加 1.7 个百分点。缺少年轻人务农，导致日本农业后续发展的困难陡增。不少老龄农户退出时，将土地留给非农就业子女，形成了大量土地持有非农户。2015 年，土地持有非农户达到 141.4 万户，拥有耕地 65.9 万公顷，超过农户经营面积的 1/5。不少土地持有非农户务农意愿低，直接弃耕或撂荒土地，导致日本耕地弃耕日益严重。从 1990 年到 2015 年，土地持有非农户中的弃耕户数量占比从 37.0% 增加到 46.2%，耕地弃耕面积增加了 210.6%。20 世纪 70—80 年代，日本弃耕面积维持在每年十几万公顷的规模，但 2000 年和 2015 年分别超过了 30 万公顷和 40 万公顷。在此背景下，日本不少地方转而借助农业生产托管服务帮助劳动力短缺的农业经营组织、缺乏务农意愿的耕地持有者改善农地利用水平。农业生产托管服务逐步被纳入日本农业政策的支持范围。

二、日本农业生产托管服务的发展状况

在日本，只要达到农地经营规模 0.3 公顷以上、年销售额 50 万日元以上、从事农业生产托管服务等三个条件之一，就可被统计为农业经营体。因此，部分达不到规模条件的农业生产经营主体，通过提供农业生产托管服务即可成为农业经营体。迄今为止，日本农业生产托管服务的范围已涵盖农林畜牧等各领域生产环节。服务主体涉及农户、农协、农事组合、农业公司、农业生产团体等各类农业经营组织，主要有全程作业和部分作业两种服务方式。

（一）2010 年前日本农业生产托管服务的发展

20 世纪 70 年代中期，日本农业生产托管服务开始被纳入农林水产省统计

范围。① 此后，日本提供农业生产托管服务的农户（以下简称托管服务户）呈减少趋势，只是减少的步伐明显慢于农户总数减少的速度（见表10-2）。日本托管服务户以提供水稻作业服务为主，这与日本以水稻为主的种植结构有关。1997年开始每年有几公顷到100多公顷的农地托管，以及其他类型②，但与农业生产托管面积相比几乎可以忽略不计。

表10-2　1975—2010年日本农业生产托管服务户发展情况

年份	托管服务户		水稻托管服务户		不同环节托管服务作业面积占水稻播种面积比重（%）						
	户数（千户）	占农户总数比重（%）	户数（千户）	占水稻种植户数比重（%）	全程作业	育苗	耕整地	插秧	防治	收割脱粒	干燥加工
1975	193.2	3.90	188.7	4.58	—		4.22	1.36		3.05	—
1980	172.2	3.69	163.6	4.27	1.57	—	4.95	2.63		4.96	—
1985	179.5	4.10	171.6	4.83	1.13	1.89	3.92	2.70	1.77	5.35	—
1990	163.7	5.51	151.3	5.88	2.1	2.3	4.4	3.40	1.47	7.08	5.89
1995	144.8	5.46	139.5	6.91	1.57	2.77	3.49	3.55	1.48	7.83	7.26
2000	160.9	6.89	151.9	8.71	2.12	4.00	4.73	5.48	2.10	12.0	9.58
2005	98.1	5.00	93.6	6.65	2.23	3.35	3.06	4.12	1.87	8.88	8.08
2010	114.0	6.99	104.5	9.01	1.78	4.59	3.92	4.92	4.10	10.3	9.51

注：1985年（不含）以后为销售农户。

① 统计中有农业作业托管，指使用农业机械，承包其他农户或农业组织的农业作业，通常统计水稻全程作业托管和育苗、耕整地、插秧、防治、收割脱粒、干燥加工等水稻部分作业环节托管。其他列入统计范围的品种有甘蔗、麦类、大豆、蔬菜、果树、饲料、园艺花卉、工业原料、奶牛、肉牛、猪、鸡、鸭、蚕、林业等。统计到的托管服务供给方包括农户和各类农业生产经营组织，其中有一类是专职提供农业生产托管服务的经营主体，包括育苗中心、稻米中心、产品分选场等，以及其他在调查日期经营耕地0.1公顷以下且1年内农产品销售额不满15万日元的农业经营体。

② 实践中，日本还有农地托管、经营托管、轮作托管等。农地托管是指土地所有者把农地的经营管理全部交给托管服务供给者，由他们在农地上从事农业生产经营、保护性管理（休耕、轮作）等事项；经营托管是指农户把在农地上进行的农业生产经营活动托管给服务供给方的情况，农地所有者或经营者仍保留经营决策权；轮作托管是提供轮作物的作业托管服务，如水稻和饲料作物轮作中，只托管饲料作物的生产作业。只是这些托管服务形式的服务面积非常少，统计数据中并未体现，多见于一些日本学者对农业生产托管类型的划分文献中，如内村幸二郎（1995）把日本农业生产托管分为农业作业托管、经营托管、农地托管三种类型。参见内村幸二郎："畑作地帯での農作業等受委託組織事例と今後の展開"，《九州農業研究》，1995年第57期。

从不同环节托管服务作业面积占水稻收获面积的比重来看，提供托管服务的重点由产中耕整地、插秧环节转向产前育苗、产后收割脱粒和干燥加工环节。防治环节托管服务面积2005—2010年有较大幅度的提升（见表10-2）。但就总体而言，各个环节作业服务面积占水稻收获面积的比重都不高。2010年，只有收割脱粒、干燥加工环节的服务面积比重超过9%，其他环节和全程作业的面积比重均在5%以下。

规模化、组织化、法人化农业经营主体的成长，是农业生产托管服务发展的重要推动力量。一是专职提供农业生产托管服务的经营体规模化、组织化、法人化水平提高。1990—2010年，专职提供农业生产托管服务的经营体从21814个减少到10211个，减少了53.2%，其中农业生产组合、公司、农协等法人化经营体的数量占比从37.9%增加到38.4%；收入大于5000万日元的经营体数量占比从5.5%提高到6.1%。二是农业经营体中提供托管服务的经营体（以下简称托管服务经营体）占比较低，但多为组织化托管服务经营体。以2005年、2010年为例，托管服务经营体分别占农业经营体数量的5.5%、7.8%；在这些托管服务经营体中，组织化托管服务经营体分别占59.0%、49.7%，明显高于托管服务户占农户数量的比重（见表10-2）。三是村落农业经营组织①提供的农业生产托管服务面积增加较快。2005年到2010年，村落农业经营组织从10063个增加到13577个，提供托管服务的作业面积从9.95万公顷增加到12.60万公顷，增幅达26.6%。

（二）2010年以来日本农业生产托管服务的发展

1. 农业生产托管服务需求情况

在日本的统计数据中有水稻、甘蔗等经营体将生产作业外包出去的情况（以下简称作业外包）。甘蔗种植面积较少。以水稻为例，从2010年到2015年，水稻经营体数量从117.0万个减少到95.3万个，选择作业外包的水稻经营体从69.6万个减少到44.9万个，占水稻经营体数量的比重从59.5%减少到

---

① 村落内基于共同利用农业机械设施、开展农业生产互助，由多个农户组成的复合农业经营组织。

47.5%。2015年，水稻经营体中将不同环节作业外包出去的数量比重从高到低依次为干燥加工、收割脱粒、育苗、防治、插秧、耕整地、全程作业，分别为32.9%、24.2%、17.7%、12.9%、11.7%、6.1%、3.9%，分别比2010年下降7.0个、4.8个、5.6个、2.9个、1.5个、2.2个、1.3个百分点。这说明水稻经营体对农业生产托管服务的需求，在总体上呈现减少趋势，但仍以产前和产后环节为主。究其原因，这与产前和产后环节作业更有规模经济偏好有关。

  组织属性和经营面积对水稻经营体是否将作业外包出去具有重要影响。非组织化、非法人化、小规模水稻经营体倾向于作业外包。这与组织化、法人化、规模化农业经营体倾向于提供托管服务正好互补。2015年，法人化水稻经营体作业外包的比重为37.88%，低于水稻经营体作业外包的比重（47.15%）；在由农户组成的家族水稻经营体中，有47.28%将作业外包出去，高于组织化水稻经营体作业外包的比例（36.99%）。将作业外包出去的水稻经营体主要集中在经营面积2.0公顷以内，经营面积0.5—1.0公顷的水稻经营体将作业外包出去的比重最高，经营面积超过2.0公顷的将作业外包出去的比重明显减少。这在不同作业环节上表现出差异，如随着经营面积的扩大，选择防治环节作业外包的水稻经营体数量占比显著增加，从外包比重最低变成仅次于干燥加工的环节（见图10-1和图10-2）。这与防治环节作业对规模经济要求更高有很大关系。

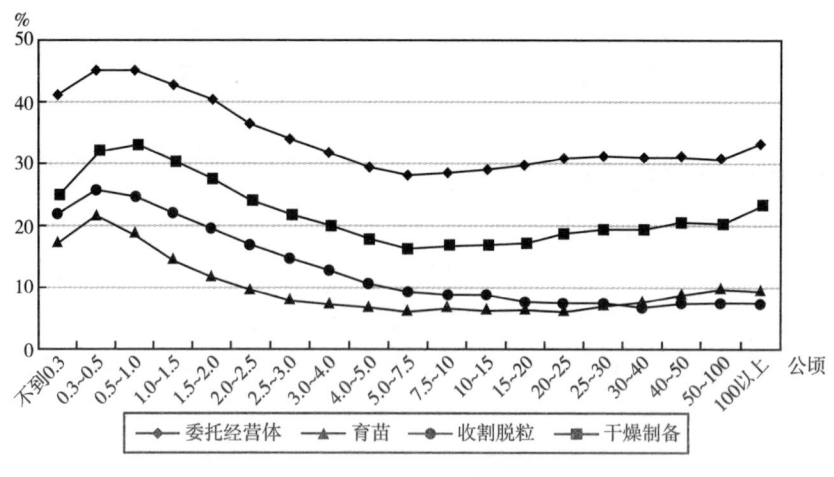

图10-1　2015年不同规模水稻经营体作业外包情况

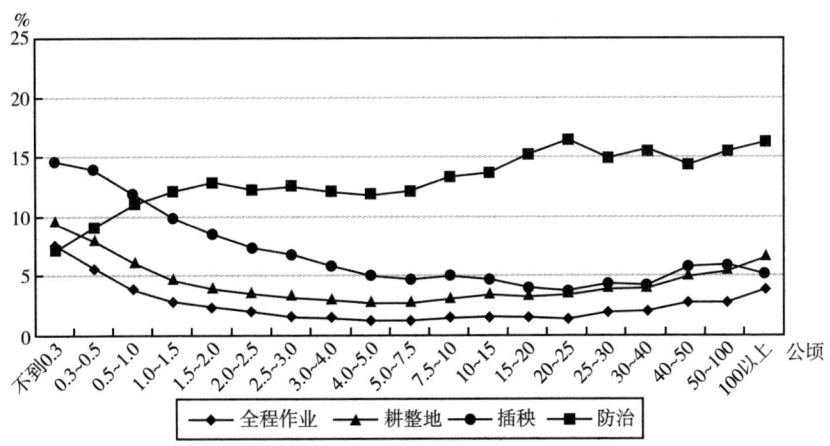

图 10-2　2015 年不同规模水稻经营体作业外包情况

2. 农业生产托管服务供给情况

近年来，日本托管服务经营体数量有所减少。2010 年到 2015 年，托管服务经营体从 13.0 万个减少到 11.1 万个。但其中组织化、法人化托管服务经营体占比较高且提高迅速。2015 年，托管服务经营体组织化、法人化比重为 12.47%、8.04%，显著高于农业经营体组织化、法人化比重（1.98%、1.84%）。2016 年，组织化托管服务经营体有 3.4 万个，比 2015 年增加 0.9 万个。其中，法人化托管服务经营体 2.38 万个，主要是公司、农事组合、农协等各种团体，分别为 1.35 万个、0.62 万个、0.32 万个，分别占 26.1%、56.7%、13.4%。

日本专职提供农业生产托管服务的经营体较少，从业人员中很多是临时雇工。2015 年，专职托管服务经营体 7251 个，占全部托管服务经营体数量的 6.53%。有 4.67 万个托管服务经营体进行了雇工，占全部托管服务经营体数量的 42.08%，其中：临时雇工经营体 4.39 万个，雇佣 26.77 万人、523.94 万人日；常年雇工经营体 0.97 万个，雇佣 3.88 万人、704.02 万人日。这与农业作业的季节性有很大关系。

2010 年到 2015 年，面向水稻生产提供托管服务的经营体（以下简称水稻托管服务经营体）从 11.7 万个减少到 9.8 万个，占水稻经营体数量的比重从 10.0% 增加到 10.3%。2015 年，各环节作业托管服务面积占水稻收获面积的比重，从高到低依次为干燥加工、防治、收割脱粒、育苗、插秧、耕整地、全程作业，与2010年相比均有所下降（见表10-3）。

表10-3 水稻不同环节托管面积占水稻收获面积的比重 单位：%

年份	全程作业	育苗	耕整地	插秧	防治	收割脱粒	干燥加工
2010	2.71	16.55	6.22	7.14	27.33	15.96	35.09
2015	2.45	13.49	5.23	6.34	24.66	14.05	28.97

经营规模是影响水稻经营体是否提供托管服务的重要因素。水稻经营体经营规模与其中提供托管服务经营体占比之间，出现倒"U"型关系。水稻经营体规模小于0.3公顷的提供托管服务的数量比重较高，规模在0.3公顷到0.5公顷的提供托管服务的数量比重最低，但之后随着规模扩大数量比重会稳定增加（见图10-3）。形成这种现象的主要原因可能是农业设备利用的规模经济。在规模较小的情况下，农户农机等设备有闲置作业能力需要利用，规模较大后闲置能力减少，但规模达到一定程度后，设备大型化导致闲置能力进一步扩大。

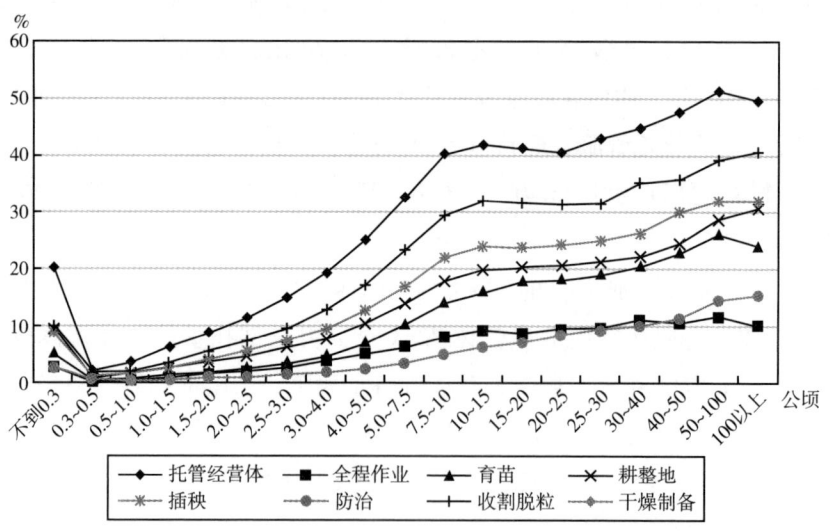

图10-3 2015年不同规模水稻经营体提供托管服务情况

注：2015年，有5224个无耕地水稻托管服务经营体，占水稻托管服务经营体的5.31%。

三、日本农业生产托管服务的运行特点

（一）组织类型

1999 年，日本高知县农业技术中心把农业生产托管服务的组织类型划分为行政主导型、农协主导型、地域主导型三类。行政主导型是由市町村、农林水产行政部门等共同或单独出资设立的法人作为第三部门成为运营主体，托管作业服务提供者是第三部门的职员或农户。这些运营主体也从事农产品销售、培训农民等业务。农协主导型的设立、运营主体是农协。[①] 部分农协直接经营托管业务，由职员或雇佣作业者进行托管作业；部分农协只负责会计和托管调整事项，给作业者介绍托管业务或组织作业者进行统一托管作业或者成立作业者组织机构，组织作业者共同利用机械。地域主导型的设立、运营主体是农户组成的地域型农业经营组织[②]，从事会计和托管作业，作业者都是农户。地域主导型和农协主导型存在交叉，如农协成立的作业者组织机构也具有地域主导型特征。[③]

（二）具体流程

农业生产托管服务的具体运行分为直营型和再托管两类。直营型，是需求方把农业作业外包给托管服务提供者直接实施。再托管，是中介将农业作业集中整理后再交给托管服务提供者。日本发展了很多中介组织，主要有农业（振兴）公社等公益性财团法人[④]，农业部门设立的托管服务中心等，提供信

[①] 前一类型中存在农协参与出资成立独立法人的情形。这种情况下，农协并不直接从事托管服务或托管中介服务，故没有归入农协主导型这一类。

[②] 包括：以自营为主的村落农业经营组织，如中坚农民中心；由任何组织形式发展而来的农事组合法人；村落内部基于共同利用机械、雇佣专职操作员的生产组合形式。

[③] "中山間地域における農作業受委託組織の類型化"，日本农研机构 NARO 网站，https://www.naro.affrc.go.jp/org/warc/research_results/skk_seika/h11/skk99019.htm。

[④] 称作农业振兴公社或农业公社，由地方政府、涉农部门和其他农业团体共同出资成立，定位为农地中间管理、培育青年职业农民的公益性机构，托管中介服务是具体业务之一。

息收集、托管匹配、集成托管、签订合同、作业证明、交易结算等支撑服务。少数中介组织也从事直营托管业务。中介组织进行再托管时，主要是把农业作业托管给意愿强烈且有托管资格的农户或农业经营体，间接达到培育规模化、集约化农业经营主体的目的。大部分中介服务是公益性的，免费或只收很少费用。① 有些日本地方的农林水产部门也直接通过农协提供托管中介服务。

（三）价格机制

一般情况下，日本农业生产托管服务的价格，以基准价格为依据，由利益相关方协商确定。不同作业环节的基准价格由县或市町村农业委员会、农林水产部门等根据实际发生费用来测算，确定后进行公示，制成作业经费表或开发成模拟软件。以实际发生费用来确定基准价格主要考虑两个原因：一是作为补贴资金发放依据。对农业生产托管服务主要按作业种类和作业面积进行支持，补贴水平的确定主要依据作业实际发生费用。二是规范价格竞争秩序。由公共部门出台价格参照标准，便于管理部门和中介组织发挥作用，便于托管双方进行协商谈判。托管作业实际价格会依据不同作业情形进行灵活调整，如作业条件、服务主体、服务方式、补贴水平等。在公示价格参考标准时会留有余地，让托管双方自行协商，但会规定不同情形下的价格调整幅度。② 日本多数地方政府期望实现农业生产托管与农地规模经营的有机衔接，要权衡作业价格与地租、农产品价格、劳动工资的关系，平衡利益相关者收益。因此，不少日本地方的托管作业价格是在公共或公益机构的监督协调下，由利益关联方协商确定。

（四）支持政策

日本没有出台专门针对农业生产托管服务发展的政策，而是纳入涉农政策

---

① 已见案例中只有砺波市农业公社收取作业费用的2%。参见砺波市農業公社，農作業受委託斡旋事業について，http://www.tapc.jp/jigyou/jigyou_itaku.html。

② 如2017年，京都府京丹波町瑞穗农业公社公示的水稻作业价格注明，0.05公顷不到的田地或存在倒伏情形时加价20%，没有进入道路时耕整地作业每块加价500日元，排水不良地块耕整地作业加价30%（瑞穗農業公社-農作業受託事業，http://www.ktb.zaq.ne.jp/m-kousya/sub2.html）；鸟取县智头町公布的农业作业基准价格注明，实际面积、交通费用、燃料费用等由托管双方自行协商，使用特殊机械装备可自行协商价格浮动20%—30%，使用租借的农机具价格为各作业类别的一半（平成29年度農作業受託料金・賃借料情報，http://cms.sanin.jp/p/chizu/nougyouiinkai/14/）。

支持范围，作为重要的政策实施手段。1999年，《食品·农业·农村基本法》《农村振兴法（修订）》等把农业生产托管作为确保农地有效利用、提高农业生产效率和规模经营水平、培育农业生产经营组织的政策支持措施。2006年日本农林水产省把农业生产托管列入农业经营改善认定计划。① 近年来，日本很多地方政府在农业农村发展规划中出台专门政策，鼓励把农业生产托管作为重要的发展方向，为提供托管服务的农业经营主体提供机械购置补助、托管费用补助或贷款、相关税费减免等优惠政策。② 日本各地方对托管作业服务补助金的发放有着相当严格的规章制度。如：设置严格的受助资格条件，与培育组织化、法人化、规模化经营主体结合起来；严格补助资金发放程序，不符合受助条件、提交虚假文件、实施方法不合适或存在违法行为时，要撤销受助资格或收回补助金，转让农机时受助项目也相应转移。

四、日本农业生产托管服务发展的问题及启示

（一）发展农业生产托管服务是解决当前农业问题的重要补充选择，在我国发展农业生产托管服务的重要性很可能超过日本

从表10-2、表10-3可见，长期以来日本农业生产托管服务发展较快，

---

① "農業経営改善計画の認定に当たっての作業受託の取扱いについて"，日本农林水产省网站，http://www.maff.go.jp/j/kokuji_tuti/tuti/t0000743.html。

② 日本冈山县高梁市为提供托管服务的机械设备购置和维护发放补助金，补助率为事业费的1/3以内，不超过100万日元（高梁市-農作業受託に要する機械等の購入を補助します，http://www.city.taka公顷shi.okayama.jp/soshiki/8/nousagyoujutaku.html）；宫崎县椎叶村对托管作业补助力度为发生经费的1/2（椎葉村農作業受託組合補助金交付要綱，http://public.joureikun.jp/shiiba_vill/reiki/act/frame/frame110001073.htm）；青森县弘前市为提供割草作业5000日元/公顷×5次以内、防除作业5000日元/公顷×10次以内、剪枝整枝作业5000日元/公顷×1次的补贴，最大补贴额度为80000日元/公顷（平成26年度弘前市農作業受託支援事業費補助金について. http://machi.jpubb.com/press/41286/）；福岛农业振兴公社为托管作业规模达到1公顷以上、签订3年以上契约的托管所发生费用提供无息贷款，不需要抵押，由连带保证人担保即可，2012年还为受地震灾害影响的经营主体减免作业费用（福岛农业振兴公社网站，http://www.fnk.or.jp/work/work06_12.html）；三重县托管服务主体可以享受购买机械动力用油免税政策（農業に使用する軽油引取税の免税措置について，http://www.city.inabe.mie.jp/sangyo/noringyo/nogyoiinkai/1001873.html）。

但迄今为止，日本农业经营主体选择作业外包的比重仍然不高。这主要受日本发展农业的资源禀赋、农业发展特征等因素的影响。一是日本农户规模小，农地狭小、分散、崎岖，既不利于统一托管作业，也增加了作业成本、影响了作业效率，是阻碍托管作业发展的主要原因。[①] 二是日本农户机械设施配备率高，降低了作业外包的必要性。2000年，日本农户户均乘用拖拉机0.96台、插秧机0.80台、收割机约0.90台；2015年，日本农业经营体中拥有动力插秧机、拖拉机、联合收割机的比重分别为55.17%、75.54%、43.28%，折合每经营体0.57台、1.01台、0.46台。三是多数日本农户拥有专门务农人员，兼业农户也可利用空闲时间务农[②]，由此导致农业劳动的机会成本低。2015年，日本销售农户中没有专门务农人员的仅占19.46%。很多农户不愿意增加现金支出，购买农业服务的意愿不强。四是农业规模结构的演变趋势成为制约农业经营体作业外包的重要因素。从图10-1、图10-2可以看出，除防治环节外，0.3公顷到1.0公顷的农业经营体选择作业外包的数量比重较高，大于或小于这个规模范围的农业经营体选择作业外包的数量比重会降低。而日本农业经营主体却一直呈现平均规模逐渐扩大（已大于1公顷）[③] 和小于0.3公顷的自给农户数量比重增加的趋势。此外，农业经营收入占农户家庭总收入比重低，从1960年的50.2%下降到2003年的14.3%。很多农户选择弃耕撂荒或等待土地价值升值，也导致日本农户选择农业作业外包的意愿不高。

农业生产托管在解决日本农业发展难题中确实发挥了重要作用。从发展历程看，多数作业环节托管面积比重相对增加，规模化、组织化、法人化托管服务经营体迅速发展，对于促进农业劳动力有效利用、培育农业经营组织、防止农地闲置荒芜具有重要作用。在衔接小农户与现代农业方面，发展农业生产托管服务，有利于帮助高龄农户、兼业农户减轻劳动负担、节约投资、提高技术水平，增加形成产地合作机制的机会，实现需求导向的生产销售。发展农业生

---

① 细川雅敏等："中山間地域における水田作業受託の実態とまち直し整備の役割"，《近畿中国四国農業研究センター研究報告》，2005年第4期。

② 日本城乡基础设施较为完善，通勤条件好，且城乡发展水平高，多数兼业农户可以就近就地就业。

③ 2015年日本总农户平均规模1.43公顷，其中销售农户平均规模2.20公顷；2016年销售农户平均规模2.35公顷，农业经营体平均规模2.74公顷。

产托管在解决废弃物环境污染问题①、增加农村残疾人福利和就业机会②等方面也起了重要作用。日本努力推动农业生产托管服务发展，为年轻农民跨过土地租金压力、避免经营风险提供了成长路径。

中国同样面临着农业老龄化、兼业化的挑战；但相比日本，中国有着发展农业生产托管服务更为优越的条件。一是主要农区分布在广阔的平原，便于进行土地集中整理，为农业生产托管创造了条件。二是中国农户规模更小，处于选择作业外包数量比重较高的规模区间。三是大量农业服务组织迅速崛起，成为农业生产托管服务的重要提供者。四是在工业化、城镇化较快发展的背景下，由于农业劳动机会成本较高，农户作业外包行为普遍。中国相比日本少了许多发展农业生产托管的不利因素，更应借鉴日本经验加大扶持和规范发展力度。

（二）农业生产托管业务稳定性差且主要作为业务调剂手段，可作为发展农业生产性服务业的重要方式

与土地流转相比，农业生产托管表现出作业面积的不稳定。③ 这种情况也见于日本财团法人——农林渔业振兴会每年汇编的获奖励农业经营体案例。业务不稳定的原因主要是销售市场竞争加剧、价格波动引起的作业外包需求波动。这导致农业生产托管业务难以成为农业经营主体的稳定收入来源，使得他们多采取自营农地和托管作业同时经营的形式，并把托管业务作为调剂经营规模的辅助手段。这是日本专职托管服务经营体不断减少的重要原因。

农业生产托管与农地规模经营的关系和定位，不同日本学者的观点不同。代表性观点有：冈崎泰裕等认为二者基本一样，都是扩大农业经营规模的有效

---

① 藤田直聪："酪農経営の環境対策における投資限界と外部委託"，《農業經營通訊》，2009年第10期。
② 高橋明広："集落営農におけるコミュニティ・ビジネスの推進方策"，《農業経営通信》，2012年第10期。
③ 引地力男："福島県における大規模稲作経営の実態調査から"，日本农研机构NARO网站，http://www.naro.affrc.go.jp/org/tarc/to-noken/DB/DATA/060/060-233.pdf。

形式，会相互竞争和替代。① 速水佑次郎等（2003）认为只有通过合同固定关系后，农业生产托管扩大经营规模的效果才与土地流转一样。田代洋一认为农业生产托管是向农地流转演变的"过渡"阶段。② 他把农业作业外包看成是农户兼业化过程中维持自耕形式的努力，全程作业外包是这种努力的极限状态。③ 不管日本学者如何争论，农业生产托管扩大农业经营规模是不争的事实。从图 10-1、图 10-2、图 10-3 可以看出，主要是非组织化、非法人化和小规模农业经营主体将作业外包，主要是组织化、法人化和大规模农业经营主体提供托管服务。这说明农业生产托管服务有助于大规模农业经营主体发挥规模经济效应，有助于推动组织化、法人化农业经营主体发展。因此，农业经营主体把农业生产托管作为辅助业务、调剂手段，有利于促进其资源和农机利用等，是加快成长壮大的捷径，也是带动小农户发展现代农业的有效手段。

对于中国而言，新型农业经营主体与小农户共同发展应该是农业发展的常态，必须处理好培育新型农业经营主体与扶持小农户发展的关系，引导二者优势互补、共生共赢。日本发展的经验表明，农业生产托管服务恰好把支持新型农业经营主体发展与支持小农户扬长避短结合起来，有利于促进小农户纳入现代农业分工协作体系。当前，中国的家庭农场等新型农业经营主体具有经营与服务的双重功能，成为重要的新型农业服务主体，发挥着引领带动小农户发展现代农业的重要作用。这种情况下，以下三种情形都是中国支持发展农业生产托管所乐于见到的：一是依托新型农业经营主体培育新型农业服务主体，鼓励新型农业经营主体向新型农业服务主体转型，为留地意愿强烈的小农户提供服务，将他们引入现代农业发展轨道。二是支持家庭农场等新型农业经营主体以高质量、高效益的托管服务引导小农户流转土地，促进自身扩大规模、提高能力。三是支持返乡务工人员和农村年轻群体在农业生产托管领域创业，成为培育新型职业农民和发展农业生产性服务业的重要方式。在此基础上，形成新型

---

① 九州沖縄農業研究センター．第7章，"九州沖縄における農業動向と技術開発の方向"，中央農業総合研究センター研究資料 2015 年第 10 期。

② 田代洋一："認定農業者等の規模拡大過程における農作業受委託と賃貸借への移行に関する調査"，公益社団法人——日本农地保有合理化协会网站，http：//www.nouchi.or.jp/GOURIKA/pdf-Files/tochiAndNougyou/no25/25_04.pdf.

③ 他发现，进行作业外包的农户在观察到托管服务提供者 3—5 年尽心尽力的耕种后，进行农地流转的可能性会提高；父辈退出农业后，子辈选择流转农地的可能性很高。

农业经营主体与新型农业服务主体有效竞争、分工协作、优势互补、有机衔接的发展格局。

（三）农业生产托管服务供给受复杂因素影响，需要针对价格、中介、成本、主体等关键环节特点制定相应发展策略

日本农业老龄化、兼业化以及1970年以来推行大型农业机械化，都是引致小农户农业作业外包的重要原因。但要引起服务供给响应，需要托管服务具备经济可行性，让托管服务供给主体获得较为满意或合理的收入。这取决于很多复杂因素。一是适用技术的影响。只有可分工的农业作业环节才能进行托管，这往往有赖于适用技术的出现。如种苗移栽机械的出现，有利于蔬菜育苗环节实现生产托管。二是托管价格的影响。田畑保在调查中发现日本不少地区农业作业价格长期不变，而农产品价格、劳动工资、土地租金等频繁变化，造成了托管业务不稳定，制约了农业生产托管的发展。[①] 三是政策导向的影响。在农业生产托管服务发展过程中，日本一直以公益性为政策导向，着重发展公益性服务主体，对托管作业价格、范围施加较多限制，抑制了市场主体提供托管服务的积极性。四是契约不完全的影响。农业劳动的监督计量难题导致托管契约的不完全性，发生逆向选择和道德风险的理论概率很高。一方面，需要发展中介组织弥补契约的不完全性。[②] 另一方面，农户具有提供托管作业服务的成本优势。据日本农协调查，2013年的农业生产托管费用，农户比生产组织在部分作业环节低了5.5%到7.8%，全程作业低了约1%。[③] 由农户提供托管作业服务节省了组织管理、劳动监督费用，且作业时间灵活。此外，还会受到服务主体实力、自耕农文化、农户心理、作业时间等因素的影响。[④]

透过这些影响因素，结合前文梳理和分析，中国支持发展农业生产托管服

---

① 田畑保："小作料及び農作業受委託料金の決定メカニズムと担い手への農地利用集積に及ぼす影響"，《土地と農業》，2002年第32期。
② 平野信之："新たな米政策に対応した地域農業の在り方"，日本农研机构NARO网站，https://www.naro.affrc.go.jp/training/files/2004_1-01.pdf。
③ 農作業受託料金上昇，http://www.jacom.or.jp/nousei/news/2015/04/150420-26960.php。
④ 岡崎泰裕："水田地帯における飼料生産コントラクターの成立条件——数理計画モデルを用いたシミュレーション分析"，《農業経営通信》，2012年第10期。

务，需要制定适宜的发展策略。

一是创造农业作业集中托管条件。日本正大力发展村落型土地调整利用组织，把愿意选择作业外包的农户农地使用权集中起来，进行集成托管，减轻土地集中连片利用的阻力。中国村集体经济组织、土地股份合作社以及与农户联结紧密的龙头企业等新型农业经营主体、农业产业化联合体等新型组织形式的运行，有利于发挥类似作用。要支持这些经营组织或组织形式发挥农地调整利用功能，为开展农业生产托管创造条件。

二是"因作物制宜"选择农业生产托管服务的发展重点。从日本经验看，能够进行机械作业是托管服务发生的重要有利条件，农机作业服务也是日本农业生产托管服务发展的重点所在。目前，中国农业机械化水平较高的主要是粮食作物，应着重发展粮食作物的托管服务。其他作物领域和畜牧养殖业，视机械化发展程度而定，不能不加区分地盲目推进。

三是建立多元托管中介服务体系。近年来，中国农业生产托管服务的发展实践中，已经出现了很多承担中介服务职能的组织形式，如现代农业综合服务中心、农业社会化服务中心、农业服务超市等，其建设和运营主体有农技推广等涉农服务部门、供销社和邮储等传统农业服务组织、农业产业化龙头企业、农资等销售企业、农业服务公司等以及不同类型主体间的合作经营模式。他们在不同层次、不同功能、不同范围的农业生产托管中介服务中发挥着不同的比较优势，其中市场主体参与建设或运营的托管中介服务组织，更加注重以农户需求为导向，显现出更强的生命力和活力。中国支持发展农业生产托管服务，需要参考日本重视发展公益性托管中介服务的做法，但更要注重总结提升国内已有的实践经验，发挥政府部门、公益性组织和市场主体在相应领域的比较优势，形成多元主体分层发展、分类发展、分工协作的农业生产托管中介服务体系。

四是探索托管价格规范运行体系。农业作业托管价格是联结托管双方的纽带，是托管服务市场充分发育、有序竞争的关键。日本由公共部门与利益相关方协商确定价格的做法值得借鉴，但不应该对市场主体施加过多的价格限制，避免影响发挥市场对资源配置的决定性作用，制约市场主体发展。当前，中国的农业支持政策正向引导农业经营主体增强市场竞争力和发展能力转变，在研究和建立托管价格运行体系过程中，要注意不同发展阶段价格调控手段的策略性：在发展初期注重使用价格补贴等手段发挥培育市场的作用；在成熟期注重通过价格调控发挥促进有序竞争、提高服务质量的作用。注意加强价格动态监测，避免出现哄抬价格、侵蚀甚至损害小农户利益的现象，注意建立共享收益、共担风险的利益联结机制。

五是扶持农户型托管服务组织。统筹协调新型农业经营主体与新型农业服务主体的发展，要调动家庭农场、种养大户等新型农业经营主体提供农业生产托管服务的积极性，使农业生产托管成为农业经营主体尤其是小农户升级发展的"润滑剂""加速器"。要结合支持新型农业经营主体、新型农业服务主体，增强面向小农户的农业生产托管服务能力，引导农业生产托管服务专业化、规模化、品质化发展。

日本从20世纪60年代中后期就开始发展农业生产托管服务，国内学者对此关注甚少，许多经验、教训仍值得进一步挖掘。农业生产托管满足了农户保留农地经营权的心理诉求，是促进农业资源有效利用的重要形式。中国要正确认识农业生产托管服务的价值，处理好与农地规模经营的关系，形成农业服务规模经营和农地规模经营分工协作、相互促进的发展格局，充分发挥农业生产托管服务在创新现代农业产业体系、生产体系、经营体系中的作用。

第三篇

问卷分析

第十一章

农户对农业生产性服务的可得性及影响因素

一、引言

农业生产性服务业指面向农业产业链的生产性服务业,包括农业产前服务、产中服务、产后服务及其有机结合,是现代农业产业体系的重要组成部分。发展农业生产性服务,对于转变农业生产方式,构建新型农业经营体系,发展现代农业,保障粮食安全,促进"四化同步"建设都具有重大意义。从2004年开始,多年的中央一号文件都对"健全农业社会化服务体系"提出了明确要求。发展农业生产性服务业与健全农业社会化服务体系在内涵和外延上虽有一定区别,但在更大程度上接近等同,发展农业生产性服务业的重要性可见一斑。尽管如此,当前中国农业生产性服务业的发展在总体上仍属于初级阶段,其惠及的广度和深度仍亟待增加,甚至有相当一部分农户没有得到过农业生产性服务。那么,究竟哪些因素影响了农户对农业生产性服务的可得性[①]? 如何有效化解这些制约因素,让农业生产性服务的"阳光雨露"更好地惠及

---

① 课题组在问卷中设置"有无接受或使用农田灌溉服务、施肥撒药服务和农业技术服务"问题来考察农户是否接受或使用过农业生产性服务,如果农户表示接受就认为其得到过农业生产性服务或农业生产性服务具有农户可得性。

农户,促进农业发展方式转变和现代农业发展?本章将基于课题组对10省区的农户调查,首先从理论上探讨影响农户对农业生产性服务可得性的因素,然后通过相关性分析和计量分析,实证研究这些因素尤其是农户类型,对农业生产性服务农户可得性的影响方向和程度,最后在分析的基础上提出相应的政策建议。

二、文献回顾

目前,关于农业生产性服务的文献主要集中在三个方面。

一是关于农业生产性服务的供给、发展模式和存在问题的研究。姜长云(2011)通过案例分析中国农业生产性服务业的发展模式和存在问题;杜志雄(2013)认为农业生产性服务的发展面临着体制和制度环境、政策、金融、人才等瓶颈约束。二是关于农业生产性服务业需求类型和优先序的研究。庞晓鹏(2006)的研究表明,农民对综合性农业社会化服务的需求由强到弱依次为信息服务、技术服务、资金服务和保险服务;孔祥智等(2010)研究发现农户对综合性社会化服务需求率从高到低的顺序依次为技术服务、价格信息、政策法律服务、信用等级证明、贷款担保、介绍贷款渠道、组织集体贷款和组织外出打工。三是关于农业生产性服务需求意愿和影响因素的研究。庄丽娟等(2010,2011)基于荔枝主产区农户的问卷调查,发现农户技术选择偏好保花保果和防裂果技术、病虫害防治和新品种等产前生产性技术,对采后处理与保鲜、加工等产后技术需求相对较弱;影响农户技术选择因素中,农户自身特征影响很大,其他因素如种植面积、非农收入比、技术培训等都对农户的技术选择行为产生了一定影响。

现有关于农业生产性服务的文献大多假定农户是均质的,没有注意农户的异质性而得出一般化的结论和政策建议。事实上,近年来随着工业化城镇化的迅速发展、农村土地流转的加快和农业政策的引导,农户不断发生分化,专业大户、家庭农场、农民合作社、农业产业化龙头企业等新型农业经营主体不断涌现,与一般的小农户相比,在农业生产性服务的需求内容、供给途径、服务方式等方面呈现显著的结构性差异。结合理论分析和农户调研实际情况,本章重点分析不同类型农户农业生产性服务的可得性以及影响程度和影响方向。

三、模型设定、变量选择及数据来源

（一）模型设定

在本章中，被解释变量是一个二分类变量，因此采用二元 Logit 模型进行分析。Logit 模型表达式如下：

$$prob(y=1|x) = \exp(\beta_0 + \sum_{i=1}^{n}\beta_i x_i)/[1 + \exp(\beta_0 + \sum_{i=1}^{n}\beta_i x_i)]$$

在公式中，因变量为农户对农业生产性服务的可得性，取值为 1 表示农户接受过服务，取值为 0 表示没有接受过服务；解释变量 x 为影响农业生产性服务农户可得性的因素，β 为待估计参数。公式的左侧表示在给定 x 的情况下 y 取值为 1 的概率，它是解释变量 x 的函数，为标准的逻辑斯蒂随机变量的累积分布函数。

（二）变量选取

借鉴已有的研究成果并结合入户调查的实际情况，选择四类 13 个变量作为影响因素进行考察，如表 11-1 所示。

1. 农户家庭人口统计学特征

包括户主性别、年龄、受教育程度和健康状况，作为户主自身禀赋变量。一般而言，在某一年龄节点之前，年龄的增加有利于增加劳动力的体能，减少其对农业生产性服务业的需求；但超过该年龄节点后，年龄的增长可能降低农业劳动者的体能，从而增加其对农业生产性服务需求。此外，年龄的增加往往伴随着农业生产经验的增加，并因此减少对农业生产性服务的依赖。因此，年龄对农户接受农业生产性服务的影响具有较强的复杂性。农户劳动力受教育程度的提高，激发农户对农业生产性服务业的需求。劳动力健康状态的改善，有利于增强其生产经营能力，从而减少其对农业生产性服务业的依赖。

表 11-1 变量的解释与统计描述

变量名称		变量赋值	均值	标准差	预期方向
是否接受过农业生产性服务	农田灌溉服务	是=1,否=0	0.417	0.499	
	施肥撒药服务	是=1,否=0	0.266	0.441	
	农业技术服务	是=1,否=0	0.358	0.480	
农户家庭人口统计学特征	性别	男=1,女=0	0.746	0.435	?
	年龄	25岁以下=1,26岁至40岁=2,41岁至60岁=3,61岁以上=4	2.862	0.719	+
	受教育程度	不识字=1,小学=2,初中=3,高中=4,中专/技校和大专=5,大学本科及以上=6	3.117	1.107	-
	健康状况	很好=1,较好=2,一般=3,稍差=4,很弱=5	1.871	0.883	+
农户家庭特征	农业劳动力人数	实际调查数据	2.138	0.940	-
	外出务工人数	实际调查数据	0.908	1.046	+
	经营规模	实际调查数据	63.300	344.129	+
	家庭总收入①	实际调查数据	70923	199718	+
	离乡镇政府距离	实际调查数据	6.663	9.802	-
农户类型特征	农户经营类型	以农为主的普通农户=1,其他=0	0.453	0.498	?
		农场类户=1,其他=0	0.151	0.358	+
农户地区特征	农户地区类型	北方农户=1,南方农户=0	0.481	0.499	+

注:?,+,-分别表示自变量对因变量的影响不确定、正向影响和负向影响。

2. 农户家庭经营特征

包括家庭从事农业劳动力的人数、外出务工人数、经营规模、家庭总收入和离乡镇政府所在地的距离。家庭从事农业的劳动力增加,有利于提高农户应付农业生产活动的能力,减少对农业生产性服务的需求;农户经营规模的扩大,有利于增加对农业生产性服务的需求;农户家庭收入的增加有利于提高农户对农业生产性服务的支付能力,进而提高农户对农业生产性服务的接受程度;农户离乡镇政府所在地距离越远,在总体上越影响农户获得及时有效的农

---

① 经济规模用2013年农户实际的农作物播种面积代替。

业生产性服务供给信息，甚至可能会增加农业生产性服务成本，减少农户对农业生产性服务的可得性。农户外出务工规模的扩大，有利于增加农户的非农收入，增强农户对农业生产性服务的支付能力，进而提高可得性。

3. 农户经营类型

根据经营类型，将受访农户分为以农为辅的普通农户、以农为主的普通农户和农场类户①，三类农户的平均经营规模分别为7.33亩、19.47亩和362.75亩。经营规模的扩大可能会提高农户对农业生产性服务的需求，甚至会降低农业生产性服务的获取成本，从而提高农户对农业生产性服务的可得性。

4. 农户地区类型

由于各地区气候和经济环境的差异，将样本农户划分为南方地区农户和北方地区农户。②北方地区农户的平均经营规模（68.6亩）大于南方地区农户的平均经营规模（57.34亩），加上前者农业经营收入的比重高于后者，因此，北方地区农户可能更倾向于接受农业生产性服务。

（三）数据来源

本章所使用的数据来自课题组2013年12月至2014年4月在四川、安徽、江苏、新疆、河南、辽宁、广东、内蒙古、河南、浙江等10省区展开的农户调查，共获得有效问卷1121份。调查员在随机选择调查农户的同时，也注意覆盖不同类型的农户，特别关注农场类户、以农为主的普通农户和以农为辅的普通农户，其中以农为辅的普通农户、以农为主的普通农户和农场类户的问卷分别为444份、508份和169份，占总有效问卷的45.3%、39.6%和15.1%；南方地区农户和北方地区农户的有效问卷为588份和533份，分别占总有效问卷的52.45%和47.55%。

---

① 农场类户指实际耕种面积南方50亩及以上，北方100亩及以上的家庭；以农为主的普通农户指实际耕地面积南方50亩以下，北方100亩以下，且家庭收入主要来自农业的农户家庭；以农为辅的普通农户为实际耕种面积南方50亩以下，北方100亩以下，且家庭收入主要来自非农经营或就业的农户家庭。

② 南方地区农户指浙江、广东、四川、江苏、安徽五省的农户，而北方地区农户指内蒙古、新疆、辽宁、陕西、河南五省（区）的农户。

四、实证分析和结果

（一）相关性分析

通过相关性分析考察自变量与农户对农田灌溉服务、施肥撒药服务和农业技术服务可得性之间的相关性。

1. 人口统计学特征与可得性的相关性

人口统计学特征包括性别、年龄、受教育程度和健康状况。如表11-2所示，农户对农田灌溉服务的可得性与受教育程度的相关系数为-0.078，并在10%的统计水平上显著，表明受教育程度对农田灌溉服务的农户可得性的影响为负，即受教育程度的提高会降低农户对农田灌溉服务的可得性；施肥撒药服务的农户可得性与年龄和受教育程度的相关系数分别为0.07和-0.099，并在5%和10%的统计水平上显著，表明年龄和受教育程度对施肥撒药服务农户可得性分别产生正向和负向影响；与农业技术服务农户可得性显著相关的是性别和受教育程度，相关系数分别为0.059和-1.37。

表11-2　　　　人口统计学特征与可得性的相关性分析

变量名称	农田灌溉服务	施肥撒药服务	农业技术服务
性别	-0.013	-0.055	0.059*
年龄	-0.035	0.07*	-0.057
受教育程度	-0.078**	-0.099**	-1.370**
健康状况	-0.045	0.006	0.030

注：*，**分别表示在置信度（双侧）为10%、5%时，相关性是显著的。

2. 农户家庭特征与可得性的相关性

如表11-3所示，接受农田灌溉服务、施肥撒药服务和农业技术服务的农户的平均经营规模和家庭总收入，高于没有接受过服务的农户的平均经营规模和家庭总收入，表明经营规模越大、家庭总收入越高的农户，对农业生产性服务的可得性也越高；但接受过这三类服务的农户离乡镇政府距离和家庭农业劳动力人数，则要小于没有接受过服务的农户离乡政府距离和家庭农业劳动力人数，表明离乡政府距离越远、家庭农业劳动力越多的农户，农业生产性服务的可得性越低。

表 11 -3　　　　　　　家庭特征与可得性的相关性分析

变量	农田灌溉服务			施肥撒药服务			农业技术服务		
	均值0	均值1	t值	均值0	均值1	t值	均值0	均值1	t值
离乡镇政府距离（公里）	6.993	5.738	-2.808*	6.988	5.738	-2.799*	6.625	6.534	0.237
农业劳动力数（人）	2.189	2.072	-2.04	2.155	2.100	-0.852	2.195	2.111	1.394
外出务工人数（人）	0.953	0.843	1.212*	0.938	0.823	-0.776**	0.994	0.751	2.231
家庭总收入（元）	63007	74391	1.644**	67711	67601	-0.014	59272	83095	2.827**
经营规模（亩）	62.454	84.409	0.935	62.765	93.919	1.250	39.125	127.964	3.292*

注："均值0"表示没有接受农业生产性服务组的样本均值，"均值1"表示接受农业生产性服务组的样本均值。

3. 农户地区类型和经营类型与可得性的相关性

如表 11 -4 所示：从地区类型看，北方农户接受农田灌溉服务和施肥撒药服务的比例显著高于南方农户，但接受农业技术服务比例的差异却没有通过显著性检验；从经营类型看，农场类户接受农业生产性服务的比例高于以农为主的普通农户，而以农为主的普通农户接受服务的比例又高于以农为辅的普通农户，可见，农业经营规模的扩张有利于提高农户对农业生产性服务的可得性。

表 11 -4　　　　　　　农户类型与可得性的相关性分析

农业生产性服务类型	地区类型			经营类型		
	南方农户	北方农户	t值	以农为辅的普通农户	以农为主的普通农户	农场类户
农田灌溉服务	30.61	52.53	7.702***	40.09	36.53	59.60
施肥撒药服务	18.37	36.02	6.721***	22.55	28.29	33.77
农业技术服务	33.50	38.27	1.626	23.92	37.85	62.91

根据 MANOVA 统计检验，以农为辅的普通农户、以农为主的普通农户和农场类户接受农田灌溉服务、施肥撒药服务和农业技术服务比例的 Pillai's Trace、Wilks Lambda、Hotelling's Trace 和 Roy 的最大平方根的统计量 p = 0.000，全部小于5%的显著性水平，说明各组的平均值存在显著差异，即经营类型会显著影响农户对农业生产性服务的可得性。

（二）计量分析

如表 11 - 5 所示，似然比卡方值通过显著检验，模型整体效果比较理想。农户对农业生产性服务可得性影响因素的 Logit 模型估计结果及分析如下。

表 11 - 5　农户对农业生产性服务可得性影响因素的估计结果

解释变量		农田灌溉服务（模型一）		施肥撒药服务（模型二）		农业技术服务（模型三）	
		系数	边际效应	系数	边际效应	系数	边际效应
农业生产决策者特征	性别	-0.137	-0.033	-3.23**	-0.063	0.075	0.017
	年龄	0.375***	0.090	-0.061	-0.011	0.549***	0.124
	受教育程度	0.097	0.023	0.070	0.013	0.308***	0.069
	健康状况	0.042	0.010	-0.017	-0.003	-0.104	-0.023
家庭特征	家庭总收入	0.565***	0.136	0.236	0.044	0.564***	0.127
	经营规模	0.000	0.000	0.000	0.000	0.000	0.000
	家庭劳动力人数	-0.163*	-0.039	-0.094	-0.018	-0.053	-0.012
	外出务工人数	-0.085	-0.021	-0.022	-0.004	-0.138*	-0.031
	离乡镇政府所在地距离	-0.028***	-0.007	-0.011	-0.002	-0.016	-0.004
经营类型	以农为主的普通农户	-0.535**	-0.072	0.231	0.044	0.619***	0.140
	农场类户	1.064***	0.132	0.105***	0.020	1.450***	0.346
地区类型	北方农户	1.031***	0.251	0.984***	0.185	0.057	0.013
观测数		1088		1088		1092	
正确预测概率		-0.75		0.732		0.096	
似然比卡方值		105.974（p=0.000）		59.733（p=0.000）		111.172（p=0.000）	
调整的 R^2		0.093		0.053		0.096	

注：*、**、*** 分别表示在10%、5%和1%的统计水平上显著（双尾检验）。表中虚拟变量的边际效应为从0变到1时的预测概率变化。

第一,农业生产决策者个人特征对农户接受农户生产性服务的影响差异较大。就农业生产者决策者的个人特征而言,性别仅仅对农户接受施肥撒药服务有显著影响,系数为负,说明农业生产决策者为男性的家庭比决策者为女性的家庭接受施肥撒药服务的程度要低;年龄仅对农户接受农田灌溉服务和农业技术服务有显著影响,系数为正,说明年龄的增加会提高农户接受两类服务的程度;受教育程度则仅仅对农户接受农业技术服务有影响,可能是因为农业技术的知识含量相对较高,教育程度的提高能够降低农户对技术复杂程度的认知,增强农户对农业技术的理解和分析能力,从而提高农业技术的接受行为;农业生产决策者的健康状况仅对接受农田灌溉服务有影响。除此之外,其他变量对农户接受农业生产性服务均没有显著影响。

第二,农业劳动力人数和离乡镇政府所在地距离对农户接受农业生产性服务具有负向影响,家庭总收入对接受农田灌溉服务和农业技术服务有显著的正向影响,家庭外出务工人数对农户接受农业技术为显著的负向影响,而经营规模对农户接受农业生产性服务的影响不显著。在所有三个回归模型中,家庭劳动力人数和离乡镇政府所在地距离的系数小于0并都通过显著性检验,说明这两个变量对农户接受农业生产性服务起着负向影响,即家庭农业劳动力越多、离乡镇政府所在地距离越远的家庭接受服务的发生比越小;外出务工人数对农户接受农业技术服务有负向影响,并在10%统计水平上显著,因为家庭外出务工的人数越多,导致在家务农劳动力科技素质越低,造成农户对农业技术风险的规避以及对农业技术需求程度的下降;家庭经营类型在所有方程中都没有通过显著性检验,说明其对农户接受这三类服务的影响不显著,可能是经营规模的影响已经包含在农户经营类型和地区类型的影响当中。

第三,农户类型对农户接受农田灌溉服务和农业技术服务有显著影响,而对接受施肥撒药服务的影响不显著。综合三个模型中经营类型的回归结果,可以看出经营类型显著影响农户接受农田灌溉服务和农业技术服务,但对接受施肥撒药服务的影响不显著。从模型一看出,以农为主的普通农户的系数小于0并在5%的统计水平上显著,农场类户的系数大于0并在1%的统计水平上显著,就农田灌溉服务而言,接受程度从强到弱依次为农场类户、以农为辅的普通农户和以农为主的普通农户。模型三中,农场类户和以农为主的普通农户的系数均大于 0 并通过统计水平为 1% 的显著性检验，前者的系数大于后者的系数，说明农场类户接受农业技术服务的接受度最高，其次是以农为主的普通农户，最后是以农为辅的普通农户。

第四，农户的地区类型对农户接受农田灌溉服务和施肥撒药服务均有显著的影响，但对接受农业技术服务的影响不显著。从模型一和模型二的地区类型回归结果看，北方农户的系数大于 0 并在 1% 的统计水平上显著，说明北方农户比南方农户接受农田灌溉服务和施肥撒药服务的程度更高；在模型三中，北方农户的系数没有通过显著性检验，说明地区类型对农户接受农业技术服务的影响不显著。

第五，模型边际效应的解释。虽然解释变量的系数反映其对因变量的影响方向，但为了获得解释变量对因变量的影响程度，需要计算解释变量的边际效应。Logit 模型第 i 个解释变量边际效应的计算公式如下：

$$\frac{\partial p}{\partial X_i} = \hat{\beta}_i \times \exp(\hat{\beta}_0 + X\hat{\beta}) / (1 + \exp(\hat{\beta}_0 + X\hat{\beta}))^2$$

$\hat{\beta}_i$ 表示第 i 解释变量的系数，任一解释变量的边际效应取决于所有其他解释变量的值。X 采用如下取值：连续型变量以中位数代入，离散型变量以众数代入。连续型变量的边际效应可以根据公式得到，而对于离散型变量，需要计算离散型变量取不同值时的预测概率，两者间的预测概率之差就是边际效应。边际效应的结果意味着，平均而言：户主为男性的家庭接受施肥撒药的平均概率比户主为女性的家庭接受施肥撒药的平均概率低 6.3%；户主年龄每增加 1 岁，农户接受农田灌溉服务和农业技术服务的平均概率要分别增加 9.0% 和 12.4%，可能是因为随着年龄的增长，农户能够积累更多更丰富的农业生产经验，因而会降低对农业生产性服务的依赖；家庭从事农业的劳动力人数每增加 1 人，农户接受农田灌溉服务、施肥撒药服务、农业技术服务的概率下降 3.9%、1.8%、1.2%，农户离乡镇政府所在地距离每增加 1 公里，农户接受农田灌溉服务、施肥撒药服务、农业技术服务的概率分别下降 0.7%、0.2%、0.4%；北方农户接受农田灌溉服务、施肥撒药服务、农业技术服务的平均概率分别比南方农户高 25.1%、18.5%、1.3%。

五、研究结论与政策建议

（一）研究结论

基于10省区1121个农户的调查和实证分析，研究发现：

（1）虽然中国在大力发展农业生产性服务业，但调查显示仅有41.03%、35.77%、26.76%的农户接受过农田灌溉服务、施肥撒药服务和农业技术服务，农户对农业生产性服务的可得性亟待提高。

（2）农业生产决策者个人特征对农户接受生产性服务的影响差异较大。年龄仅对农户接受农田灌溉服务和农业技术服务有显著影响，受教育程度仅仅对农户接受农业技术服务有显著影响，而健康状况仅对农户接受农田灌溉服务有影响。

（3）家庭农业劳动力的人数和家庭离乡镇政府所在地距离对农户接受农业生产性服务起着负向影响，农业劳动力多的家庭更有可能自行解决农业生产经营问题，减少对农业生产性服务的依赖；而离乡镇政府所在地距离越远，接受服务的成本越高，提供服务的便利性就越差，因而会使农户减少接受农业生产性服务。

（4）经营类型会显著影响农户接受农田灌溉服务和农业技术服务，相对于以农为辅的普通农户和以农为主的普通农户，农场类户接受这两类服务的程度最高，规模化和专业化程度的提高可以有效增加农户对农业生产性服务的可得性；地区类型会显著影响农户接受农田灌溉服务和施肥撒药服务，相对于北方农户，南方农户接受农田灌溉服务和施肥撒药服务的程度较低。

（二）政策建议

根据上述结论，得出以下的政策建议：

（1）在坚持农民家庭经营的基础上，大力培育专业大户、家庭农场、农民合作社、农业企业等新型农业经营主体，这些新型农业经营主体不仅是农业生产性服务的重要需求者，也是农业生产性服务的重要供给者。因此，在坚持依法、自愿、有偿原则的基础上，促进农户家庭流转土地承包经营权，积极稳妥地推进以"规模经营户＋农业生产性服务组织"为主要形式的适度规模经营。

（2）教育程度的提高能显著影响农户对农业技术服务的可得性，因此要加强农民的在职培训和教育，降低农民利用农业技术的门槛。农村青壮年劳动力的"去农化"使得农业经营主体"老龄化"问题凸显，难以应付农业生产过程中繁重的体力劳动。因此，要大力发展农机社会化服务组织，通过服务外包满足农户的需求，但要注意将支持农机服务的重点放在农机服务组织通过市场化方式提供大中型农业机械。

（3）加强农业基础设施尤其是交通设施的建设，降低农户接受农业生产性服务的成本，提高服务的便捷程度，进而提高农户对农业生产性服务的可得性，为发展适度规模经营、发挥规模经济效应奠定基础。

第十二章

农户对农业生产性服务的供给评价和需求意愿

一、前言

农业生产性服务是被农产品生产过程用作中间投入的服务。当前,中国正处于由传统农业向现代农业转型的关键时期。相对于传统农业,现代农业日益演变为产业链的概念,是农业产前、产中、产后服务有机结合的产物。因此,现代农业发展对农业生产性服务的需求,日益由农业产中环节的生产性服务,转向面向农业产业链的生产性服务,是农业产前、产中、产后环节生产性服务有机结合的产物(姜长云,2013)。近年来,随着中国农业转型的深化和农业分工分业的发展,不仅中国农业生产性服务业在迅速发展,农业生产经营主体的分化也在迅速推进,较为突出的表现是,以"小而全、小而散"为特征的传统小农,向以农为主的普通农户、以农为辅的普通农户和包括专业大户、家庭农场在内的农场类户加速转型。在部分地区,由工商资本投资农业形成的企业农场,也成为农场类户的新来源。随着农业生产经营主体的分化,农户对农业生产性服务的需求日益呈现多样化、产业化甚至产业链一体化的趋势。因此,研究和比较农户分化对农业产业链不同环节生产性服务需求的影响,具有重要意义。

目前涉及农业生产性服务的文献，多从微观或宏观供给角度出发，探讨了农业生产性服务供给不足的原因及供给结构问题（孔祥智、徐珍源，2010）；或主要分析农户自身和家庭特征、服务信息来源等因素对农户农业生产性服务需求意愿的影响（庄丽娟等，2011），并更多地关注农户对单项农业产中服务的需求，如农机服务、农业技术服务等（纪月清等，2013；黄武，2010）。但就总体而言，就农户分化对生产性服务需求意愿的影响进行研究，并就农户分化对农业产业链不同环节生产性服务需求意愿的影响进行比较研究，这样的文献仍然比较少见。因此，本章在对农户生产性服务供给评价和需求现状进行统计分析的基础上，重点对生产性服务需求意愿的影响因素展开研究。此外，本章将规避产中服务，重点关注农资供应、加工包装、运输销售、储藏保鲜、质量检验、信息咨询、电子商务和土地流转等农业产前、产后或涉及农业产业链的生产性服务。

二、农户对农业生产性服务的供给评价和需求

（一）数据来源和样本说明

2013年12月至2014年4月，课题组组织部分高校的大学生、研究生对四川、安徽、江苏、新疆、河南、辽宁、广东、内蒙古、河南、浙江等10省区的农户开展了一户一卷的问卷调查。在各省区问卷调查负责人对问卷调查员进行认真培训的基础上，要求问卷调查员尽可能随机选择调查农户，适当注意让问卷调查对象覆盖不同类型的农户，并将农户主要分为农场类户和以农为主的普通农户、以农为辅的普通农户。根据中国南北方耕作制度和户均耕地资源的差异，按照2013年的水平，将农场类户界定为实际耕种面积南方50亩及以上、北方100亩及以上的农户（包括种养大户、家庭农场和企业农场等）；将普通农户界定为实际耕种面积南方50亩、北方100亩以下的农户，并将普通农户按照农业收入和非农收入的比较，进一步划分为以农为主的普通农户和以农为辅的普通农户。课题组共回收问卷1213份；剔除重要数据严重

缺失的问卷，实际有效问卷1121份，问卷有效率为92.4%。在实际有效问卷中，关于农业生产性服务的有效问卷1109份，包括农场类户166份，以农为主的普通农户505份，以农为辅的普通农户438份，分别占15.0%、45.5%和39.5%。

（二）农户对农业生产性服务供给状况的评价与需求现状

1. 农户已接受农业生产性服务的比例总体较低，但农场类户相对较高

从表12-1可见，对农资供应、加工包装、运输销售、储藏保鲜、质量检验、信息咨询、电子商务和土地流转等农业产前、产后环节或涉及农业产业链的生产性服务，当前就总体而言，绝大多数农户的接受程度都较低，平均接受程度农场类户为31.6%，以农为主和以农为辅的普通农户分别为20.1%和19.2%；相对于农资供应和运输销售等传统的农业生产性服务，农户对储藏保鲜、加工包装、信息咨询特别是电子商务等新兴服务的接受程度更低。这一方面反映了当前这些农业生产性服务在总体上严重供给不足的状况；另一方面反映了对相关农业生产性服务特别是新兴农业生产性服务消费的示范引导不够，

表12-1　　　　不同类型农户对农业生产性服务的接受现状

服务类型	农场类户				以农为辅的普通农户				以农为主的普通农户			
	接受服务		未接受服务		接受服务		未接受服务		接受服务		未接受服务	
	户数（户）	占比（%）	户数（户）	占比（%）	户数（户）	占比（%）	户数（户）	占比（%）	户数（户）	占比（%）	户数（户）	占比（%）
农资供应	113	68.07	53	31.93	216	49.32	222	50.69	243	48.12	262	51.88
加工包装	13	7.80	153	92.17	40	9.10	398	90.87	41	8.10	464	91.88
运输销售	82	49.40	84	50.60	178	40.64	260	59.36	231	45.74	274	54.06
储藏保鲜	34	20.48	132	78.92	34	7.76	404	92.01	42	8.32	463	91.68
质量检验	61	36.75	105	63.25	59	13.47	379	85.84	97	19.21	408	79.80
信息咨询	32	19.28	134	80.72	53	12.10	385	87.67	65	12.87	440	86.93
电子商务	8	4.82	158	95.18	12	2.74	426	97.26	7	1.39	498	98.61
土地流转	77	46.39	89	53.01	79	18.04	359	81.74	84	16.63	421	83.17
平均		31.63		68.37		19.15		80.85		20.05		79.95

注：本表中平均占比=对应各项户数之和×100/对应各项接受服务和未接受服务户数之和。

由此形成的对农业发展方式转变的制约亟待突破。就农户间的比较而言，相对于普通农户，农场类户对农业生产性服务的接受程度总体较高，但两类普通农户差别不大。具体看，对于储藏保鲜、质量检验、信息咨询服务，农场类户对这3类服务的接受程度明显高于普通农户。对于加工包装服务和电子商务服务，两类普通农户到农场类户的接受程度都极低（低于10%），这很大程度上是因为加工包装和电子商务服务都有较强的需求规模经济特点，现有的农业经营主体要有效利用这些生产性服务必须"联合起来"。对于土地流转服务，农场类户的接受程度明显高于两类普通农户，这是比较容易理解的，因为农场类户随着其农业经营规模的扩大，对通过土地流转服务扩大农业经营规模的需求明显上升。

2. 农户对农业生产性服务的了解程度和满意度亟待提高，不同类型农户之间的差异较为复杂

从表12-2可见，在农资供应、加工包装、运输销售、储藏保鲜、质量检验、信息咨询、电子商务和土地流转等8类农业生产性服务中，就总体而言，农户不了解的比重较高，其中对加工包装、储藏保鲜、质量检验、信息咨询和电子商务服务的不了解程度更高。可见，支持相关服务消费的示范活动和鼓励相关服务供给主体加强服务营销，都是重要的。对农资供应、运输销售、储藏保鲜、质量检验、信息咨询、电子商务和土地流转服务的不了解程度，均是以农为辅的普通农户最高、农场类户最低、以农为主的普通农户居于二者之间。这在一定程度上反映了，农户专业化、规模化、集约化程度的提高有利于激发其了解农业生产性服务供给的积极性。以农为辅的普通农户农产品生产规模小、商品化程度低，甚至相当一部分属于自给半自给生产，导致其了解和利用农业生产性服务的交易成本高；农场类户的情况恰好相反。对加工包装服务，不同类型农户的不了解程度均比较高，甚至农场类户略高于以农为主的普通农户，一方面反映出相关服务供给严重不足，另一方面是因为大多数农户，甚至农场类户的加工包装服务主要依靠自我服务来提供。如迄今为止，许多农场类户种植蔬菜等经济作物，其简易的加工包装服务很少依靠市场化服务来提供。

农户对农业生产性服务的满意程度，可视为农户对农业生产性服务供给质量的评价。如果将选择满意和很满意的农户合计占农户总数的比重称作满意度，那么从表12-2可见，就总体而言，农户对农业生产性服务供给质量的满

表 12-2　　　　　　　不同类型农户对农业生产性服务的评价

		不了解(%)	很满意(%)	满意(%)	无所谓(%)	不满意(%)	很不满意(%)	合计户数(户)	满意度(%)
农资供应	农场类户	25.30	9.64	31.33	17.47	14.46	1.81	166	40.97
	以农为辅的普通农户	41.55	10.73	29.00	14.84	2.74	0.68	438	39.73
	以农为主的普通农户	36.83	12.48	24.75	15.25	9.11	1.19	505	37.23
加工包装	农场类户	68.07	1.20	8.43	20.48	1.81	0.00	166	9.63
	以农为辅的普通农户	75.34	2.51	6.16	13.24	1.37	0.68	438	8.67
	以农为主的普通农户	63.96	3.37	10.10	18.61	1.78	1.39	505	13.47
运输销售	农场类户	33.73	7.23	18.07	14.46	15.06	11.45	166	25.3
	以农为辅的普通农户	48.40	7.99	23.29	13.24	4.34	2.51	438	31.28
	以农为主的普通农户	38.81	10.69	26.34	14.46	6.53	2.77	505	37.03
储藏保鲜	农场类户	59.04	3.61	5.42	18.07	9.04	4.82	166	9.03
	以农为辅的普通农户	76.94	3.42	3.65	10.05	4.11	0.91	438	7.07
	以农为主的普通农户	67.52	3.17	6.73	17.43	3.37	1.19	505	9.9
质量检验	农场类户	50.00	1.81	10.84	11.45	16.27	9.64	166	12.65
	以农为辅的普通农户	73.52	2.51	6.16	11.42	4.11	1.37	438	8.67
	以农为主的普通农户	62.57	3.96	11.29	11.29	8.32	1.78	505	15.25
信息咨询	农场类户	57.23	4.22	12.05	10.84	6.63	9.04	166	16.27
	以农为辅的普通农户	73.52	2.51	8.45	9.13	2.74	2.74	438	10.96
	以农为主的普通农户	68.51	3.37	9.11	12.08	3.37	2.97	505	12.48
电子商务	农场类户	73.49	0.60	4.22	10.84	7.23	3.61	166	4.82
	以农为辅的普通农户	81.96	1.60	2.74	9.59	2.05	1.37	438	4.34
	以农为主的普通农户	76.04	1.39	2.18	14.26	2.97	2.57	505	3.57
土地流转	农场类户	32.53	9.64	23.49	15.06	10.24	7.83	166	33.13
	以农为辅的普通农户	67.12	2.97	9.82	13.93	3.42	2.05	438	12.79
	以农为主的普通农户	57.82	2.97	11.68	19.80	3.56	3.76	505	14.65

注：表中的满意度为选择满意和很满意的农户比例之和。

意度亟待提高，提高服务质量尤为迫切。最为迫切的是加工包装、储藏保鲜、质量检验、信息咨询和电子商务服务，大多数农户对这些服务的满意度不足15%，甚至低于10%。就不同类型农户之间的比较而言，不同类型农户对农资供应服务的满意度总体最高，但不同类型农户之间差别不大，这与农业生产性服务中农资供应服务较为发达有关。不同类型农户对运输销售服务的满意度虽然低于农资供应服务,但明显高于其他类型服务;但农户之间对运输销售服务的满意度以农为主的农户最高,农场类户最低。这种现象的形成,可能的原因是:普通农户对农产品运输销售服务的需求虽然单体规模小,但农户数量多;农场类户对农产品运输销售服务的需求虽然单体规模大,但农户数量非常少。近年来农产品运输销售服务的发展主要是面向普通农户的需求。在土地流转服务中,农场类户的满意度明显高于两类普通农户,既与农场类户土地流转规模和需求较大有关,也与地方政府对土地流转服务的支持更多地向家庭农场等新型经营主体倾斜有关。对其他各类农业生产性服务的满意度,各类农户之间差别不大,一个突出原因是对这些类型的农业生产性服务总体满意水平都比较低。

3. 农户对不同类型农业生产性服务需求的强烈程度存在较大差异,农场类户需求最强,以农为辅的普通农户需求最弱

从表12-3可见,就总体而言,农户对农资供应和农产品运输销售服务的需求最为强烈,对电子商务和信息咨询服务的需求相对较弱,对加工包装、储藏保鲜、质量检验和土地流转服务的需求介于二者之间。如果将需求强烈和很强烈的农户占农户总数的比重称为需求强烈度,则对农资供应服务、农产品运输销售服务需求强烈和很强烈的农户占农户总数的比重均在50%左右,甚至高达70%;对电子商务和信息咨询服务需求强烈和很强烈的农户占农户总数的比重多在30%左右,甚至更低。但就不同类型农户之间的比较而言,在农资供应、加工包装、运输销售、储藏保鲜、质量检验、信息咨询、电子商务和土地流转等8类农业生产性服务中,均是农场类户的需求最为强烈,以农为辅的普通农户需求最弱,以农为主的普通农户需求介于二者之间。农户专业化、规模化、集约化程度的提高,有利于激发其农业生产性服务需求。

表12-3 不同类型农户对农业生产性服务的需求意愿

		很强烈(%)	强烈(%)	一般(%)	较不强烈(%)	没有需求(%)	合计户数(户)	需求强烈度(%)
农资供应	农场类户	39.76	30.70	21.08	0.60	7.80	166	70.46
	以农为辅的普通农户	17.12	26.30	31.96	5.71	18.90	438	43.42
	以农为主的普通农户	24.16	33.10	28.32	3.76	10.70	505	57.26

续表

		很强烈(%)	强烈(%)	一般(%)	较不强烈(%)	没有需求(%)	合计户数(户)	需求强烈度(%)
加工包装	农场类户	15.10	15.06	28.31	13.90	27.71	166	30.16
	以农为辅的普通农户	6.80	10.05	33.11	13.90	35.85	438	16.85
	以农为主的普通农户	10.70	19.41	36.04	11.30	22.57	505	30.11
运输销售	农场类户	34.34	34.30	18.07	5.42	7.80	166	68.64
	以农为辅的普通农户	13.24	30.10	30.59	6.62	19.20	438	43.34
	以农为主的普通农户	19.41	38.40	28.71	4.95	8.50	505	57.81
储藏保鲜	农场类户	18.67	24.10	25.30	7.23	24.70	166	42.77
	以农为辅的普通农户	6.39	13.70	29.45	11.87	38.10	438	20.09
	以农为主的普通农户	9.31	19.80	30.89	14.26	25.74	505	29.11
质量检验	农场类户	25.90	27.11	23.49	7.23	16.27	166	53.01
	以农为辅的普通农户	9.13	13.24	31.96	12.10	33.11	438	22.37
	以农为主的普通农户	12.87	24.36	33.27	11.09	18.22	505	37.23
信息咨询	农场类户	21.08	14.46	25.90	9.04	28.92	166	35.54
	以农为辅的普通农户	10.05	17.58	31.74	8.68	31.51	438	27.63
	以农为主的普通农户	14.46	20.59	33.07	11.68	20.20	505	35.05
电子商务	农场类户	13.86	12.05	26.51	16.87	30.72	166	25.91
	以农为辅的普通农户	6.16	7.31	30.82	13.70	41.78	438	13.47
	以农为主的普通农户	10.50	11.09	33.07	14.65	30.69	505	21.59
土地流转	农场类户	18.07	25.30	27.71	12.05	16.27	166	43.37
	以农为辅的普通农户	10.50	12.79	33.33	11.64	30.82	438	23.29
	以农为主的普通农户	9.50	19.21	35.05	14.85	20.40	505	28.71

注：表中的需求强烈度为选择很强烈和强烈的农户比例之和。

三、变量、计量模型与实证分析

（一）变量选择

对于农户来说，农业生产性服务由谁来提供，涉及专业化与分工问题。按照杨小凯（2001）的超边际决策理论，市场分工意味着有交易发生，交易必然有交易费用产生；当分工的好处大于交易费用时，生产性服务交易发生，否则交易不可行。庞春（2009）的研究进一步表明，交易费用是由生产者所处的经济和法律环境，他们所在区位的运输、通信等基础设施条件以及生产者禀赋等因素决定的。城镇化进程的加速及城镇化水平的提高，通过为农户提供更多的非农经营和就业机会，往往会带动农户农业生产经营机会成本的提高，为扩张农户的农业生产性服务需求、形成农业生产性服务对农户自身劳动的替代创造条件。因此，在农户的农业生产性服务需求意愿模型中，应该考虑农业生产经营的机会成本因素。同时将交易费用和非农经营机会考虑进来，农户对农业生产性服务需求意愿的选择更具有多维性和复杂性的特点。如农户教育水平的提高和掌握信息能力的增强，有利于降低农户选择农业生产性服务的交易成本，同时也具有更多非农经营机会。农户禀赋特征往往会通过交易费用机制和机会成本机制，影响农户对农业生产性服务的需求意愿。农户的农业生产性服务需求意愿，在很大程度上取决于农户禀赋、交易费用和非农经营机会等复杂的相互作用。本章最终将农户农业生产性服务需求意愿的影响因素设定为以下五类：

第一类，农户类型。用农场类户、以农为主的普通农户和以农为辅的普通农户来反映农户分化的总体现状。根据上述统计分析，这三类农户的生产性服务需求强烈程度存在明显差异，但农户类型对不同类别生产性服务需求意愿的影响是否存在规律性特征，还需进一步实证检验。为便于分析，本章将农场类户和以农为主的普通农户设为虚拟变量进行回归。

第二类，交易费用。用信息便利程度、基础设施或通信条件、经济发达情况来反映交易费用的大小。获得服务的信息来源越便利、基础设施或通信条件越发达、经济或法律环境越好，农业生产性服务的交易成本就越低，农户对生产性服务的需求意愿往往越强。

第三类，非农经营和就业机会。如前所述，农户在农外经营和就业的机会越多，农户的非农收入比重越大，农户从事农业生产经营的机会成本往往越大，其对农业生产性服务的需求就越强。

第四类，农业生产决策者禀赋用年龄、健康状况和受教育程度3个指标来衡量。一般来说，达到一定年龄后，年龄越大的农民从事非农就业机会往往越少，对农业生产性服务需求的意愿往往越低；但年龄包含着经验因素，年龄越大的农民对农业生产性服务的认知水平往往越高，服务需求往往越强烈。因此年龄对农户农业生产性服务需求意愿的影响具有不确定性。在其他条件保持不变的前提下，健康状况越差的农户，往往越倾向于利用农业生产性服务来替代自身劳动，对农业生产性服务的需求意愿往往越强。受教育程度越高的农户掌握信息的能力越强，选择农业生产性服务的交易成本越低。受教育程度越高，越有利于其获得非农经营或就业机会，提高其从事农业生产经营的机会成本，从而强化其对农业生产性服务的需求意愿。

第五类，家庭禀赋用家庭劳动力和农户社会资本来衡量。通常，家庭劳动力数量越多，越有利于将更多的劳动力投入农业，从而降低农业生产性服务需求意愿。但家庭劳动力数量越多的家庭，到外地从事非农经营或就业的可能性就越大，这反过来有利于强化其农业生产性服务需求意愿。因此，家庭劳动力变量对农业生产性服务需求意愿的影响是不确定的。对农户而言，是否拥有村干部是较为重要的社会资本，越具有社会资本的农户家庭掌握服务信息的渠道就越多，就越有可能选择农业生产性服务。但社会资本越多的农户家庭掌握的其他资源往往也越多，也越有可能据此获得乡村邻里的无偿服务，从而降低其对农业生产性服务的需求意愿。因此，农户社会资本对农业生产性服务需求意愿的影响也是不确定的。

本章将影响农业生产性服务需求意愿的5大类因素12个变量分类归纳，各变量的描述性统计如表12-4所示。

表12-4 影响农户生产性服务需求意愿变量的描述性统计

影响因素	变量	定义及表示方法	最低值	最高值	均值
农户类型	农场类户	1=农场类户，0=其他	1	0	0.15
	以农为辅的普通农户	1=以农为辅的普通农户，0=其他	1	0	0.39
	以农为主的普通农户	1=以农为主的普通农户，0=其他	1	0	0.46
交易费用	信息来源	1=无（或不了解或未接触），2=邻里之间相互联系或亲戚朋友介绍，3=专业合作社或专业协会，4=村领导或村里公告，5=政府部门或政府信息平台，6=互联网，7=电视、广播、报纸等，8=上门服务，9=各种广告	1	9	1.49

续表

影响因素	变量	定义及表示方法	最低值	最高值	均值
交易费用	地理位置	距乡镇政府的距离（公里）	0	220	6.66
	经济发达程度	1=发达（广东、江苏、浙江），2=较为发达（安徽、河南、辽宁），3=欠发达（四川、新疆、内蒙古、陕西）	1	3	2.15
非农经营机会	投入农业外的劳动时间	2013年非农劳动时间投入比重（%）	0	100	36.92
	当地劳动力外出务工收入	2013年当地一般劳动力外出务工收入（天）	40	300	118.5
农业生产决策者禀赋	年龄	1=25岁及以下，2=26~40岁，3=41~60岁，4=61岁以上	1	4	3.00
	健康状况	1=很好，2=较好，3=一般，4=稍差，5=很弱	1	5	1.91
	受教育程度	1=不识字，2=小学，3=初中，4=高中，5=中专/技校/大专，6=大学本科及以上	1	6	2.98
农户家庭禀赋	家庭劳动力	2013年你家从事农业的劳动力人数（人）	0	10	2.14
	农户社会资本	家庭成员中是否有村干部：0=无，1=有	0	1	1.92

注：经济发达程度主要通过农村居民人均纯收入来衡量，2013年农牧民人均纯收入大于10000元的为发达，8000—10000元的为较为发达，小于8000元的为欠发达。还考虑了地理区位情况，将内蒙古自治区划分到了欠发达地区。

（二）计量模型选择

本章以农户对相关环节农业生产性服务的需求意愿作为被解释变量，探讨不同影响因素对农户农业生产性服务需求意愿的影响方式和影响程度。由于被解释变量农业生产性服务需求意愿为排序特征离散选择变量，因此选择有序多元 logit 回归模型，具体形式如下：

$$Logit(Y_t = j) = a + \sum_{j=1}^{J} \beta_{1j} X_{1,J}^i + \sum_{k=1}^{K} \beta_{2,k} X_{2,k}^i + \ldots + \sum_{n=1}^{N} \beta_{P,n} X_{p,n}^i + \varepsilon$$

Y_i 为不同类型农户对 i 环节农业生产性服务的需求意愿，赋值情况：需求很强烈为5，强烈为4，一般为3，较不强烈为2，较弱或没有需求为1。$X_{1,J}^i$、

$X_{2,k}^i, \ldots, X_{p,n}^i$ 分别表示影响农户对生产性服务需求意愿的各项因素。

(三) 实证结果分析

本章运用 Eviews 软件，分别对农户 8 类服务需求意愿的影响因素进行回归，模型估计结果如表 12-5 所示。

1. 农户类型变量通过了显著性检验，农户分化已成为影响农户生产性服务需求意愿的关键因素

从对农户产前、产后或涉及农业产业链的生产性服务需求意愿的回归结果来看，以农为主的普通农户对 8 类农业生产性服务的回归系数均为正数，农场类户对 7 类生产性服务（除信息咨询服务外）的回归系数也为正数，且通过了显著性检验。这表明在其他条件不变的情况下，与以农为辅的普通农户相比，农场类户和以农为主的普通农户对各类生产性服务（除信息咨询服务）的需求均较为强烈。需要说明的是，虚拟变量"以农为主的普通农户"对信息咨询服务通过了显著性检验，"农场类户"并未通过显著性检验。这项回归包含的结论是，就信息咨询服务而言，以农为主农户的需求意愿强于农场类户和以农为辅农户。这与第二部分统计分析中得出的结论有所不同。① 产生这种现象的原因可能是两次分析中数据的侧重点不同，第二部分主要关注了选择"很强烈"和"强烈"的农户，涵盖的样本范围较小，但这并不影响文章的核心结论。

2. 除信息咨询和土地流转服务外，交易费用对农户的其他生产性服务需求意愿均产生了显著影响

如表 12-5 所示，反映交易费用的信息来源指标对多数生产性服务需求均产生了显著的正向影响，即信息来源越便捷，农户对生产性服务需求就越强，这与本章的预期结论相符。反映交易费用的地理位置和经济发达程度对多数生产性服务需求产生了显著的正向影响，即交通条件越差、经济越不发达地区的农户，对生产性服务的需求就越强，这与本章的预期结论相反。可能的原因是，经济发达地区的农场类户一般实力较强，多数甚至是涉猎生产、加工和销

---

① 第二部分的统计分析表明，农场类户对信息咨询服务的需求意愿强于以农为主农户。

表12-5 农业生产性服务需求意愿影响因素的模型估计结果

服务类别变量		农资供应	加工包装	运输销售	储藏保鲜	质量检验	信息咨询	电子商务	土地流转
农户类型	农场类户	0.439*** (0.116)	0.235** (0.114)	0.604*** (0.119)	0.520*** (0.114)	0.680*** (0.113)	0.153 (0.113)	0.202* (0.114)	0.462*** (0.113)
	以农为主的普通农户	0.325*** (0.080)	0.337*** (0.081)	0.432*** (0.084)	0.293*** (0.080)	0.398*** (0.080)	0.242*** (0.079)	0.198** (0.082)	0.236*** (0.079)
交易费用	信息来源	0.110*** (0.017)	0.271*** (0.041)	0.130*** (0.017)	-0.000 (0.000)	0.000* (0.000)	-0.001 (0.001)	0.242*** (0.081)	-0.000 (0.000)
	地理位置	0.010** (0.005)	0.018*** (0.005)	0.006** (0.004)	0.013 (0.005)	0.008* (0.004)	0.005 (0.004)	0.007* (0.004)	0.005 (0.004)
	经济发达程度	0.173*** (0.046)	0.068 (0.046)	0.133* (0.048)	0.036*** (0.046)	0.098** (0.045)	-0.046 (0.045)	0.085** (0.047)	-0.021 (0.045)
非农经营机会	投入农业外的劳动时间	-0.000 (0.000)	-0.000 (0.000)	-0.000 (0.000)	-0.000 (0.000)	-0.000 (0.000)	-0.000 (0.000)	0.000 (0.000)	-0.000 (0.000)
	当地劳动力外出务工收入	0.001 (0.001)	-0.002* (0.001)	0.002** (0.001)	-0.001 (0.001)	-0.000 (0.001)	-0.000 (0.001)	-0.001 (0.001)	-0.001 (0.001)
农业生产决策者禀赋	年龄	-0.124* (0.070)	-0.126* (0.070)	-0.125* (0.073)	-0.135* (0.069)	-0.073 (0.069)	-0.192*** (0.069)	-0.193*** (0.071)	-0.097 (0.069)
	健康状况	0.013 (0.041)	-0.062 (0.041)	-0.026 (0.043)	-0.044 (0.041)	-0.040 (0.040)	-0.104** (0.040)	-0.068* (0.041)	-0.094** (0.040)
	受教育程度	0.044 (0.041)	-0.010 (0.041)	0.025 (0.043)	0.033 (0.041)	0.077* (0.041)	-0.018 (0.041)	0.034 (0.042)	0.006 (0.041)

续表

服务类别变量		农资供应	加工包装	运输销售	储藏保鲜	质量检验	信息咨询	电子商务	土地流转
农户家庭禀赋	家庭劳动力	-0.022 (0.039)	-0.011 (0.039)	0.013 (0.041)	-0.001 (0.039)	-0.080** (0.038)	-0.083** (0.039)	-0.018 (0.039)	-0.024 (0.038)
	农户社会资本	-0.100 (0.133)	-0.249* (0.132)	-0.158 (0.140)	-0.195 (0.132)	-0.037 (0.132)	-0.256** (0.131)	-0.224* (0.134)	-0.111 (0.131)
LR 统计量		124.577***	114.114***	130.506***	83.616***	95.061***	55.379***	58.151***	41.630***
对数似然值		-1370.257	-1421.627	-1373.887	-1454.451	-1475.911	-1471.182	-1373.407	-1462.727
Pseudo R2		0.0455	0.0402	0.0475	0.0287	0.032	0.019	0.021	0.0142

注：括号中为标准误；***，**，*分别代表在1%、5%和10%水平下显著。

售等多方面的综合性企业，自身是服务的提供主体或同时为普通农户提供农资供应等生产性服务。交易费用对信息咨询和土地流转这两类服务的需求意愿并未产生显著影响，可能的原因是当前对于绝大多数农户来说，信息咨询服务还属于新兴服务，不同地区的农户了解这项服务的门槛均较高，因此反映交易费用的几类指标均未产生显著影响。对于农户来说，土地流转并不是经常性的，而是偶然性、间断性发生的，与农户所处地理位置和区域关系不大。因此，反映交易费用的几项指标均未对土地流转服务的需求意愿产生显著影响。

3. 非农经营机会对多数农业生产性服务需求意愿并未产生显著影响

反映非农经营机会的"投入农业外的劳动时间"指标对不同环节农业生产性服务均未产生显著影响。反映非农经营机会的"当地劳动力外出务工收入"指标仅对农户的加工包装服务需求意愿产生了显著负向影响，对运输销售服务需求意愿产生了显著正向影响，即当地一般劳动力外出务工收入越多，对加工包装服务的需求就越弱，对运输服务的需求就越强。需要强调的是，当地一般劳动力外出务工收入对农资供应和储藏保鲜等其他6类生产性服务需求意愿均未产生显著影响。可能的原因是，虽然部分地区的非农经营机会比较多，但可能存在农业外工作稳定性差、收入不固定等问题，多数农户还不愿意从事非农经营工作，因此非农经营机会未对多数生产性服务需求意愿产生影响。

4. 农业生产决策者禀赋对多数生产性服务需求意愿产生了显著影响

反映农业生产决策者的年龄变量对农资供应等多数生产性服务需求意愿产生了显著负向影响；健康变量对信息咨询、电子商务等3类服务的需求意愿产生了显著的负向影响；受教育程度变量对质量检验服务产生了显著的正向影响：年龄越小，身体越健康，教育程度越高，对上述服务的需求就越强。

5. 农户家庭禀赋因素对各类生产性服务需求的影响是不同的

家庭劳动力数量和农户社会资本变量对加工包装、质量检验、信息咨询和电子商务服务均产生了显著的负向影响，即家庭劳动力数量越多、拥有社会资本越多的农户，对上述几类生产性服务的需求就越弱。家庭劳动力和农户社会资本变量对农资供应、运输销售、储藏保鲜和土地流转服务的需求意愿并未产生显著影响，可能的原因是农资供应、运输销售和储藏保鲜等这类服务对农户规模要求比较高，与农户的家庭劳动力数量以及是否有村干部的关系不大。

四、结论及政策启示

（1）当前就总体而言，大多数农户对农业生产性服务供给质量的满意度不高，引导农业生产性服务企业优化服务质量较为迫切。其中最为迫切的是提高加工包装服务、储藏保鲜服务、质量检验服务、信息咨询服务和电子商务服务等新兴服务的质量。

（2）农户对不同类型农业生产性服务需求的强烈程度存在较大差异，需求最为强烈的仍是农资供应服务和农产品运输销售等传统服务，对加工包装、储藏保鲜、质量检验、土地流转服务，特别是电子商务和信息咨询服务等新兴服务的需求在总体上仍然比较弱。因此，撇开农业产中环节的生产性服务，当前增加农业生产性服务的重点应是农资供应和农产品运输销售等传统的农业生产性服务；但从长期和战略上看，通过支持相关服务消费示范活动，引导和激发这些新兴农业生产性服务需求，对于促进农业发展方式转变仍是重要的。

（3）就不同类型的农户比较而言，从以农为辅的普通农户到以农为主的普通农户再到农场类户，对农业产前、产后甚至产业链层面生产性服务的需求呈现明显的提高趋势。可见，农户的类型分化和农业专业化、规模化、集约化的发展，有利于引导和激发农户的农业生产性服务需求，提升其对农业生产性服务的接受程度。因此，促进农业发展方式的转变，应把加强对农业生产性服务业发展的支持作为重要途径，将促进种养大户、家庭农场等新型经营主体的成长与促进农业生产性服务主体的发育有机结合起来。

（4）就影响因素而言，农户的多层次分化和快速转型日益成为影响农业生产性服务需求意愿的关键因素。在推动农业生产性服务业快速发展的同时，要注意辨识农户类型，从而"因材施教""因地制宜"，使生产性服务业的发展能和不同类型农户的实际需求相结合得到有效发展。未来在工业化与城市化等因素的深入影响下，农户分化趋势还会持续推进。要始终注意从微观上把握农业生产性服务需求演变的趋势，尤其应重视农户分化对农业生产性服务需求结构变化的影响，为更好地加强新型农业生产性服务体系建设提供支撑。

（5）当前应重视信息和外部环境等因素对农户生产性服务需求意愿的影

响，要利用多种信息传播与扩散媒介，加强农村基础设施和通信环境等的完善和建设，努力运用各种手段降低农户使用生产性服务的交易费用，从而进一步激发和挖掘农户的生产性服务需求意愿。此外，非农经营机会对多数生产性服务需求意愿未产生显著影响，这与理论上的解释相反，可能在现实中非农经营或就业环境尚不完善。当前应从法律和政策支持等多方面出发，为农村劳动力非农就业提供有效保障，从而促进农业生产性服务业快速发展。

第十三章

农户分化背景下不同农户金融服务需求研究

一、前言

农户金融服务是加快新型农业经营主体构建，推进农业现代化的重要支撑。2014年中央一号文件、国务院办公厅发布的《关于金融服务"三农"发展的若干意见》以及银监会发布的《关于做好2014年农村金融服务工作的通知》均指出，要加大农村金融制度的创新，加大农村金融服务对农业经营方式创新的支持，进一步满足新型农业经营主体的金融需求，从而切实加强对现代农业发展的金融支持。

当前，中国正处于全面深化农村改革，加快推进农业现代化的转型期。农村劳动力大量转移，土地流转加快，使得农户的分化进一步加剧。一方面，传统的半商品化半自给的家庭经营农户逐渐减少，其中相当一部分转变为半工半农的自给型兼业户；另一方面，土地开始向部分农户集中，这些农户呈现出商品化和规模化的生产经营特征，正逐步转型为现代化的新型农业经营主体。不同类型农户在生产目的、生产规模、生产方式等方面均存在较大的差异，因而必然会产生不同的金融服务需求。在这种背景下，弄清不同类型农户的金融服务需求是怎样的，有着怎样的差异，以及影响农户金融服务需求产生差异的因素有哪些，对于向不同类型农户有效提供多元化的金融服务，加快培育新型农业经营主体，推进农业现代化建设，具有重要的现实意义。

因此，本章利用全国10个省份的调查问卷，综合考察了当前中国农户对各类金融服务需求的状况，比较了不同类型农户金融服务需求的差异，最后实证分析了影响农户金融服务需求程度的相关因素，以期为创新农村金融服务，支持新型农业经营主体的构建与农业现代化转型，提供决策依据和参考。

此外，虽然现有研究对中国农户金融服务需求做了大量探讨，但仍在下列问题上留有研究空间：第一，已有研究大多基于对农户一般性的问卷调查展开，缺乏在农户分化背景下，对不同类型农户金融服务需求的分类分析；第二，已有研究大多以分析农户金融借贷需求为主，即狭义的金融服务需求，缺乏对包含其他配套金融服务在内的广义农户金融服务需求的考察。本章的调查问卷包含了全国范围内不同类型农户，考察的金融服务类型也包含了借贷及其他配套服务，试图在上述两点上对现有研究进行完善。

二、分析框架和模型设定

（一）分析框架

农户出现分化是传统农业向现代农业转变的必然结果。伴随着工业化进程的推进，中国户籍制度的放松，农业部门大量劳动力，特别是男性青壮年劳动力向非农部门转移。农业不再成为农村家庭收入的唯一和主要来源，使得原先以家庭联产承包责任制为基础的，农户半商品化半自给的家庭生产经营方式难以为继。农村土地使用权政策的改革，使得土地开始向一部分农户集中。这部分农户的生产经营呈现出规模化、产业化的态势，初步具备了现代农业生产经营的基础，开始往专业大户或家庭农场等新型农业经营主体的方向转变。然而，在劳动力转移的同时，转移人口的就业、住房、子女教育和养老等问题却难以解决，举家迁移难以实现，造成大量妇女、儿童和老人留守农村。对这部分人而言，虽然农业增加收入的功能被弱化，但保障功能愈加凸显，因而他们不舍得放弃土地和农业生产。于是有相当一部分原本以农业生产为主的传统小农户，转变成了半耕半工的生计型小农户。在这样的背景下，当前中国农户逐渐分化为三类：规模化生产、初具现代化经营特征的农场类农户；种保障田、以农为辅的普通农户（生计型小农户）；在经济欠发达、基础设施较落后的地区仍广泛存在的，半商品化半自给的，以农为主的普通农户（传统小农户）。

上述三类农户在生产目的、生产规模、生产方式等方面均存在差异：农场类农户的生产经营以满足市场需求、赚取利润为目的，规模较大，以资金或技术密集型的生产为主；以农为辅的普通农户（生计型小农户），其生产经营以补充保障自身日常需求为目的，规模较小，主要依靠投入自家较弱的劳动力进行生产，如妇女或老人；以农为主的普通农户（传统小农户），其生产经营是在充分满足自身日常需求的基础上，再通过商品化交易获得一定的收益，规模也较小，投入的主要是自家较为优质的劳动力，如男性青壮年劳动力。生产目的、规模和方式等的不同造成了不同类型的农户对金融服务需求的不同（见表13-1）。

表13-1 不同类型农户生产特征及金融服务需求差异

农户类型	生产目的	生产规模	生产方式	金融服务需求
农场类农户	以营利为目的，向市场提供商品	大	资金或技术密集	生产性金融需求为主；需求规模大；种类多样
以农为主的普通农户（传统小农户）	满足自身家庭需求的基础上，进行商品化交易	小	劳动力密集：自家优质劳动力	生产性和生活性金融需求兼有；需求规模较小；以借贷需求为主
以农为辅的普通农户（生计型小农）	满足口粮需求，兼具社会保障功能	小	劳动力密集：自家较弱的劳动力	基本没有农业生产性需求；需求规模最小；以借贷需求为主

广义的农户金融服务需求包括借贷服务需求、证券服务需求、储蓄服务需求、保险抵押担保服务需求、资产管理需求以及信息和咨询服务需求6大类；狭义的农户金融服务主要指借贷服务需求以及借贷需求衍生的保险、抵押、担保服务需求。已有研究显示，中国农户金融服务需求集中于借贷及其衍生服务。但随着农村经济发展，农民收入增加，农户的金融服务需求呈现出多样化的特点；而农业现代化进程的加速，新型农业经营主体的兴起，使得农业生产性金融需求也呈现出长期化、规模化和链式化的趋势。

已有研究从不同角度考察了农户金融服务需求的差异。李明贤、罗荷花（2010）将农户分为 4 类，按其融资服务需求强烈程度由高向低排序依次是"农业户＋个体经营户""农业户＋外出打工户"、纯农业户、非农业户。方菊香（2014）将农户分为种养户和普通户，发现种养户中存在资金需求的农户比重以及资金需求规模，均大于普通户；种养户和普通户的主要借贷需求均为生产性需求，但种养户应急性需求的比重较高，普通户投资性需求较高。邓芬芬（2014）的研究进一步指出，以规模种养殖为主的农户对贷款和农业保险的需求量大，而以务工为主的农户对各种金融信息和基础知识的获得需求更迫切；农户收入、受教育程度和所在区域经济发展水平高的农户借贷规模大，金融需求多。因而，从各项金融服务需求来看，农场类农户强于以农为主的普通农户，而以农为主的普通农户又强于以农为辅的普通农户。

除了农户类型以外，所处地区对农户金融服务的需求也存在影响。曾学文、张帅（2009）分别考察了不同地区和不同收入农户借贷需求的差异，发现东部地区借贷发生率高，生产性和商业性动机较为强烈，消费性动机相对较弱；中部地区借贷发生率较低，消费性动机增加，商业性动机减少；西部地区消费动机强烈，借款用于民生支出较多；东北地区与西部地区类似，消费借贷较多，借贷发生率低。此外，依据何军等（2005），王芳、罗剑朝（2012）等的研究，不同户主特征、家庭特征、生产经营特征、收支情况以及区域内金融市场特征等因素，对农户的金融需求均有显著影响。

（二）模型设定

由上述分析可知，在农户分化背景下，不同类型农户金融服务需求不同，换言之，农户类型、所处地区以及其他一些相关因素会对农户金融服务需求产生影响。为了考察这些因素的影响方向和影响程度，本章构建以下计量模型。

模型考察的因变量为农户对各类金融服务的需求程度，按需求强烈程度由低至高分别赋值 1—5 的整数，是典型的有序离散变量，因此构建有序 Probit 模型考察农户类型及其他自变量对农户金融需求的影响。模型基本形式如下：

$$Demand_{ij} = \alpha_{0j} + \alpha_{1j} \cdot Farmtype_{1i} + \alpha_{2j} \cdot Farmtype_{2i} + \beta_j \cdot X_i + \varepsilon_{ij}$$

其中，$Demand_{ij}$ 表示第 i 个农户对第 j 项农业金融服务的需求程度，为被解释变量。$Farmtype_{1i}$和$Farmtype_{2i}$共同定义了第 i 个农户的类型：令 $Farmtype_{1i}$ 为判断第 i 个农户是否为以农为主的普通农户的变量，是取值为 1，否取值为 0；令 $Farmtype_{2i}$ 为判断第 i 个农户是否为农场类主体的变量，是取值为 1，否取值为 0。当 $Farmtype_{1i}$ 和 $Farmtype_{2i}$ 取值分别为 0 和 0 时，第 i 个农户是以农为辅的普通农户；当 $Farmtype_{1i}$ 和 $Farmtype_{2i}$ 取值分别为 1 和 0 时，第 i 个农户是以农为主的普通农户；当 $Farmtype_{1i}$ 和 $Farmtype_{2i}$ 取值分别为 0 和 1 时，第 i 个农户是农场类农户。$X_i S$ 代表了包括地区、家庭特征等在内的其他解释变量。ε_{ij} 为随机误差项，假定其服从标准正态分布。利用极大似然法估计出模型中包括 α_{0j}，α_{1j}，α_{2j} 和 β_j 在内的一系列解释变量系数。

三、样本的统计性描述

2013 年 12 月至 2014 年 4 月期间，课题组在四川、安徽、江苏、新疆、河南、辽宁、广东、内蒙古、河南、浙江 10 个省区展开了农村入户调查。问卷调查采用调查员和被调查对象一对一访谈的形式。共获取农户家庭调查问卷 1213 份，剔除重要数据严重缺失的问卷，实际有效问卷 1121 份，问卷有效率为 92.4%。其中，信息完整度符合本章研究需要的问卷共 1049 份。

（一）农户的金融服务需求状况

本章考察的农村金融服务包括借款服务、农业保险服务、投资和证券买卖服务、结算服务和担保服务 5 项。问卷要求农户按自身对每项服务的需求强烈程度进行评分，1 分最低，代表较弱或没有需求，5 分最高，代表需求很强烈。[①] 表 13-2 的统计显示，农户对借款服务和农业保险服务需求的评分均值分别达到 3.15 和 3.26，对这两项服务需求强烈和很强烈的农户比例分别达到了 41.66% 和 48.33%。而农户对投资证券、结算服务和担保服务需求的评分均值都不足 3，农户对上述 3 项服务的总体需求还达不到"一般"的水平，对

---

① 2 分表示需求不强烈，3 分表示一般，4 分表示需求强烈。

这 3 项服务需求强烈和很强烈的农户比例均不足 15%。由此可见，当前中国农户金融服务需求仍以基本的借贷和保险服务为主。

表 13-2　　　　　　　　　农户对各类金融服务的需求

需求强度		金融服务需求类型				
		借款服务	农业保险	投资证券	结算服务	担保服务
不同需求农户比例（%）	没有或较弱	17.92	17.45	40.13	38.04	35.75
	不强烈	10.87	9.25	14.68	15.44	11.15
	一般	29.55	24.98	29.65	30.31	28.69
	强烈	22.02	26.6	7.44	8.29	13.63
	很强烈	19.64	21.73	8.1	7.91	10.77
评分均值		3.15	3.26	2.29	2.33	2.53
需求强烈程度排序		2	1	5	4	3

（二）不同类型农户金融服务需求的差异

将农户分为三类：首先按照规模，将农户分为农场类农户和普通农户；再按照主要收入来源，将农户分为以农为辅的普通农户和以农为主的普通农户。[①] 其中，以农为辅的普通农户 384 户，占总样本的 36.61%；以农为主的普通农户 404 户，占 38.51%；农场类农户 261 户，占 24.88%。

对比不同类型的农户金融服务需求程度可以发现（见表 13-3），农场类农户对各类金融服务需求的评分均值为 2.48 至 3.88，以农为主的普通农户为 2.36 至 3.23，而以农为辅的普通农户仅为 2.04 至 2.56。农户金融服务需求程度由高到低分别为：农场类农户、以农为主的普通农户和以农为辅的普通农户。

对比不同类型的农户金融服务需求类型可以发现（见表 13-3），农场类

---

① 农场类指实际耕地面积南方 50 亩以上，北方 100 亩以上，或养猪年平均存栏量 100 头以上，或养鸡年平均存栏量为 1000 只以上、养牛年平均存栏量为 50 头以上；以农为主的普通农户指实际耕地面积南方 50 亩以下，北方 100 亩以下，且养猪年平均存栏量 100 头以下，养鸡年平均存栏量 1000 只以下、养牛年平均存栏量为 50 头以下，家庭收入主要来自农业的农户；以农为辅的普通农户指实际耕地面积南方 50 亩以下，北方 100 亩以下，且养猪年平均存栏量 100 头以下，养鸡年平均存栏量为 1000 只以下、养牛年平均存栏量为 50 头以下，家庭收入主要来自非农经营或就业的农户。

农户金融服务需求强度最高的两类为借款服务和农业保险服务,评分均值接近4。其中,借款服务位列第一,需求强烈和很强烈的农户比例高达69.73%。其次是农业保险服务,需求强烈和很强烈的农户比例共计62.84%。其他3项服务的需求相对较弱。普通农户对借款服务和农业保险服务需求的强烈程度也远远超过了其他3项,但与农场类农户相比,对农业保险服务的需求超过了对借款服务的需求。

表13-3 不同农户类型金融服务需求统计

农户类型	需求程度/均值/排序		金融服务需求类型				
			借款服务	农业保险	投资证券	结算服务	担保服务
以农为辅的普通农户	不同需求农户比例(%)	没有或较弱	29.17	26.04	47.4	47.4	48.18
		不强烈	16.67	11.46	14.58	15.36	12.24
		一般	33.07	28.65	27.08	28.39	27.34
		强烈	11.46	21.88	4.43	3.13	5.99
		很强烈	9.64	11.98	6.51	5.73	6.25
	评分均值		2.56	2.82	2.08	2.04	2.1
	需求强烈程度排序		2	1	4	5	3
以农为主的普通农户	不同需求农户比例(%)	没有或较弱	14.6	15.1	35.89	32.43	28.96
		不强烈	9.9	10.15	17.08	17.57	11.88
		一般	32.43	22.03	29.21	31.68	30.2
		强烈	24.01	27.97	10.64	11.39	17.08
		很强烈	19.06	24.75	7.18	6.93	11.88
	评分均值		3.23	3.37	2.36	2.43	2.71
	需求强烈程度排序		2	1	5	4	3
农场类农户	不同需求农户比例(%)	没有或较弱	6.51	8.43	36.02	32.95	27.97
		不强烈	3.83	4.6	11.11	12.26	8.43
		一般	19.92	24.14	34.1	31.03	28.35
		强烈	34.48	31.42	6.9	11.11	19.54
		很强烈	35.25	31.42	11.88	12.64	15.71
	评分均值		3.88	3.73	2.48	2.58	2.87
	需求强烈程度排序		1	2	5	4	3

（三）不同地区农户金融服务需求的差异

将样本按所属省份划分为东北、东部、中部和西部四个地区。其中，东北地区为辽宁，占全部样本的7.53%；东部地区包括江苏、浙江和广东，占样本的25.93%；中部地区包括安徽和河南，占22.5%；西部地区包括四川、新疆、内蒙古，占44.04%。无论从整体还是具体的服务类别来看，东北和西部地区农户金融服务需求强度高于中部和东部地区的农户（见表13-4）。具体而言，除借款服务略低外，东北地区农户其他金融服务需求强度均位列第一；西部地区对借款服务的需求最强，对农业保险和担保服务的需求位列第二；东部地区对每一项服务需求的评分均值都是最低的，均不足3，即达不到"一般"水平。此外，借款和农业保险服务仍是各地区农户金融服务需求强度最大的两项服务。其中，东北、东部和中部地区农户需求最强烈的是农业保险服务，而西部地区农户最需要的是借款服务。

表13-4　不同地区农户对各类金融服务需求的评分均值

地区分类	金融服务需求类型				
	借款服务	农业保险	投资证券	结算服务	担保服务
东北地区	3.13	3.81	2.47	2.62	2.97
东部地区	2.72	2.93	2.03	2.09	2.15
中部地区	2.99	3.28	2.46	2.41	2.47
西部地区	3.48	3.35	2.32	2.37	2.69

（四）自变量描述统计

依据已有研究以及本次调查实际，本章认为影响农户金融服务需求的因素，除了农户类型以外，还包括农业生产决策者特征、家庭特征、区域特征。表13-5是对自变量的定义和取值说明，以及统计描述。

表 13-5 农业经营主体金融服务需求影响因素的统计描述

	变量	变量定义	均值	标准差
农业生产决策者特征	性别	1 = 男，0 = 女	0.87	0.336
	年龄	1 = 25岁及以下，2 = 26岁至40岁，3 = 41岁至60岁，4 = 61岁以上	3.01	0.537
	健康状况	1 = 很弱，2 = 稍差，3 = 一般，4 = 较好，5 = 很好	4.1	0.858
	受教育程度	1 = 文盲，2 = 小学，3 = 初中，4 = 高中，5 = 中专/技校和大专，6 = 大学本科及以上	2.99	0.938
家庭特征	家庭劳动力人数	人	4.2	1.578
	离县城距离	公里	25.88	24.698
	家庭成员从事农业生产人数	人	2.14	0.964
	雇工人数	人	7.61	46.533
经营特征农户类型	非农为主的普通农户	1 = 非农为主普通农户，0 = 其他	0.37	0.483
	农业为主的普通农户	1 = 农业为主普通农户，0 = 其他	0.38	0.485
	农场类农户	1 = 农场类农户，0 = 其他	0.25	0.433
区域特征地区	东部	1 = 东部，0 = 其他	0.26	0.439
	中部	1 = 中部，0 = 其他	0.23	0.421
	西部	1 = 西部，0 = 其他	0.44	0.496
	东北	1 = 东北，0 = 其他	0.07	0.255

四、农户金融服务需求的影响因素分析

本章运用 Stata 软件对样本数据进行回归，分别针对不同种类的农户金融服务需求进行了5组回归，结果整理如表13-6所示。

根据模型回归结果，不同因素对农户金融服务需求的影响结果归纳如下：

1. 农户类型显著影响农户金融服务需求

从对5类金融服务需求程度的回归结果来看，虚拟变量以农为主的普通农户和农场类农户的回归系数均为正数，且在1%的统计检验水平显著。这表明在其他条件不变的情况下，与以农为辅的普通农户相比，以农为主的普通农户

表 13-6　有序 Probit 模型回归结果

解释变量	被解释变量				
	借款服务	农业保险服务	投资证券服务	结算服务	担保服务
农业生产决策者特征					
性别	0.271*** (0.102)	0.169* (0.101)	0.015 (0.104)	0.145 (0.104)	0.147 (0.104)
年龄	-0.279*** (0.069)	-0.062 (0.069)	-0.158** (0.070)	-0.177** (0.070)	-0.209*** (0.070)
健康状况	0.017 (0.040)	0.131*** (0.040)	0.047 (0.041)	0.063 (0.041)	0.037 (0.041)
受教育程度	0.027 (0.038)	0.031 (0.038)	0.002 (0.039)	-0.025 (0.039)	-0.001 (0.039)
家庭特征					
家庭劳动力人数	-0.017 (0.024)	-0.046* (0.024)	-0.041* (0.025)	-0.033 (0.024)	-0.029 (0.024)
家庭农业劳动力数	-0.009 (0.040)	0.081** (0.040)	0.084** (0.040)	0.075* (0.040)	0.025 (0.040)
离县城距离	0.002 (0.001)	0.003** (0.001)	0.001 (0.001)	-0.003* (0.001)	-0.002 (0.001)
经营特征					
雇工人数	0.000 (0.000)	-0.000 (0.000)	-0.000 (0.000)	0.000 (0.000)	0.000 (0.000)
以农为主的普通农户	0.476*** (0.082)	0.353*** (0.081)	0.225*** (0.084)	0.319*** (0.084)	0.435*** (0.084)
农场类农户	0.973*** (0.095)	0.612*** (0.093)	0.278*** (0.100)	0.407*** (0.095)	0.515*** (0.095)
区域特征					
东北	0.036 (0.142)	0.449*** (0.143)	0.232* (0.144)	0.345** (0.143)	0.478*** (0.142)
中部	0.216** (0.097)	0.259*** (0.097)	0.292*** (0.094)	0.272*** (0.100)	0.268*** (0.100)
西部	0.431*** (0.087)	0.167* (0.087)	0.081 (0.081)	0.148* (0.089)	0.299** (0.089)
LR 统计量	234.37***	127.60***	49.31***	66.08***	101.46***
对数似然值	-1521.78	-1576.63	-1449.60	-1461.96	-1504.20
Pseudo R^2	0.07	0.04	0.02	0.02	0.03

注：括号内为 t 值结果，* 表示 $p<0.1$，** 表示 $p<0.05$，*** 表示 $p<0.01$。

和农场类农户对各类金融服务的需求更强烈。进一步来看，5 组模型回归系数均通过了差异性检验，并且农场类农户回归系数的绝对值大于以农为主的普通农户。这表明在其他条件不变的情况下，农场类农户对各类金融服务的需求强于以农为主的普通农户，这与理论预测以及统计分析的结果一致。

虽然农户金融需求存在着生产性和生活性需求兼具的特点，但不管对于农场类还是普通农户而言，生产性需求仍是其主要需求。正如前文分析，从生产目的、生产规模以及生产方式决定的生产性投资动机来看，农场类农户大于和强于普通农户，而普通农户中以农为主的农户又要大于和强于以农为辅的农户。因而不同农户对资金以及围绕着这一需求而衍生的一系列金融服务的需求存在强弱差异。这也造成了不同类型农户对不同金融服务需求类型的差异，农场类农户进行农业生产的专业性和营利目的性都更强，其经济决策和行为更具备进取式倾向，因而对获得资金投入生产的需求更强烈；而普通农户从事农业生产的营利目的性较弱，其经济决策和行为可能更加保守，因而对于农业保险服务的需求相对更强一些。根据问卷的样本统计，89.66%的农场类农户进行农业生产的主要目的是营利，而以营利为主要目的的普通农户比例为 64.21%。

2. 农户所处地区对农户金融服务需求有显著的影响

在 5 组回归模型中，所有地区变量的回归系数均为正，且几乎都在 1%—10% 的水平上显著，说明在其他条件不变的情况下，与东部地区相比，其他地区农户对各类金融服务都有着更为强烈的需求。对比不同地区的回归系数①，所得结论与统计分析一致。

进一步比较分析 5 组模型可知，除借款服务外，东北地区农户对各类金融服务的需求都很强烈。一个可能的解释是，东北地区虽是重要的农业产区，但复种指数低，以种植粮食作物为主，品种单一，对资金的需求主要发生在化肥农药等农资的购买环节，而这部分资金往往可以通过赊账或担保完成，无须现金直接支付。东北养殖业发达程度低于中部地区，对猪圈等设施建设以及其他养殖业相关投入的资金需求较低，因而整体农业生产对资金的直接需求，即借款服务的需求也就相对较低。比较而言，同样作为传统农区，中部地区复种指

---

① 对地区变量的回归系数均两两进行了差异性检验，除了第三组对投资和证券买卖服务需求的回归中，东北与西部地区回归系数间的差异不显著以外，其他各组回归系数之间，均存在着显著的差异。

数高，包括各类经济作物在内的种植品种较多，养殖业较发达，因而农业生产对资金需求量更大，对包括借款在内的各项生产性金融服务的需求也较强。而西部地区经济和农业生产水平均欠发达，农户生活性金融需求相对较强，因此农户的金融服务需求还主要集中在借款和担保服务上，对农业保险、结算和投资证券买卖服务需求较弱。值得关注的是，东部地区农户对各类金融服务需求均较弱，这可能是因为东部地区虽然经济发达，金融需求旺盛，但其需求主要来自农村地区的非农部门，如农村中小企业发展等。

3. 农业生产决策者特征对农户金融服务需求有部分影响

由5组回归模型结果可知，农业生产决策者的性别和健康的回归系数为正，年龄的回归系数为负。这表明男性、年轻、健康状况好的农业生产经营决策者，对金融服务的需求强，但仅部分显著。其中，年龄显著影响除农业保险服务以外的其他服务需求，而性别仅对借款和农业保险服务的需求影响显著，健康程度仅对农业保险服务需求的影响显著。生产决策者的受教育程度对农户金融服务需求没有显著的影响。上述结论与大多数已有研究结果类似。

4. 农户家庭特征会对农户金融服务需求产生影响，但影响方向存在差异，影响程度不显著

具体而言，农户家庭劳动力数对农业保险和投资证券服务需求有显著的负向影响；家庭农业劳动力数对农业保险、投资证券和结算服务需求有显著的正向影响；农户与县城的距离对农业保险服务需求有显著的正向影响，对结算服务需求有显著的负向影响。雇工人数对农户各类金融服务需求并无显著的影响。农户距离县城距离可能影响农户获得部分金融服务的便捷度，因而距离越近，需求就越强烈，但研究结果并不显著。

五、结论与政策启示

本章的研究表明，当前中国农户金融服务需求主要集中于借贷服务和保险服务，不同类型农户的金融服务需求程度和需求类型已经出现显著差异。从金融服务需求程度来看，农场类农户最强烈，以农为主的普通农户次之，以农为辅的普通农户最弱；从需求类型来看，农场类农户对借款服务的需求最强烈，普通农户对农业保险的需求最强烈。此外，农户类型和地区变量会对农户金融服务需求程度造成显著影响。而与农户类型和区域特征相比，农户的生产决策者特征与家庭特征对金融服务需求的影响并不十分显著。基于上述结论，本章对进一步推进农村金融创新，扶持新型农业经营主体的发展提出以下建议：

首先，要加大农村金融服务对农业经营方式创新的支持，首先要满足农场类农户的金融需求。农场类农户已初步具备规模化、专业化生产的特征，但尚未达到完全现代化生产的水平。在推动农场类农户进一步现代化的过程中，配套机械化装备，采用先进农业技术，都离不开大量的资金投入。因而，农场类农户必然对金融服务有着更为强烈和多样化的需求，加大对这类准新型农业生产经营主体的金融服务供给，健全金融服务体系势在必行。

其次，现阶段农村金融服务仍要以加大对农户的信贷支持力度为主。对已经或即将发展成为新型农业经营主体的农场类农户，应尽量满足其合理信贷需求，特别是要确保生产经营性信贷需求得到满足。确定合理的贷款额度、贷款利率水平，以及延长贷款期限，满足进行农业现代化生产经营的资金需求，降低融资成本。要完善农业保险服务，建立风险补偿机制。一方面，解除新型农业经营主体的投资者和经营者的后顾之忧，增强其信心；另一方面，兼顾普通农户的金融服务需求，实现由传统农业向现代农业的平稳推进。

最后，应根据各地区农村和农业发展的不同需求，建立侧重点不同的金融服务体系。东部地区金融服务要在兼顾传统农户的金融服务需求的同时，侧重为农村民营经济和中小企业提供金融服务；东北地区和中部地区是农业生产经营主产区，金融服务要以满足农户生产性金融需求为重点；西部地区金融服务仍要以解决农户的生活性金融需求为重点。

第十四章

农户分化对农机服务使用与
需求的影响及启示

近年来，中国农业机械化迅速推进，农机服务蓬勃兴起，有效地促进了农业发展方式的转变。与此同时，随着农业专业化、规模化、集约化的发展，中国农业组织创新日趋活跃，传统农户不断分化为以农为主、以农为辅两类兼业农户和种养大户、家庭农场等新型农业经营主体。工商资本投资农业，也为新型农业经营主体的成长提供了新的路径。农户分化和农业组织创新，不仅引发了农业经营主体结构的变化，也对农机使用、农机服务需求甚至农业机械化发展方式的选择产生深刻影响。为了调查农户分化及其对农机使用和农机需求的影响，我们于2014年春节前后，按照一户一卷方式，组织部分高校的学生利用春节返乡机会，对四川、江苏、安徽、河南、浙江、广东、陕西、辽宁、内蒙古和新疆等10省（区）的农户进行了问卷调查，共获总体有效问卷1121份。在本次问卷调查中，我们将农户分为农场类户和以农为主的兼业农户、以农为辅的兼业农户。农场类户指实际耕种面积南方50亩以上、北方100亩以上的大户或农场，将其作为新型农业经营主体的代表。以农为主、以农为辅两类兼业农户均指实际耕种面积南方50亩以下、北方100亩以下的农户。兼业农户是以农为主还是以农为辅，根据其主要收入来源确定。本章将基于该问卷调查数据，就农户农机服务的使用及需求情况进行分析，探讨农户分化对农户农机使用、农机服务需求的影响。需要说明的是，在具体分析时，剔除对应选项应填未填的问卷，各问题的有效问卷数略有不同。

一、文献回顾

国外学者尤其是来自发达国家的学者对农机实体及相关服务需求的研究比较成熟。部分学者采用一般均衡模型、投入产出模型以及基于一定理论的回归模型等，从宏观层面分析了其对农机总量的需求或投资需求，并探讨了影响因素（Whitson，1981；Gracia，1982；Abebe, et al.，1989）；还有一些学者采用Probit等模型，从农户角度分析了农场主的农机采纳行为、对农机具的需求量及其影响因素，发现经济、投入要素、环境、农户心理等都是影响农机化发展和农机服务需求的重要因素（Kulshreshtha，1975；Nikhadeand Bhople, R. S.，1989）。

国外学者关于农机需求的实证研究，对于中国学者深入分析微观层面的农户需求行为，具有重要的借鉴意义。但是，考虑到中国以小规模、分散化农户为主的农业组织结构特点，将国外学者的相关研究方法或模型、假设拿到中国应用时，往往需要加以改造或修正。

迄今为止，国内对农机实体及相关服务需求的研究，主要局限于宏观层面，微观层面的研究在总体上仍然较为薄弱。如有些学者采用神经网络分析、回归分析等方法来分析和预测中国对农机化总动力的需求，并探索其影响因素（杨敏丽、白人朴等，2004；杨印生等，2006）。近年来，一些学者逐步把研究视角转向农户层次，相关微观层面的研究才开始不断加强，但就总体而言相关研究成果仍非常有限。如刘玉梅等（2009）提出农户家庭收入水平对农机装备的需求具有决定性影响。纪月清等（2013）认为，农户农机需求的影响因素为耕地面积、劳动力数量、非农就业人数等。

随着中国城镇化的推进，大量劳动力向城市转移，农村土地加快流转。在此背景下，中国小规模、分散化传统农户向两类兼业农户或种养大户、家庭农场的分化日益加快，不同类型农户对农机实体及相关服务的需求或选择行为呈现差异化趋势。但是，迄今为止，国内学者围绕农户分化对农机使用和服务需求影响的研究仍然比较少见。因此,本章将围绕这一问题进行分析,以期对深化相关理论和政策研究有所启发。

二、农户的农机使用

(一)农户拥有农业机械的情况

据对 1105 份有效问卷的统计,农场类户、以农为主和以农为辅的兼业农户分别占农户总数的 15.2%、45.2% 和 39.6%,2013 年平均实际耕种面积分别为 393.87 亩、19.20 亩和 7.43 亩。据对 983 份有效问卷的统计,拥有农业机械的农户占全部有效问卷的 59.9%。在农场类户和以农为主、以农为辅两类兼业农户中,分别有 86.2%、66.0% 和 40.4% 拥有农业机械。与全部农户的平均水平相比,在农场类户和以农为主的兼业农户中,拥有农业机械的农户占比分别高 26.3 个百分点和 6.1 个百分点;而在以农为辅的兼业农户中,拥有农业机械的农户占比低 19.5 个百分点。可见,农业土地经营规模越大、专业化程度越高的农户,拥有农业机械的可能性越大,在农业生产环节越需要通过农机使用替代人工劳动。

(二)农户使用农业机械的原因

据对 718 份有效问卷的分析,农户使用农业机械的三大主要原因分别是减轻劳动强度、使用机械作业效率更高和弥补劳动力不足,分别占全部有效问卷的 46.4%、33.0% 和 13.2%。农场类户、以农为主和以农为辅的兼业农户使用农业机械的三大主要原因与整体情况基本相同(见表 14-1)。

从不同类型农户的比较可见,从以农为辅的兼业农户到以农为主的兼业农户,再到农场类户,随着农户经营规模的扩大和农户经营专业化程度的提高,对使用机械作业效率的重视程度也呈提高趋势,对应农户占比分别达到 29.8%、32.9% 和 37.4%。形成这种现象的一个重要原因是,农户土地经营规模越大、专业化程度越高,面临劳动力不足的问题往往越突出;当前较高的农业用工成本,也容易使其更加重视农业机械对劳动力的替代。更为重要的是，农业生产的季节性或农业作业的时效性较强，导致农业土地经营规模较大、专业化程度较高的农户，更加需要重视农业作业效率，以便"不误农时"。

表14-1　　　　　　　农户使用农业机械的主要原因

		减轻劳动强度	弥补劳力不足	使用机械作业效率更高	降低农产品损耗	机械作业比雇工更便宜	保障农产品质量	节本增收	其他	合计
农户数量（户）	农场类	60	26	61	0	6	0	10	0	163
	以农为主	169	40	114	3	7	4	10	0	347
	以农为辅	104	29	62	0	8	1	3	1	208
	合计	333	95	237	3	21	5	23	1	718
占同类农户总数的比重（%）	农场类	36.80	16.00	37.40	0.00	3.70	0.00	6.10	0.00	100.00
	以农为主	48.70	11.50	32.90	0.90	2.00	1.20	2.90	0.00	100.00
	以农为辅	50.00	13.90	29.80	0.00	3.80	0.50	1.40	0.50	100.00
	占农户总数的比重	46.40	13.20	33.00	0.40	2.90	0.70	3.20	0.10	100.00

（三）农户接受或使用农机服务的情况

近年来，随着农户分化和新型农业经营主体的成长，随着农机具购置补贴政策的推进，不同类型农户对农机服务需求的差异日趋突出和扩大。据对1012份有效问卷的统计，接受或使用过机耕、机收机割、机播、机插、机械施肥撒药等服务的农户分别占全部有效问卷的66.6%、64.0%、35.8%、9.3%和18.7%。可见，机耕、机收仍是当前农户接受或使用农机服务的重点，机播、机插特别是机械施肥撒药服务是当前中国农机服务的薄弱环节。接受或使用过机播、机插服务的农户占比较低，一个重要原因是：在我们调查的全部农户中，分别有38.4%的农户单纯种植水稻，有29.6%的农户只种植小麦。小麦生产的技术特点导致其没有机插服务需求；部分地区水稻播种机械尚未普及，也影响农户对机播的服务需求。

对不同类型农户的比较，就总体而言：第一，在农场类户，接受或使用过各项农机服务的农户占比都明显高于两类兼业农户。以机收机割为例，在农场类户有 75.0% 接受或使用过机收机割服务，比以农为主和以农为辅的兼业农户分别高 21.2 个百分点和 3.6 个百分点。可见，农业专业化和规模化的推进，有利于培育农机需求，促进农业机械化和农机服务业的发展。第二，以农为辅的兼业农户的发展，可以为农业机械化和农机服务业的发展提供新的路径。除农机施肥撒药服务外，在以农为辅的兼业农户中接受或使用过机耕、机收机割、机播服务的农户占比都高于以农为主的兼业农户（见表 14-2）。形成这种现象的主要原因可能是，相对于以农为主的兼业农户，以农为辅的兼业农户平均收入水平较高，有利于形成机械服务对人工劳动的替代。相对而言，更多以农为辅的兼业户将农业生产经营的目的定位于"保口粮""保自给"，农业经营的商品化程度较低，土地经营规模较小。在以农为辅的兼业农户中，从事农业劳动的自有劳动力数量往往较少，甚至有更为严重的农业劳动力老弱化问题，需要通过农机服务降低成本和农业劳动强度。

表 14-2   农户接受过农机服务的情况

		机耕	机收机割	机播	机插	机械施肥撒药
农户数量（户）	农场类	124	126	91	30	72
	以农为主	292	247	162	25	71
	以农为辅	258	275	109	39	120
	合计	674	648	362	94	295
附：有效问卷总数（份）		1012	1012	1012	1012	1012
占同类农户总数的比重（%）	农场类	73.80	75.00	54.20	17.90	42.90
	以农为主	63.60	53.80	35.30	5.40	15.50
	以农为辅	67.00	71.40	28.30	10.10	11.90
	占农户总数的比重	66.60	64.00	35.80	9.30	18.70

（四）农户对当前农机服务供给的满意度

据对 1011 份有效问卷的统计，当前就总体而言：第一，仍有不少农户对农机服务不了解或未接触。如在机耕、机收机割、机播、机插、机械排灌、机械施肥撒药服务中，分别有 25.8%、24.3%、47.6%、70.2%、50.4% 和 60.7% 的农户对当前的服务供给不了解或未接触。第二，农户对当前农机服务供给的满意度总体来说不高。以农机化发展程度较高的机耕服务为例，在全部问卷中，表示很满意和满意的农户占比分别仅为 16.1% 和 40.3%，仍有 17.9% 的农户表示一般或无所谓、较不满意甚至很不满意。第三，在当前的各种农机服务供给中，以农为主、以农为辅两类兼业农户的满意度，在总体上明显低于农场类户。以机耕服务为例，表示满意或很满意的农户占比，农场类户为 62.5%，以农为主、以农为辅的兼业农户分别为 53.4% 和 57.3%（见表 14-3）。这种现象的形成，与农场类户农机服务需求较大有直接关系。

表 14-3　对当前农机服务供给的满意度

		占同类农户总数的比重（%）					附：有效问卷数（份）
		不了解或未接触	很满意	满意	一般或无所谓	较不满意	很不满意	
机耕		25.80	16.10	40.30	12.90	4.00	1.00	1011
机收机割		24.28	14.77	35.58	15.76	7.83	1.78	1009
机播		47.60	9.70	22.90	16.40	2.70	0.70	1010
机插		70.20	3.20	9.00	15.40	1.90	0.40	1009
机械排灌		50.40	8.40	17.80	14.10	6.60	2.60	1011
机械施肥撒药		60.70	4.40	13.70	15.40	4.50	1.50	1009
例：机耕服务	农场类	21.40	14.30	48.20	11.30	4.20	0.60	168
	以农为主	27.90	16.10	37.30	12.60	4.80	1.30	459
	以农为辅	25.30	16.90	40.40	13.80	2.90	0.80	384

（五）农户购买农机服务时最看重的因素

在本项调查中，为了了解农户对农机服务的购买行为，我们问到当初在购买农机服务时，农户第一看重、第二看重的因素分别是什么？据对 746 份有效问卷的统计，影响农户农机服务购买行为的三大因素分别是服务质量、服务效率和服务价格。如在全部有效问卷中，购买农机服务时选择服务质量作为两大看重因素的占累计总频数的 32.1%；选择购买价格和服务效率作为两大看重因素的，分别占累计总频数的 28.3% 和 18.9%。

值得注意的是，在购买农机服务时，农场类户对服务质量的重视程度明显高于购买价格和服务效率，但对购买价格和服务效率的重视程度差别不大，对应农户占比分别为33.8%、22.3%和21.9%。以农为主的兼业农户对农机服务购买价格和服务质量的重视程度明显高于服务效率，但对购买价格和服务质量的重视程度差别不大，对应农户分别占累计总频次的31.2%、30.2%和18.2%。以农为辅的兼业农户最重视服务质量，对农机服务的购买价格和服务效率的重视程度依次降低，对应农户分别占累计总频次的33.2%、28.0%和18.2%。相对而言，农场类户对服务效率的重视程度明显高于两类兼业农户，这与其农业经营规模较大有密切关系；以农为主的兼业农户更看重农机服务的购买价格，这在很大程度上是因为其平均收入水平相对较低。

表14-4 购买农机服务时看重的因素

		购买价格	服务质量	服务效率	服务态度	提供的配套服务	服务的及时性	农机品牌	其他	合计
累计频次（户）	农场类	62	94	61	3	9	23	20	6	278
	以农为主	194	188	113	13	18	46	26	24	622
	以农为辅	155	184	101	15	23	58	12	6	554
	合计	411	466	275	31	50	127	58	36	1454
占总频次的比重（%）	农场类	22.30	33.81	21.94	1.08	3.24	8.27	7.19	2.16	100.00
	以农为主	31.19	30.23	18.17	2.09	2.89	7.40	4.18	3.86	100.00
	以农为辅	27.98	33.21	18.23	2.71	4.15	10.47	2.17	1.08	100.00
	合计	28.27	32.05	18.91	2.13	3.44	8.73	3.99	2.48	100.00

（六）对当前农机服务现实问题的评价

在本次调查中，当问到"您家对当前农机服务现实问题的评价"时，要求农户提供最主要和第二主要的评价。据对144份有效问卷的统计，约占累计总频次30%的农户认为当前农机服务总体不错、较好或很好，分别约占累计总频次24%、16%、14.7%和13.6%的农户认为成本高、价格高，供给缺乏保障，质量太差，全过程配套性差。

就不同类型农户的比较可见，从以农为辅到以农为主的兼业农户，再到农场类户，随着农业专业化、规模化水平的提高，认为当前农机作业服务"质量太差"的农户占比呈降低趋势，对应农户占比依次为17.4%、13.8%和11.3%；认为当前农机作业服务"全程配套性差""供给太少或不及时"的农户占比均呈提高趋势（见表14-5）。形成这种现象的主要原因可能是：第一，随着农户农业经营规模的扩大，农机服务的专业化、规模化呈增强趋势，这有利于提高农机服务质量；第二，农户的农业经营规模越大，对用机械替代劳动的需求往往越强，越需要增进农机服务的全程配套性和供给及时性，否则容易形成对农业效益的负面影响；第三，随着农机服务需求规模的扩大，作为农机需求方的农户相对于农机供给方的谈判地位趋于提高，这有利于促进农机服务质量的提高和价格的降低。

表14-5　你家对当前农机服务现实问题的评价

		质量太差	成本高，价格高	全过程配套性差	供给太少或不及时	总体不错	较好或很好	其他	合计
累计频次（户）	农场类	31	51	44	54	70	19	5	274
	以农为主	82	152	84	94	122	49	10	593
	以农为辅	93	133	63	76	126	34	10	535
	合计	206	336	191	224	318	102	25	1402
占总频次比重（%）	农场类	11.31	18.61	16.06	19.71	25.55	6.93	1.82	100.00
	以农为主	13.83	25.63	14.17	15.85	20.57	8.26	1.69	100.00
	以农为辅	17.38	24.86	11.78	14.21	23.55	6.36	1.87	100.00
	占农户总数的比重	14.69	23.97	13.62	15.98	22.68	7.28	1.78	100.00

三、农户对农机服务的需求

（一）对未来各类农机服务的需求强度

从表14-6可见，农户对未来农机服务的需求，从以农为辅的兼业农户到以农为主的兼业农户，再到农场类户，在总体上呈现依次增强的趋势，无论是机耕、机收机割、机播、机插，还是机械排灌、机械施肥撒药等服务都是如此。如在以农为辅的兼业农户、以农为主的兼业农户和农场类户中，对机耕服务需求很强烈和强烈的农户合计占比，分别为60.8%、62.4%和67.3%。可见，农户农业专业化、规模化的发展，有利于激发农户的农机服务需求，增强农业机械化的发展动力。

表14-6　　　　　　　　　对农机服务需求的强烈程度　　　　　　　　　单位：%

		很强烈	强烈	一般	较不强烈	较弱或无需求	附：有效问卷数（份）
机耕	农场类	30.40	36.90	22.60	1.20	8.90	168
	以农为主	23.20	39.20	24.50	5.90	7.20	459
	以农为辅	16.40	44.20	23.60	5.70	10.10	385
	占农户总数的比重	21.80	40.70	23.90	5.00	8.60	1012
机播	农场类	28.00	28.00	26.80	3.60	13.70	168
	以农为主	16.80	26.70	32.80	9.40	14.20	457
	以农为辅	10.90	22.30	32.20	11.20	23.40	385
	占农户总数的比重	16.40	25.20	31.60	9.10	17.60	1010

注：仅以农机服务的重点环节（机耕服务）和薄弱环节（机播服务）为例列表。

（二）当前最需要哪种组织提供的服务

在本项调查中，当问到"当前您家最需要哪两种组织提供的服务"时，我们提供的选项除了农户家庭自我提供和农户互助外，还有农机作业专业户、农机合作社、土地等其他类型的农民合作组织、乡村集体的农机服务队、农机服务公司（或超市）、涉农企业或农业产业化龙头企业等，这些均属于市场化服务组织。据对731份有效问卷的统计，当前农户最需要提供农机服务的组织均属于市场化服务组织，在农场类户、以农为主和以农为辅的兼业农户中，最需要市场化服务组织提供服务的农户占比分别为63.4%、57.1%和64.3%。农场类户和以农为辅的兼业农户对市场化服务组织提供服务的需求，都明显强于以农为主的兼业农户。形成这种现象的主要原因可能是：农场类户农业经营规模明显大于以农为主的兼业农户，在以农为主的兼业农户中拥有农机户占比高于以农为辅的兼业农户。

表 14 -7　　　　　　农户当前最需要哪两种组织提供的服务

		自家提供	农户互助	市场化服务组织	其他服务组织	合计
频次（户）	农场类	39	49	175	13	276
	以农为主	103	125	336	24	588
	以农为辅	56	90	340	43	529
	合计	198	264	851	80	1393
占总频次比重（%）	农场类	14.13	17.75	63.41	4.71	100.00
	以农为主	17.52	21.26	57.14	4.08	100.00
	以农为辅	10.59	17.01	64.27	8.13	100.00
	占农户总数的比重	14.21	18.95	61.09	5.74	100.00

（三）当前最需要哪种动力类型的农业机械提供服务

当问到"您家最需要哪种动力类型的农业机械提供服务"时，我们提供了5项备选项（见表14-8）。据对972份有效问卷的统计，当前最需要超大型农机、大型农机、中型农机、小型农机和微型农机的农户分别占农户总数的4.7%、20.8%、27.6%、32.6%和14.3%，农户对小型农机和中型农机提供服务的需求分别位居前两位，对大型农机、微型农机和超大型农机提供服务的需求则明显减弱。

在不同类型农户之间，最需要提供服务的农机动力类型差别很大。在农场类户，最需要提供服务的农机动力类型，第一是大型农机，第二是中型农机，分别占同类农户总数的39.1%和31.1%，合计为70.2%。在以农为主、以农为辅两类兼业农户中，最需要提供服务的农机动力类型，第一均是小型农机，占比为68.1%，第二均是中型农机，占比为57.1%。相对而言，在以农为辅的兼业农户中，最需要微型农机提供服务的农户比重明显高于以农为主的兼业农户，二者分别为23.2%和11.2%。可见，随着农户农业经营规模的扩大和农户经营专业化程度的提高，农户对提供服务的农机动力类型的需求呈现由小型化向大型化转变的趋势，以使用大型机械为主导的农业机械化与农业规模化、专业化的推进之间，具有良好的互动关系。

表 14-8 当前您家最需要哪种动力类型的农业机械提供服务

		超大型农机	大型农机	中型农机	小型农机	微型农机	合计
频次（户）	农场类	21	63	50	23	4	161
	以农为主	20	72	131	172	50	445
	以农为辅	5	67	87	122	85	366
	合计	46	202	268	317	139	972
占总频次的比重（%）	农场类	13.00	39.10	31.10	14.30	2.50	100.00
	以农为主	4.50	16.20	29.40	38.70	11.20	100.00
	以农为辅	1.40	18.30	23.80	33.30	23.20	100.00
	占农户总数的比重	4.70	20.80	27.60	32.60	14.30	100.00

注：(1) 超大型农机，动力达100马力以上。(2) 大型农机，动力达50马力以上低于100马力。(3) 中型农机，动力在20马力以上50马力以下。(4) 小型农机，动力在10马力以上20马力以下。(5) 微型农机，动力在10马力以下。

当前中国小麦生产基本实现了全程机械化，水稻耕种收综合机械化率2014年达到73%左右。根据对水稻种植户416份、小麦种植户319份有效问卷的统计，在本次调查中，水稻种植户对农机动力类型的选择位居前二的分别是小型农机和中型农机，分别占全部有效问卷的38.7%和28.9%；小麦种植户对农机动力类型的选择位居前二的分别是大型农机和小型农机，分别占全部有效问卷的33.9%和28.5%（见表14-9）。这种差异的形成，与更多的小麦种植户位居适宜农机动力较大的平原地区有关。

表 14-9 不同地貌特征的农户最需要哪种类型的农业机械

		水稻种植户					小麦种植户				
		平原区	丘陵区	山区	其他	合计	平原区	丘陵区	山区	其他	合计
频次（户）	超大型农机	5	0	0	0	5	15	0	0	0	15
	大型农机	56	9	0	0	65	92	5	11	0	108
	中型农机	83	18	9	0	110	62	3	14	0	79
	小型农机	111	37	14	1	163	75	3	12	1	91
	微型农机	32	21	20	0	73	18	7	1	0	26
	合计	287	85	43	1	416	262	18	38	1	319

续表

		水稻种植户					小麦种植户				
		平原区	丘陵区	山区	其他	合计	平原区	丘陵区	山区	其他	合计
占总频次的比重(%)	超大型农机	1.74	0	0	0	1.20	5.73	0	0	0	4.70
	大型农机	19.51	10.59	0	0	15.63	35.11	27.78	28.95	0	33.86
	中型农机	28.92	21.18	20.93	0	26.44	23.66	16.67	36.84	0	24.76
	小型农机	38.68	43.53	32.56	100.00	39.18	28.63	16.67	31.58	100.00	28.53
	微型农机	11.15	24.71	46.51	0	17.55	6.87	38.89	2.63	0	8.15
	合计	100.00	100.00	100.00	100.00	100.00	100.00	100.00	100.00	100.00	100.00

注：本表中存在部分农户既是水稻种植户，又是小麦种植户。

四、结论及启示

基于前文分析，在推进中国农业机械化发展的过程中，应把加强对农业机械化和农机服务业发展的支持，同顺应农户分化趋势加强分类指导有机结合起来。为此，我们建议：

（一）加强对发展农业规模经营、培育新型农业经营主体的政策支持，健全农户分化的促进机制

从国内外经验看，推进农业机械化，有利于减轻农业劳动强度、提高农业作业效率，并弥补劳动力不足。因此，在当前农村青壮年劳动力大量转移、农业用工成本迅速提高的背景下，农业机械化具有日益广阔的需求空间。从前文分析可见，在作为新型农业经营主体代表的农场类户中，拥有农机的农户占比、接受或使用过农机服务的农户占比、对农机作业效率和较大型农机的重视程度、对农机服务的需求强度，均明显高于两类兼业农户。可见，加强对发展农业规模经营、培育新型农业经营主体的引导和政策支持，有利于培育农机服务需求，也有利于促进农机需求由小型化向大型化的转变，提高农机作业效率，促进农业节本增效和农业机械化发展方式的转变。

在以农为辅的兼业农户中，拥有农业机械的农户占比明显低于以农为主的

兼业农户，接受或使用过机耕、机收、机播服务的农户占比以及对各农机服务的需求强度均明显高于以农为主的兼业农户。农场类户和以农为辅的兼业农户对市场化服务组织提供服务的需求，都明显强于以农为主的兼业农户。可见，健全农户分化的积极促进机制，引导农户通过土地流转转化为农场类户和以农为辅的兼业农户，都有利于培育市场化、社会化的农机服务需求，促进市场化农机服务组织发展。

（二）加强对农业机械化重点领域和薄弱环节的支持，推进农机服务信息网络建设

当前在机耕、机收机割等重点领域，接受或使用农机服务的农户占比仍不足70%。这说明推进农业机械化重点领域的发展，仍有较大空间。在机播、机插、机械施肥撒药等领域，接受或使用过农机服务的农户占比明显低于机耕、机收机割等重点领域，属于农业机械化的薄弱环节。可见，推进主要农业全程机械化仍然任重道远。在本项调查重点涉及的水稻和小麦两大作物中，小麦覆盖全程的机械化水平较高，推进水稻种植覆盖全程的机械化任务更为艰巨。

根据前文分析，当前对农机服务不了解或未接触的农户占比，在机耕、机收机割等重点领域仍达1/4左右，在机播、机插、机械排灌、机械施肥撒药等领域甚至高达1/2至2/3。这对于农机服务的推广和农业机械化的发展显然是不利的。可见，加强农机服务信息网络建设，畅通农机服务供求衔接的渠道，仍是农业机械化发展中迫切需要解决的问题。这有利于农户方便快捷地获得农机服务，也有利于农机服务组织更好地拓展市场空间。

（三）着力推进农机服务标准化建设，鼓励提高农机服务质量

当前，就总体而言，农户对农机服务的满意度亟待提高。在机播、机插、机械排灌、机械施肥撒药服务等领域，表示满意或很满意的农户占比合计约为30%，有的甚至不足20%。这与相当多的农户对农机服务不了解或未接触有关，需要通过加强农机服务信息网络建设和鼓励增加农机服务供给来解决；也

反映出提高农机服务质量、增强农机服务供给保障，是当前农机服务业发展面临的突出问题。从前文农户购买农机服务时最看重的因素分析也可以看出这点。可见，要加强农机服务标准化建设，通过健全农机服务质量标准体系、加强农机服务质量检测评估体系建设，引导和督促农机服务企业、农机服务大户等市场化、社会化的农机服务组织提高农机服务质量。考虑到农场类户和以农为辅的兼业农户，都把服务质量作为购买农机服务时最为看重的因素，今后随着农户分化程度的提高，加强农机服务标准化建设更应引起重视。鉴于以农为主、以农为辅两类兼业农户对各类农机服务的满意度在总体上明显低于农场类户，而为两类兼业农户提供农机服务的组织往往规模化、组织化程度较低，引导农机专业户等小规模、组织化程度低的农机服务组织提高农机服务的标准化水平更为重要。

（四）实施农机服务补贴政策，引导市场化、社会化的农机服务业发展

从前文分析可见，无论是以农为主、以农为辅的兼业农户，还是作为新兴农业经营主体代表的农场类户，都把农机服务的购买价格作为购买农机服务时最为看重的因素之一，尤其是以农为主的兼业农户还将购买价格作为最看重的因素。但在对当前农机服务现实问题的评价中，仍有近1/4的农户特别是兼业农户认为农机服务成本或价格太高。因此，为鼓励农户推进农机服务外包、促进农业节本增效，应实施农机服务补贴政策，鼓励农户购买农机服务，借此引导市场化、社会化的农机服务需求，促进农机服务产业化，并使农机服务补贴政策主要瞄准两类兼业农户。鉴于当前以农为主的兼业农户对市场化农机服务组织提供服务的需求低于农场类户和以农为辅的兼业农户，应注意通过实施农机服务补贴政策，引导以农为主的兼业农户扩大农机服务外包。

当前仍有占总频次16.1%的农场类户，将农机服务全程配套性差列为当前农机服务面临的现实问题，明显高于以农为主特别是以农为辅的兼业农户。通过农机服务补贴政策对农场类户等新型农业经营主体进行支持，应将重点放在提高农机服务的全程配套性上。

大型农机的有效服务半径大、服务供给能力强，更宜采取市场化、社会化

的农机服务供给模式。应优先支持以大型机械为代表的农业机械化发展,借此促进农业机械化发展方式的转变、农机作业效率和服务质量的提高。况且,通过市场化、社会化服务的模式形成农机服务供给,便于推进农业生产的全程机械化;能够连贯作业的大型农业机械化技术体系"带有明显的规模经济效应",有利于降低农机使用成本,减少农机闲置和使用中的浪费。

第十五章

农户对农机社会化服务的选择研究

一、问题的提出

随着工业化和城镇化的深入推进,大量农村劳动力向城镇或非农产业转移,许多地方出现了青壮年劳动力结构性短缺的现象,留守农村的基本上是妇女、儿童和老人(即386199部队)。"谁来种地、种什么、怎么种"已成为当前农业生产中亟待解决的重大课题。农业部《关于大力推进农机社会化服务的意见》中明确指出,推进农机社会化服务,是构建"集约化、组织化、专业化、社会化"相结合的新型农业经营体系的重要支撑,是解决农业生产"谁来种、种什么、怎么种"重大问题的现实途径。

农机社会化服务是指农机服务组织、农机户为其他农业生产者提供的机耕、机播、机收、排灌、植保等各类农机作业服务,以及相关的农机维修、供应、中介、租赁等有偿服务的总称。《全国现代农业发展规划(2011—2015年)》要求到2020年中国农作物耕种收综合机械化水平达到70%左右,基本实现农业机械化。但中国农民户均耕地只有7.8亩,不及欧盟国家的1/40、美国的1/400。如何解决一家一户小规模生产和机械化大规模作业之间的矛盾?国内外经验表明,发展社会化服务是解决这一问题的有效途径。

小麦作为中国三大粮食作物之一，其耕种收综合机械化水平是所有作物中最高的。因此，发展小麦的农机社会化服务，有利于示范带动其他作物的机械化。近年来，为提高全国的农业机械化水平，政府有关部门在指导农机社会化服务方面做了大量工作，如精心组织农机跨区作业、培育新型农机化服务主体、培训农机服务人才等。但农民对农机社会化服务的选择更多地属于市场行为，农户们"用脚投票"的选择对农业机械化的发展更为关键。那么，在农户选择农机社会化服务的过程中，哪些因素对其产生影响呢？笔者以小麦种植户为例，借助全国的问卷调查，对农户的农机社会化服务状况进行分析，并运用计量经济模型，考察农户农机社会化服务选择的影响因素，为推动中国农机社会化服务的发展提供决策参考。

二、文献述评

针对农机社会化服务，国内外学者都展开了研究。国外方面，由于农机社会化服务几乎涵盖农业的所有子系统，导致学者们的研究较少（舒坤良，2009）。Chancellor（1971）对东南亚的农机作业委托服务体系进行了分析。Yasunobu and Morooka（1995）针对马来西亚水稻种植的农机社会化服务状况、服务体系的运作机理等进行了研究。Takigawa et al.（2002）对泰国水稻种植的农机社会化服务进行了调查分析，认为社会化服务已成为泰国水稻生产中农机作业的主要方式，服务主体有民间合作组织和半专业化组织两类。Wander et al.（2003）分析了巴西小型农场选择农机社会化服务而非自购农机的影响因素，认为交易成本分析方法不适用于政府农机服务机构。Ghosh（2010）指出，农业机械化对于提高农业产出、增加农民收入具有促进作用。他基于对印度的田野调查，运用Logit模型分析发现，年龄、灌溉、信贷、政府支持等因素都对农机社会化服务产生显著的影响。

国内方面，与农机社会化服务相关的研究主要包括：

其一，农机社会化服务的意义。张宝文总结出农机社会化服务在农业和农村经济发展中的四大作用：一是提升中国农机化水平，提高农业综合生产能力；二是农机化新技术、新机具的推广应用，推进农业的科技进步；三是促进农村劳动力的转移,增加农民收入;四是优化农机装备结构,带动农机工业快速增长(刘庆斌,2006)。李斯华(2012)指出:发展农机社会化服务,是完善农业生产经营体制的重要内容;是增强农业综合生产能力的有效举措;是促进农业科学技术转化和应用的重要途径;是提升农业机械化水平的必然选择;是繁荣农村经济和增加农民收入的有效途径。

其二,农机社会化服务的成本收益。吕东慧等(2011)基于全国100个农机社会化服务组织联系点的调查,分析了小麦、玉米和水稻农机作业的成本收益,发现燃油费过高是制约农机社会化服务的首要问题,人工成本和折旧成本占农机作业的成本比较大。杜浦等(2012)根据山西省农机户的问卷调查,通过量本利分析计算了农机作业的盈亏平衡点。

其三,农机社会化服务存在的问题。学者们从各地的实践出发,分析了农机社会化服务中存在的问题,例如丁润锁和陈羽白(2011)指出:广东省缺少农机作业信息平台,导致供求信息不畅;农机作业存在地方保护、乱收费现象;农机维修不完善,配件市场混乱。高志峰(2013)发现山西省农机社会化服务面临的主要问题有:功能不强,内容不全;服务组织松散,发展后劲不足;作业成本上升;布局不合理;公共服务能力不强。

从已有的文献来看,国外对农机社会化服务的研究不多,国内的研究较为丰富。但国内主要从宏观层面分析农机社会化服务的意义、成本收益、存在的问题等,专门从农户视角对其农机社会化服务选择的调查研究散落于个别硕士博士论文中,例如:纪月清(2010)基于安徽省的调查,通过Probit模型考察了农户农机购买决策的影响因素,发现村农机服务价格、青壮年男性劳动力数量、耕地面积、家庭财富、农业决策者的年龄等都对农户农机持有决策产生显著影响;宋修一(2009)通过对山东诸城的调查,运用Logit模型分析了农户兼业程度、农户耕地特征、农机作业服务发展水平、农机保有量等因素对其农机作业服务的影响。而以某一特定农作物为切入点,通过对全国的农户问卷调查,分析其农机社会化服务选择及其影响因素的文献较为少见。那么,农机社会化服务这种"商品"是否被广大农户接受了?农户的农机社会化服务需求受到哪些因素的影响?要加快农机社会化服务的发展,进而推动中国农业机械化水平的提高,这些问题亟待解答。

三、农机社会化服务状况分析

为了考察农机社会化服务状况,2013年12月至2014年4月,课题组对全国10个省区(四川、安徽、江苏、新疆、河南、辽宁、广东、内蒙古、河南、浙江)的农户展开了问卷调查。为了保证问卷的有效性,课题组对调查员进行了认真的培训。经调查员、省区调查负责人、课题组三个层面的检查和复查,共收回问卷1213份,剔除重要数据严重缺失的问卷,实际有效问卷1121份,问卷有效率为92.42%,其中小麦种植户的问卷有329份,涉及8个省区(四川、安徽、江苏、新疆、河南、内蒙古、河南、浙江)。根据调查结果,小麦种植户的农机社会化服务选择呈现如下特征。

(一)农机社会化服务已成为大多小麦种植户的首选,但不同类型农户之间存在差异

总体上,小麦种植户选择农机社会化服务的比重明显高于自购农机和人畜力作业两种方式(见表15-1)。调查发现,选择社会化服务的小麦种植户的数量远远多于自购农机和人畜力作业,说明社会化服务已成为当前中国小麦种植中农机作业的主要方式。随着工业化、城镇化的深入推进和农业劳动成本和机会成本的迅速上升,农村的人畜力作业方式逐步萎缩,相对于自购农机,农机社会化服务通过农机服务的专业化、规模化和集约化,有利于降低农户农机使用的成本和风险。因此,农机社会化服务日益成为中国小麦种植户的首要选择。

从农户类型来看,在农机社会化服务水平普遍较高的情况下,以农为辅的农户在小麦播种环节选择社会化服务的比重较低。参照国际经验,我们将农户类型分为农场类、以农为主的农户和以农为辅的农户三类[①]。在这三大类农户

---

① 在本章中,农场类指实际耕地面积南方50亩及以上,北方100亩及以上的农户;以农为主的农户指家庭全部收入主要来自农业的农户;以农为辅的农户指家庭全部收入主要来自非农经营或就业的农户。

表 15-1　　　　　　　　不同类型农户的生产作业方式

农户类型		作业方式								
		耕地环节			播种环节			收割环节		
		社会化	自购农机	人畜力	社会化	自购农机	人畜力	社会化	自购农机	人畜力
农场类	户数(户)	38	19	2	24	14	21	52	5	2
	占比(%)	64.41	32.20	3.39	40.68	23.73	35.59	88.14	8.47	3.39
以农为主	户数(户)	65	26	18	57	8	44	93	6	10
	占比(%)	59.63	23.85	16.52	52.29	7.34	40.37	85.32	5.51	9.17
以农为辅	户数(户)	118	27	16	64	19	78	141	8	12
	占比(%)	73.29	16.77	9.94	39.75	11.8	48.45	87.58	4.97	7.45

注：调查首先询问小麦种植户是否使用农业机械，然后询问使用了农机的小麦种植户各生产环节中农机的来源是自购还是社会化服务，因而将生产作业方式分为农机社会化服务（简称社会化）、自购农机和人畜力作业三种，下表同。另外，问卷调查涉及除草、耕地、播种、施肥、撒药、收割、搬运环节的生产作业，但为简便起见，仅对耕（耕地）、种（播种）、收（收割）三大环节进行分析。

中，只有以农为辅的农户在小麦播种环节的社会化服务比重低于人畜力作业方式，这一结果的产生可能与农业对这类农户收入的影响较弱有关。调查发现，这类农户种植小麦是为了自家消费（规模小）或打发时间，其选择农机社会化服务的动力不足。

（二）东部地区农机社会化服务水平高，但播种环节的农机社会化服务程度亟待提升

总体上，东部地区小麦种植户的农机社会化服务水平高于中西部地区（见表15-2）。东部地区在小麦收割和耕地环节的农机社会化服务比重都超过了90%，而中西部地区在耕地环节的社会化服务比重仅为60%左右。

从播种环节来看，三大地区小麦种植户的农机社会化服务程度都比较低，东部地区仅为35%，西部地区仅为39%，均低于人畜力作业方式所占的比重。因此，在耕种收三大生产环节中，播种环节是今后小麦种植农机社会化服务需要加强的薄弱环节。

表15-2   不同地区农户的生产作业方式

所在地区		作业方式								
		耕地环节			播种环节			收割环节		
		社会化	自购农机	人畜力	社会化	自购农机	人畜力	社会化	自购农机	人畜力
东部	户数（户）	64	6	1	25	7	39	67	3	1
	占比（%）	90.14	8.45	1.41	35.21	9.86	54.93	94.37	4.22	1.41
中部	户数（户）	65	28	14	61	17	29	96	6	5
	占比（%）	60.75	26.17	13.08	57.01	15.89	27.10	89.72	5.61	4.67
西部	户数（户）	92	38	21	59	17	75	123	10	18
	占比（%）	60.93	25.16	13.91	39.07	11.26	49.67	81.46	6.62	11.92

（三）平原地区农机社会化服务水平高，丘陵和山区的农机社会化服务程度亟待提升

总体上，三大地貌特征小麦种植户的农机社会化服务水平从低到高依次为山区、丘陵、平原，而人畜力作业占比的顺序正好与之相反（见表15-3），表明平原地带小麦种植户的农机社会化服务程度较高，而山区的人畜力作业比重还很高。可见，地形地貌特征对农机社会化服务的影响比较大，这种影响可能跟不同类型地区的农机作业成本有关。山区的农机作业成本往往高于平原地区。

表 15-3　　　　　　　　不同地貌农户的生产作业方式

地貌特征		作业方式								
		耕地环节			播种环节			收割环节		
		社会化	自购农机	人畜力	社会化	自购农机	人畜力	社会化	自购农机	人畜力
平原	户数（户）	209	50	15	133	33	108	253	14	7
	占比（%）	76.28	18.25	5.47	48.54	12.04	39.42	92.34	5.11	2.55
丘陵	户数（户）	6	5	6	5	2	10	12	3	2
	占比（%）	35.29	29.42	35.29	29.42	11.76	58.82	70.59	17.65	11.76
山区	户数（户）	6	17	15	7	6	25	21	2	15
	占比（%）	15.79	44.74	39.47	18.42	15.79	65.79	55.26	5.27	39.47

从生产环节来看，丘陵和山区农村小麦种植户在耕地和播种环节的农机社会化服务比重均低于人畜力作业方式。这一结果与张宗毅（2014）对中国当前农机化发展形势的分析基本一致。因此，加强对丘陵和山区农村种植小麦农机社会化服务的支持，是今后完善中国农机社会化服务需要重视的方向之一。

（四）不同规模农户的社会化服务水平差别不大，但小规模农户人畜力作业占比较高

总体上，农机社会化服务水平在三大规模的小麦种植户之间并不存在明显的差异（见表15-4）。在同一个生产环节中，大规模农户与中等和小规模农户的社会化服务比重差别不大，说明种植面积对农户是否选择农机社会化服务影响较小。实际上，小麦种植户，尤其是小规模农户，在农机社会化服务的选择上，更多属于"从众行为"，或者是一种"被迫"选择。[①]

从小规模农户来看，无论是耕地环节，还是播种或者收割环节，其人畜力作业所占的比重都高于大规模和中等规模农户，说明小规模农户是目前小麦种植机械化的薄弱对象。

---

① 小麦种植户是否选择农机社会化服务，或者选择哪一家服务主体，取决于大户的选择，很多时候只能跟随。有些地方农机社会化服务可选择空间不足，也强化了这种"被迫性"。

表 15-4　　　　　　不同规模农户的生产作业方式

规模类型		作业方式								
		耕地环节			播种环节			收割环节		
		社会化	自购农机	人畜力	社会化	自购农机	人畜力	社会化	自购农机	人畜力
大规模	户数（户）	38	16	2	23	12	21	49	5	2
	占比（%）	67.86	28.57	3.57	41.07	21.43	37.5	87.5	8.93	3.57
中等规模	户数（户）	32	36	2	33	18	19	60	8	2
	占比（%）	45.71	51.43	2.86	47.14	25.71	27.15	85.71	11.43	2.86
小规模	户数（户）	151	20	32	89	11	103	177	6	20
	占比（%）	74.38	9.85	15.77	43.84	5.42	50.74	87.19	2.96	9.85

注：大规模指小麦种植面积超过 50 亩的农户；中等规模的种植面积为 7.5—50 亩；小规模农户的种植面积小于 7.5 亩。之所以将小规模农户的标准定为 7.5 亩，一方面是因为中国户均耕地面积为 7.8 亩，另一方面是出于数据分布的考虑。

（五）高收入农户的社会化服务水平高，而中低收入农户的社会化服务程度亟待提升

总体上，高收入农户种植小麦的农机社会化服务比重大于中低收入农户（见表 15-5）。各主要环节农机社会化服务的比重与收入呈现一定的正向关系，说明收入越高的农户在小麦种植中越有可能购买社会化的农机服务。

表 15-5　　　　　　不同收入农户的生产作业方式

收入类型		作业方式								
		耕地环节			播种环节			收割环节		
		社会化	自购农机	人畜力	社会化	自购农机	人畜力	社会化	自购农机	人畜力
高收入	户数（户）	74	22	4	55	14	31	89	8	3
	占比（%）	74	22	4	55	14	31	89	8	3
中等收入	户数（户）	99	38	15	62	19	71	138	7	7
	占比（%）	65.13	25	9.87	40.79	12.5	46.71	90.78	4.61	4.61
低收入	户数（户）	48	12	17	28	8	41	59	4	14
	占比（%）	62.34	15.58	22.08	36.36	10.39	53.25	76.63	5.19	18.18

注：高收入指年人均纯收入高于 20000 元的农户；中等收入为年人均纯收入为 5000—20000 元的农户；低收入为年人均纯收入小于 5000 元的农户。

从中低收入农户来看，在播种环节其人畜力作业所占的比重超过了社会化服务方式，说明中低收入农户是小麦种植农机社会化服务的瓶颈。

四、农机社会化服务的影响因素分析

调查发现，尽管社会化服务已经成为中国小麦种植中农机作业的首要方式，但社会化服务水平在不同类型、生产环节、地域范围、地貌特征、种植规模、收入水平的农户之间存在较大差异。那么，影响中国小麦种植户农机社会化服务选择的因素有哪些呢？笔者以问卷调查数据为基础，运用计量经济模型予以分析。

（一）计量模型

本章采用二元 Logit 模型对小麦种植户农机社会化服务选择的影响因素进行分析。小麦种植户选择农机社会化服务的概率为：

$$P(y=1|x) = E(y|x) = G(\beta_0 + \beta_1 x_1 + \cdots + \beta_k x_k) = G(z)$$

Logit 模型为：$G(z) = \dfrac{\exp(z)}{1-\exp(z)}$

因此，$E(Y|X) = \dfrac{\exp(\beta_0 + \beta_1 X_1 + \cdots + \beta_k X_k)}{1 - \exp(\beta_0 + \beta_1 X_1 + \cdots + \beta_k X_k)}$

式中，X_i 表示影响小麦种植户农机社会化服务选择的各个因素。

（二）变量选取

笔者将影响小麦种植户农机社会化服务选择的潜在因素归纳为五类，各变量的定义和描述性统计见表 15-6。

第一类，农机服务价格。一般而言，服务价格越高，农户选择农机社会化服务的概率越小；服务价格越低，农户选择农机社会化服务的可能性越大。

第二类，农户兼业情况。农户兼业会减少农村务农的劳动时间，因而可能会增加对农机服务的需求。我们以农户非农纯收入占总纯收入的比重表示其兼业情况，农户的非农收入占比越高，越有可能选择农机社会化服务。

表 15-6　　　　　　　　变量定义及描述性统计

变量	符号	定义	表示方法	最大值	最小值	均值
被解释变量	SM	农机服务社会化	选择社会化服务为1，否为0	1	0	—
	GD	耕地环节农机社会化服务	选择社会化服务为1，否为0	1	0	—
	BZ	播种环节农机社会化服务	选择社会化服务为1，否为0	1	0	—
	SG	收割环节农机社会化服务	选择社会化服务为1，否为0	1	0	—
解释变量	POS	农机服务价格	小麦收割服务价格（元/亩）	640	18	93.173
	BON	农户兼业情况	非农收入占总收入之比（%）	100	0	35.99
	AOP	小麦种植面积	劳均种植面积（亩/人）	4600	0.15	41.426
	AOL	小麦种植地块面积	平均地块面积（亩）	1783	0.2	22.098
	GOF	小麦种植地貌特征	平原为1；丘陵和山区为0	1	0	—
	AOH	户主年龄	60岁以下为1；60岁以上为0	1	0	—
	HOH	户主健康状况	良好为1；较差为0	1	0	—
	EOH	户主受教育程度	受教育年限（年）	16	0	8.526
	NOL	家庭劳动力数量	家庭劳动力数量（个）	10	1	2.164
	DOT	离乡镇政府的距离	距乡镇政府的距离（公里）	220	0	6.014
	POA	从事农业的目的	收入目的为1，其他为0	1	0	—
	SOC	农户社会资本	家庭成员是否有村干部，有为1，无为0	1	0	—

第三类，小麦种植特点。小麦种植特点通过三个变量来体现：一是小麦种植面积。劳均种植面积越大，越有可能使用大型农用机械，但是否会增加农机社会化服务的需求，有待实证检验，毕竟不同规模所需要的农用机械存在差别。二是小麦种植的地块面积。地块面积越大，越有可能使用农业机械，进而增加农机社会化服务需求。三是小麦种植的地貌特征。平原地区更适合于普通农用机械的作业，因而越有可能使用农业机械，并选择农机社会化服务。

第四类，户主个人特征。户主个人特征包括三个方面：一是年龄。年轻的户主可能更容易接受农机社会化服务，但年龄大的户主也会因为无法从事重体力劳动而选择农机社会化服务，其影响存在不确定性。二是健康状况。越健康的户主越有可能接受新生事物而选择农机社会化服务，但健康状况差的户主也可能因身体不适合劳动而选择农机社会化服务，其影响也存在不确定性。三是受教育程度。一般情况下，受教育程度越高的农户选择农机社会化服务的概率越高。

第五类，农户家庭特征。农户家庭特征用四个变量表示：一是家庭劳动力数量。劳动力数量越多，能参与劳动的人数就越多，在其他条件不变的情况下，选择农机社会化服务的概率就越低。二是家庭住址离乡镇政府的距离。距离越远越不可能了解到农机服务的信息，选择农机社会化服务的概率就越低。三是从事农业的目的。以收入为目的的农户有可能选择农机社会化服务以提高其农业收入，但也可能不选择农机社会化服务，因为购买服务需要付费。四是农户社会资本。用家庭成员是否有村干部表示，有村干部的家庭掌握农机社会化服务信息的渠道多，更有可能选择社会化服务。

（三）估计结果

以问卷调查数据为基础，笔者运用 STATA 软件，通过最大似然估计法对小麦种植户农机社会化服务选择的影响因素进行 Logit 模型分析。除了模拟总体的农机社会化服务外，还对耕、种、收三大生产环节农机社会化服务选择的影响因素分别进行考察，各模型的估计结果见表 15-7。

表 15-7　　　农机社会化服务影响因素的模型估计结果

变量		总体	耕地环节	播种环节	收割环节
农机服务价格	POS	-0.007*** (0.002)	-0.001 (0.002)	-0.007*** (0.002)	-0.006*** (0.002)
农户兼业情况	BON	-0.056 (0.474)	-0.111 (0.363)	-0.418 (0.310)	-0.158 (0.450)
小麦种植特点	AOP	-0.000 (0.002)	-0.001 (0.001)	-0.005** (0.002)	-0.000 (0.002)
	AOL	0.003 (0.005)	0.004 (0.004)	0.003* (0.002)	0.003 (0.005)
	GOF	1.933*** (0.413)	2.217*** (0.395)	0.812** (0.367)	1.834*** (0.394)

续表

变量		总体	耕地环节	播种环节	收割环节
户主个人特征	AOH	-1.666 (1.131)	-1.162** (0.559)	0.285 (0.382)	-1.072 (0.837)
	HOH	0.889** (0.415)	0.073 (0.347)	0.071 (0.290)	0.706* (0.398)
	EOH	-0.120 (0.086)	--0.030 (0.054)	0.058 (0.045)	-0.093 (0.078)
农户家庭特征	NOL	-0.129 (0.180)	-0.450*** (0.147)	-0.213* (0.126)	-0.222 (0.163)
	DOT	-0.013 (0.009)	-0.094*** (0.035)	-0.046* (0.026)	-0.012 (0.009)
	POA	-0.027 (0.409)	-1.064*** (0.320)	0.136 (0.258)	-0.107 (0.388)
	SOC	-0.513 (0.712)	-0.047 (0.557)	-0.447 (0.498)	-0.658 (0.655)
常数项		3.799*** (1.437)	2.446*** (0.910)	-0.244 (0.703)	3.208*** (1.150)
样本量		329	329	329	329
伪判决系数		0.223	0.246	0.090	0.192
对数似然值		-93.004	-156.931	-205.372	-103.089
卡方检验统计量		53.51***	102.62***	40.71***	48.94***

注：括号中为标准误；*** 表示 $p<0.01$，** 表示 $p<0.05$，* 表示 $p<0.1$。

1. 服务价格对小麦种植户的农机社会化服务选择影响显著

模型估计结果发现，农机服务价格对小麦种植户社会化服务总体选择，以及播种和收割环节的农机社会化服务选择都产生了显著的负向影响。这表明服务价格越高，农户种植小麦要支付的成本就越多，选择农机社会化服务的概率就越小。

2. 种植特点对小麦种植户的农机社会化服务选择影响显著

（1）小麦种植面积对播种环节的农机社会化服务产生了显著的负向影响，表明农户的劳均种植面积越大，小麦种植户选择农机社会化服务的概率就越低，这可能是农户购置了农机自用。（2）地块面积对小麦种植户播种环节的农机社会化服务选择产生显著的正向影响，表明地块面积大的小麦种植户选择农机社会化服务的概率更高。(3) 地貌特征对小麦种植户总体和耕种收三大环节的农机社会化服务选择都产生了显著的正向影响，表明与丘陵和山区相比，平原地带种植小麦更适合大型农用机械的作业，因而农户选择农机社会化服务的概率更高。这一结果与前面的状况分析结果相一致，即平原地带种植小麦的农机社会化服务水平高于丘陵和山区。

3. 户主特征对小麦种植户的农机社会化服务选择影响显著

(1) 户主的年龄对小麦种植户耕地环节的农机社会化服务选择产生了显著的负向影响，可能的原因是户主的年龄超过60岁，对接受新生事物容易产生不利影响，导致其选择农机社会化服务的概率降低。(2) 户主的健康状况对小麦种植户总体和收割环节的农机社会化服务选择都产生了显著的正向影响，表明户主越健康，其小麦种植中选择农机社会化服务的概率就越高。

4. 家庭特征对小麦种植户的农机社会化服务选择影响显著

(1) 劳动力数量对小麦种植户耕地和播种环节的农机社会化服务选择都产生了显著的负向影响，表明家庭劳动力的数量越多，小麦种植户选择农机社会化服务的概率越低，因为可以通过家庭劳动力来从事农业生产。(2) 家庭住址离乡镇政府的距离对小麦种植户耕地和播种环节的农机社会化服务选择产生了显著的负向影响，说明离乡镇政府的距离越远，购买农机社会化服务的概率就越低，这与掌握农机社会化服务信息的多少存在一定关系。(3) 从事农业的目的对小麦种植户耕地环节的农机社会化服务选择产生了显著的负向影响，表明越以农业为主要收入来源的小麦种植户，就越舍不得花钱购买农机社会化服务，在耕地环节选择农机社会化服务的概率就越低。这种现象的形成，与此类农户收入水平低有很大关系。

五、结论与政策启示

本章基于全国8省区的问卷调查，对小麦种植户的农机社会化服务状况进行了分析，发现农机社会化服务已成为大多数小麦种植户的首选，且东部地区小麦种植户的农机社会化服务程度高于中西部，平原地带高于丘陵和山区，高收入农户高于中低收入农户，播种环节低于收割和耕地环节。进一步，笔者运用 Logit 模型考察了小麦种植户农机社会化服务选择的影响因素，发现服务价格、种植面积、地块大小、地貌特征、户主的年龄与健康状况、家庭劳动力数量、离乡镇政府的距离和从事农业的目的等因素都对其农机社会化服务选择产生显著影响。通过前述分析，可得到如下政策建议：

第一，把握主攻方向，认清农机社会化服务的瓶颈。在农机社会化服务状况的分析中我们发现，中西部地区、丘陵和山区地带、中低收入、小规模、以农为辅的农户、种植小麦的播种环节等的农机社会化服务水平都比较低，已构成中国小麦种植农机社会化服务的薄弱环节。今后，可考虑创造条件将农机购置补贴转为农机服务补贴，并将农机服务补贴政策向这些薄弱环节倾斜，为提高中国农业机械化水平创造条件。

第二，以需求为动力，根据农户类型提供农机服务。小麦种植户能否接受农机社会化服务，从根本上取决于需求。状况分析结果表明，当前中国小麦种植户的农机社会化服务水平存在很大的结构性差异，导致这种现象的原因之一在于农户的类型，不同类型小麦种植户对农机社会化服务的需求有所不同。为了更好地为小麦种植户提供农机服务，应该以农户的需求为动力，根据不同种植面积、不同地块大小、不同地貌特征、距离信息源远近等的小麦种植户有针对性地提供服务。

第三，加快人才培养，为农机社会化服务奠定基础。根据户主的年龄和健康状况都对农机社会化服务选择产生显著影响的分析结果，可在两方面加强农机社会化服务人才的培养：一是将身强体壮的青年农户培育成精通农机驾驶和维修技术的农机手，再通过传帮带的示范引导作用带动周围农户，从而提高小麦种植的农机社会化服务水平；二是加强对现有农机手的培训，解决当前熟练农机手严重不足的问题，为小麦种植的农机社会化服务提供支撑。

主要参考文献

1. ［奥］约瑟夫·熊彼特：《经济发展理论》，何畏、易家详等译，商务印书馆，2009年。

2. 曹光乔、吴萍：《中国农机服务产业发展报告》，中国农业出版社，2018年。

3. 陈贺："基于供应链视角的农业产业链融资分析"，《农村金融研究》，2011年第7期。

4. 陈凯、刘煜寒："中外农业生产服务业发展状况的比较分析——基于投入产出表的实证研究"，《经济问题》，2014年第5期。

5. 陈端、谢朋真："平台经济的监管困境与治理优化"，《经济》，2019年第12期。

6. 陈晓华："推进龙头企业转型升级，促进农村一二三产业融合发展"，《农村经营管理》，2015年第12期。

7. 陈郁："日本发展"六次产业"的主要做法与启示"，《调查研究报告》（国务院发展研究中心），2015年第44号。

8. 陈昭玖、胡雯："农地确权、交易装置与农户生产环节外包——基于"斯密—杨格"定理的分工演化逻辑"，《农业经济问题》，2016年第8期。

9. 程大中："中国生产性服务业的水平、结构及影响——基于投入—产出法的国际比较研究"，《经济研究》，2008年第1期。

10. 曹斌、倪镜："日本农业农村发展新动向与主要政策"，《日本研究》，2019年第1期。

11. 崔红志、刘亚辉："我国小农户与现代农业发展有机衔接的相关政策、存在问题及对策"，《中国社会科学院研究生院学报》，2018年第5期。

12. 邓芬芬："差异性农户金融需求与同质性金融供给问题研究——基于

湖南永州市 240 户农户金融供需状况调查",《金融经济（理论版）》，2014 年第 5 期。

13. 丁润锁、陈羽白："广东省农机社会化服务组织型式的研究",《农机化研究》，2011 年第 7 期。

14. 董晓林、吴昌景："四大担保模式化解农民贷款难题",《农业经济问题》，2008 年第 9 期。

15. 杜浦等："关键农机作业环节成本与收益研究",《农机化研究》，2012 年第 4 期。

16. 杜志雄："农业生产性服务业发展的瓶颈约束：豫省例证与政策选择",《东岳论丛》，2013 年第 1 期。

17. 杜志雄、刘文霞："家庭农场的经营和服务双重主体地位研究：农机服务视角",《理论探讨》，2017 年第 2 期。

18. 杜志雄、肖卫东：《中国"兴"字型农业现代化的演化与趋势》，中国社会科学出版社，2019 年。

19. 杜志雄、肖卫东："农业规模化经营：现状、问题和政策选择",《江淮论坛》，2019 年第 4 期。

20. 冯道杰："农民专业合作经济组织的发展动力研究——基于成本—收益视角的分析",《山东经济》，2007 年第 2 期。

21. 高觉民、李晓慧："生产性服务业与制造业的互动机理：理论与实证",《中国工业经济》，2011 年第 6 期。

22. 高强、孔祥智："我国农业社会化服务体系演进轨迹与政策匹配：1978—2013 年",《改革》，2013 年第 4 期。

23. 高瑞霞："合作社个体 PK 合作社联合社",《中国合作经济》，2009 年第 12 期。

24. 高志峰："山西省农机社会化服务体系发展现状与对策",《农业技术与装备》，2013 年第 7 期。

25. 顾乃华等："生产性服务业与制造业互动发展：文献综述",《经济学家》，2006 年第 6 期。

26. 顾乃华等："中国转型期生产性服务业发展与制造业竞争力关系研究——基于面板数据的实证分析",《中国工业经济》，2006 年第 9 期。

27. 顾乃华："生产性服务业发展趋势及其内在机制"，《财经论丛》，2008年第2期。

28. 格鲁伯和沃克：《服务业的增长：原因及影响》，上海三联书店，1993年。

29. 仝志辉、侯宏伟："农业社会化服务体系：对象选择与构建策略"，《改革》，2015年第1期。

30. 桂小笋："大北农转型农业综合服务商瞄准四大途径"，《证券日报》，2015年1月14日第3版。

31. 韩长赋："在科学发展中开拓农业农村经济工作新局面"，《求是》，2012年第13期。

32. 韩坚、尹国俊："农业生产性服务业：提高农业生产效率的新途径"，《学术交流》，2006年第11期。

33. 郝爱民："农业生产性服务业对农业的影响——基于省级面板数据的研究"，《财贸经济》，2011年第7期。

34. 郝爱民："农业生产性服务业对农业的外溢效应与条件研究"，《南方经济》，2013年第5期。

35. 郝爱民："农业生产性服务对农业技术进步贡献的影响"，《华南农业大学学报（社会科学版）》，2015第1期。

36. 何广文："农村资金互助合作机制及其绩效阐释"，《金融理论与实践》，2007年第4期。

37. 何军等："农户民间借贷需求及影响因素实证研究"，《南京农业大学学报》，2005年第12期。

38. 何明柯、王文举："现代供应链发展的国际镜鉴与中国策略"，《改革》，2018年第1期。

39. 洪银兴、郑江淮："反哺农业的产业组织与市场组织——基于农产品价值链的分析"，《管理世界》，2009年第5期。

40. 胡凌啸、武舜臣："土地托管的内涵与实现：理论剖析与实践归纳"，《经济学家》，2019年第12期。

41. 黄汉权等：《新时期中国产业政策转型理论与实践》，中国社会科学出版社，2017年。

42. 黄季焜："农产品目标价格制度研究"，《农村经济文稿》，2015 年第 7 期。

43. 黄延信等："农村土地流转状况调查与思考"，《农业经济问题》，2011 年第 5 期。

44. 黄玥："我国农业产业链融资的制约因素"，《财政监督》，2013 年第 2 期。

45. 黄祖辉："农民合作：必然性、变革态势与启示"，《中国农村经济》，2000 年第 8 期。

46. 胡伟宏等："慈溪家庭农场走过十二年"，《农村经营管理》，2013 年第 4 期。

47. 胡正塬等："创新供销合作社打造新型农业经营体系中坚力量"，《全球化》，2015 年第 11 期。

48. "建设社会主义新农村目标、重点与政策研究"课题组："部门和资本'下乡'与农民专业合作经济组织的发展"，《经济理论与经济管理》，2009 年第 7 期。

49. 冀名峰："农业生产性服务业：我国农业现代化历史上的第三次动能"，《农业经济问题》，2018 年第 3 期。

50. 冀名峰、李琳："关于加快发展农业生产性服务业的四个问题"，《农村工作通讯》，2019 年第 4 期。

51. 冀名峰、李琳："农业生产托管：农业服务规模经营的主要形式"，《农业经济问题》，2020 年第 1 期。

52. 纪月清等："我国农户农机需求及其结构研究——基于省级层面数据的探讨"，《农业技术经济》，2013 年第 7 期。

53. 姜长云："粮食加工业迅速发展对中长期粮食安全的影响"，《宏观经济研究》，2007 年第 4 期。

54. 姜长云："着力发展面向农业的生产性服务业"，《宏观经济管理》，2010 年第 9 期。

55. 姜长云：《转型发展：中国"三农"新主题》，安徽人民出版社，2011 年。

56. 姜长云："农业生产性服务业发展模式举证：自安徽观察"，《改革》，

2011 年第 1 期。

57. 姜长云："农业生产性服务业发展的模式、机制与政策研究"，《经济研究参考》，2011 年第 51 期。

58. 姜长云："发展农业生产性服务业的模式、启示与政策建议"，《宏观经济研究》，2011 年第 3 期。

59. 姜长云：《中国服务业：发展与转型》，山西经济出版社，2012 年。

60. 姜长云："农业产业化组织创新的路径与逻辑"，《改革》，2013 年第 8 期。

61. 姜长云、张藕香、洪群联："农机服务组织发展的新情况、新问题及对策建议"，《全球化》，2014 年第 12 期。

62. 姜长云："农户家庭经营与发展现代农业"，《江淮论坛》，2013 年第 6 期。

63. 姜长云、张立冬："美国公司农场的发展及启示"，《世界农业》，2014 年第 4 期。

64. 姜长云："农户分化对粮食生产和种植行为选择的影响及政策思考"，《理论探讨》，2015 年第 1 期。

65. 姜长云："中国农业发展的问题、趋势与加快农业发展方式转变的方向"，《江淮论坛》，2015 年第 5 期。

66. 姜长云、郑秋芬："农户分化对农机服务使用与需求的影响及启示"，《全球化》，2015 年第 12 期。

67. 姜长云："日本的'六次产业化'与我国推进农村一二三产业融合发展"，《农业经济与管理》，2015 年第 3 期。

68. 姜长云、洪群联、邱灵：《服务业大趋势》，浙江大学出版社，2015 年。

69. 姜长云："培育新型农业服务主体问题研究"，《区域经济评论》，2016 年第 5 期。

70. 姜长云："关于发展农业生产性服务业的思考"，《农业经济问题》，2016 年第 5 期。

71. 姜长云：《多维视角下的加快转变农业发展方式研究》，中国社会科学出版社，2017 年。

72. 姜长云、杜志雄："关于推进农业供给侧结构性改革的思考"，《南京农业大学学报（社会科学版）》，2017年第1期。

73. 姜长云："促进小农户和现代农业发展有机衔接是篇大文章"，《中国发展观察》，2018年第4期。

74. 姜长云："服务业高质量发展的内涵界定与推进策略"，《改革》，2019年第6期。

75. 姜长云："做好'健全面向小农户的农业社会化服务体系'大文章"，《中国发展观察》，2020年第3－4期。

76. 姜长云："科学把握农业生产性服务业发展的历史方位"，《南京农业大学学报（社会科学版）》，2020年第3期。

77. 江静等："生产者服务业发展与制造业效率提升：基于地区和行业面板数据的经验分析"，《世界经济》，2007年第8期。

78. 江小涓："高度联通社会中的资源重组与服务业增长"，《经济研究》，2017年第3期。

79. 蒋晓妍："国外农民合作社联合社的制度设计及对我国的启示"，《北方经济》，2010年第3期。

80. 冀名峰、李琳："关于加快发展农业生产性服务业的四个问题"，《农村工作通讯》，2019年第8期。

81. 孔祥智等："建立新型农业社会化服务体系：必要性、模式选择和对策建议"，《教学与研究》，2012年第1期。

82. 孔祥智、徐珍源："农业社会化服务供求研究——基于供给主体与需求强度的农户数据分析"，《广西社会科学》，2010年第3期。

83. 李谷成、李崇光："十字路口的农户家庭经营：何去何从"，《经济学家》，2012年第1期。

84. 李敬锁："我国农民专业合作社联社发展的特点、困境及对策"，《青岛农业大学学报》，（社会科学版）2011年第2期。

85. 李克强："以改革创新为动力 加快推进农业现代化"，《理论参考》，2016年第6期。

86. 李琳、文洪星："三类服务主体开展农业生产托管的比较分析与经验启示"，《农村经营管理》，2019年第11期。

87. 李凌:"平台经济发展与政府管制模式变革",《经济学家》,2015年第7期。

88. 李明贤、罗荷花:"农户金融服务需求情况与供给效果分析——以湖南省祁阳县为例",《农村金融研究》,2010年第8期。

89. 李强:"农业担保在解决农村融资难和支持'三农'发展中的实践与思考",《西南金融》,2010年第10期。

90. 李庆胜、郑方敬:"从信息不对称到权责不对等:和兴牧农业担保案例研究",《金融发展研究》,2008年第11期。

91. 李铜山:"论现代农业服务业的发展取向",《中州学刊》,2003年第4期。

92. 李万镝:"财政支持农业担保机构的效应分析与对策研究",《地方财政研究》,2013年第1期。

93. 李显戈、姜长云:"农户对农业生产性服务的需求表达及供给评价——基于10省区1121个农户的调查",《经济研究参考》,2015年第69期。

94. 李亚中:"四川农业担保体系发展的困境与对策",《农村经济》,2014年第11期。

95. 李一平:"推进农业生产性服务业发展的对策",《湖南农业科学》,2013年第20期。

96. 李一平:"农业生产性服务业发展的难点与对策",《中国乡村发现网》,2013年4月26日。

97. 李颖明等:"农业生产性服务对农地经营规模的影响",《中国农学通报》,2015年第35期。

98. 刘惠好:"关于农民经济合作组织贷款担保情况的调查",《中南财经政法大学研究生学报》,2007年第3期。

99. 刘镭:"现代农业发展的台湾道路:服务型现代农业的实践与价值",《河南师范大学学报(哲学社会科学版)》,2015年第5期。

100. 刘丽伟:"荷兰:创意农业发展迅速,产业链完整发达",《经济日报》,2011年8月14日。

101. 刘奇:"构建新型农业经营体系必须以家庭经营为主体",《中国发展观察》,2013年第5期。

102. 刘强、杨万江:"农户行为视角下农业生产性服务对土地规模经营的影响",《中国农业大学学报》,2016年第9期。

103. 刘西川、程恩江:"中国农业产业链融资模式——案例研究与理论含义",《财贸经济》,2013年第8期。

104. 刘珏:"家庭经营是农业经济组织的普遍形式",《财经科学》,2002年第3期。

105. 刘玉梅、田志宏:"农户收入水平对农机装备需求的影响分析——以河北省和山东省为例",《中国农村经济》,2009年第12期。

106. 刘志彪:"论现代生产者服务业发展的基本规律",《中国经济问题》,2006年第1期。

107. 刘志彪等:《现代服务经济学》,中国人民大学出版社,2015年。

108. 刘志彪等:《产业经济学》,机械工业出版社,2015年。

109. 芦千文、高鸣:"农业生产性服务利益联结机制的演变与创新",《华南农业大学学报(社会科学版)》,2019年第6期。

110. 芦千文、姜长云:"我国农业生产性服务业的发展历程与经验启示",《南京农业大学学报(社会科学版)》,2016年第5期。

111. 卢现祥:《西方新制度经济学》,中国发展出版社,1996年。

112. 卢现祥、朱巧玲:《新制度经济学》,北京大学出版社,2012年。

113. 罗小锋等:"专业大户最迫切需求的农业社会化服务是什么",《农业技术经济》,2016年第5期。

114. 罗必良:"论服务规模经济——从纵向分工到横向分工及连片专业化",《中国农村经济》,2017年第11期。

115. 罗必良等:"土地细碎化、服务外包与农地撂荒",《经济纵横》,2019年第7期。

116. 吕政等:"中国生产性服务业发展的战略选择",《中国工业经济》,2006年第8期。

117. 马鹏、刘林青:"服务主导逻辑:制造企业服务转型的新思维",载于《中国服务经济理论前沿》,夏杰长、王朝阳、刘奕主编,社会科学文献出版社,2014年。

118. [美]阿瑟·刘易斯:《经济增长理论》,上海三联书店,1990年。

119. [美] 彼得·德鲁克：《创新与企业家精神》，蔡文燕译，机械工业出版社，2007年。

120. [美] 凯文·凯利：《新经济新规则：网络经济的十种策略》，刘仲涛、康欣叶、侯煜译，电子工业出版社，2014年。

121. [美] 曼瑟尔·奥尔森：《集体行动的逻辑》，陈郁等译，格致出版社、上海人民出版社，2011年。

122. 满明俊："农业产业链融资模式比较与金融服务创新——基于重庆调研的经验与启示"，《农村金融研究》，2011年第7期。

123. 纳西姆·尼古拉斯·塔勒布：《黑天鹅：如何应对不可预知的未来》，万丹、刘宁译，中信出版集团，2019年。

124. 倪洪兴、叶安平："美国农业国际竞争力与贸易政策分析"，《中国党政干部论坛》，2018年第1期。

125. 农业部课题组：《现代农业发展战略研究》，中国农业出版社，2008年。

126. 农业农村部农村合作经济指导司：《全国农业社会化服务典型案例》，中国农业出版社，2019年。

127. 庞晓鹏："农业社会化服务供求结构差异的比较与分析——基于农业社会化服务供求现状的调查与思考"，《农业技术经济》，2006年第4期。

128. 蒲娟、余国新："新形势下农业社会化服务效果评价——基于新疆不同种植规模农户的研究"，《调研世界》，2016年第3期。

129. 潘锦云等："现代服务业改造传统农业的理论与实证研究——基于产业耦合的视角"，《经济学家》，2011年第12期。

130. 彭柳林等："粮食生产效率：农业生产性服务对农业劳动力老龄化具有调节效应吗？——基于江西省粮食主产县500农户的调查"，《中国农业资源与区划》，2018年第4期。

131. 曲创、刘洪波："平台非中立性策略的圈定效应——基于搜索引擎市场的试验研究"，《经济学动态》，2017年第1期。

132. [日] 速水佑次郎、神门善久：《发展经济学——从贫困到富裕（第三版）》，社会科学文献出版社，2009年。

133. 上海市经济和信息化委员会、上海科学技术情报研究所编著：《2013

世界服务业重点行业发展动态》，上海图书馆、上海科学技术文献出版社，2013 年。

134. 生秀东："家庭农场与兼业农户：专业化和兼业化的冲突"，《区域经济评论》，2013 年第 6 期。

135. 石达："公平竞争审查视角下产业政策与竞争政策的协调机制研究"，《市场周刊》，2019 年第 8 期。

136. 世界银行：《2008 年世界发展报告：以农业促发展》，清华大学出版社，2008 年。

137. 宋洪远：《中国农村改革三十年》，中国农业出版社，2008 年。

138. 宋明友："试论农业技术联产合同与技术咨询服务的关系"，《农业经济问题》，1982 年第 10 期。

139. 孙雷主编：《上海家庭农场的探索与实践》，上海财经大学出版社，2013 年。

140. 孙立刚、张中为："农村社会经济变迁背景下的农户金融服务"，《农村金融研究》，2013 年第 4 期。

141. 田秀娟等："农村社区互助合作担保机构运行机制探析——以福建省霞浦县石湖农业发展担保公司为案例"，《农业经济问题》，2010 年第 6 期。

142. 孙中华："关于深化农村土地制度改革的几个问题"，《理论探讨》，2016 年第 3 期。

143. 陶然等："二轮承包后的中国农村土地行政性调整——典型事实、农民反应与政策含义"，《中国农村经济》，2009 年第 10 期。

144. 王芳、罗剑朝："农户金融需求影响因素及其差异性——基于 Probit 模型和陕西 286 户农户调查数据的分析"，《西北农林科技大学学报（社会科学版）》，2012 年第 6 期。

145. 汪建丰、刘俊威："中国农业生产性服务业发展差距研究——基于投入产出表的实证分析"，《经济学家》，2011 年第 11 期。

146. 王一鸣："如何发挥竞争政策的基础性作用"，《中国市场监管研究》，2018 年第 9 期。

147. 王钊等："农业社会化服务需求分析——基于重庆市 191 户农户的样本调查"，《农业技术经济》，2015 年第 9 期。

148. 王志国:"台湾现代农业农村发展的若干特点及其借鉴意义",《中国发展观察》,2015 年第 9 期。

149. 魏后凯:《现代区域经济学》,经济管理出版社,2006 年。

150. 魏后凯、刘长全:"中国农村改革的基本脉络、经验与展望",《中国农村经济》,2019 年第 2 期。

151. 魏后凯:"'十四五'时期中国农村发展若干重大问题",《中国农村经济》,2020 年第 1 期。

152. 温家宝:"中国农业和农村的发展道路",《求是》,2012 年第 1 期。

153. 温铁军:"农村合作基金会兴衰",《财经》,2001 年第 44 期。

154. 吴宏伟等:"传统农业区农业生产性服务业现状、问题和发展思路",《农村经济》,2011 年第 9 期。

155. 伍艳、余兼胜:"中国农村金融的区域差异性研究",《农村经济》,2009 年第 1 期。

156. 夏蓓、蒋乃华:"种粮大户需要农业社会化服务吗——基于江苏省扬州地区 264 个样本农户的调查",《农业技术经济》,2016 年第 8 期。

157. 夏杰长等:《迎接服务经济时代来临》,经济管理出版社,2010 年。

158. 肖卫东、杜志雄:"农业生产性服务业发展的主要模式及其经济效应——对河南省发展现代农业的调查",《学习与探索》,2012 年第 9 期。

159. 宣烨、胡曦:"生产性服务业与制造业关系的演变:从'需求依附'走向'发展引领'",《南京财经大学学报》,2018 年第 6 期。

160. 杨春悦:"各地农民专业合作社联合社法规规定综述",《中国农民合作社》,2010 年第 12 期。

161. 杨汇泉、朱启臻:"新中国成立 60 年来农业社会化服务体系组织建构回顾及研究述评",《华南农业大学学报(社会科学版)》,2010 年第 1 期。

162. 杨敏丽、白人朴:"农业机械总动力与影响因素关系分析",《农机化研究》,2004 年第 6 期。

163. 杨群义:"关于农民专业合作社联合社几个问题的探讨",《唯实》(现代管理),2012 年第 6 期。

164. 杨小凯、张永生:《新兴古典经济学和超边际分析》,中国人民大学出版社,2000 年。

165. 杨印生等:"我国东北地区农业机械化发展的影响因素辨识及系统分析",《农业技术经济》,2006年第5期。

166. 苑鹏:"农民专业合作社联合社发展的探析——以北京市密云县奶牛合作联社为例",《中国农村经济》,2008年第8期。

167. 苑鹏:"山西晋中犇牛奶农专业合作社联合社调查思考",《中国奶牛》,2011年第7期。

168. 苑鹏、丁忠兵:"小农户与现代农业发展的衔接模式:重庆梁平例证",《改革》,2018年第6期。

169. 苑鹏、曹斌、崔红志:"空壳农民专业合作社的形成原因、负面效应与应对策略",《改革》,2019年第4期。

170. 藏跃茹、刘志成:"以确立竞争政策基础性地位为重点加快完善社会主义市场经济体制",《宏观经济管理》,2018年第4期。

171. 曾蔼祥:"建立农业社会服务体系问题",《经济研究》,1984年第7期。

172. 曾学文、张帅:"我国农户借贷需求影响因素及差异性的实证分析",《统计研究》,2009年第11期。

173. 张国勋、王大坤:"《外商投资法》开启在华外商投资国家安全审查新时代",中伦咨询,2019年3月22日,www.zhonglun.com/Content/2019/03-22/1521067832.html。

174. 张红宇等:"农业大县如何发展农业生产性服务业——四川省的调研与思考",《农业经济问题》,2015年第12期。

175. 张红宇:"农业生产性服务业的历史机遇",《农业经济问题》,2019年第6期。

176. 张红宇、胡凌啸:"工商资本如何为农民服务——金丰公社调研",《农村经营管理》,2019年第9期。

177. 张进选:"家庭经营制:农业生产制度长期的必然选择",《农业经济问题》,2003年第5期。

178. 张天佐等:"法国、芬兰、丹麦农业合作社的考察启示",《中国农民合作社》,2019年第9期。

179. 张晓敏、姜长云:"不同类型农户对农业生产性服务的供给评价和需求意愿",《经济与管理研究》,2015 年第 8 期。

180. 张振刚等:"农业生产性服务业模式研究——以广东农业专业镇为例",《农业经济问题》,2011 年第 9 期。

181. 张忠军、易中懿:"农业生产性服务外包对水稻生产率的影响研究——基于 358 个农户的实证分析",《农业经济问题》,2015 年第 10 期。

182. 赵昌文等:《新时代中国产业政策研究》,中国发展出版社,2016 年。

183. 郑景骥:"不可否定农业的家庭经营",《财经科学》,2001 年第 1 期。

184. 中华人民共和国农业部:《中国农业发展报告(2008)》,中国农业出版社,2008 年。

185. 中共保定地委办公室:"农业经济体制进一步改革的一个重要步骤——论农业生产专业服务公司的建立和发展",《农业经济问题》,1983 年第 10 期。

186. 朱乾宇、马九杰:"农业担保公司的担保能力建设",《中国金融》,2012 年第 14 期。

187. 庄丽娟等:"农业生产性服务需求意愿及影响因素分析——以广东省 450 户荔枝生产者的调查为例",《中国农村经济》,2011 年第 3 期。

188. 庄丽娟、贺梅英:"我国荔枝主产区农户技术服务需求意愿及影响因素分析",《农业经济问题》,2010 年第 11 期。

189. Abebe K., Dahl D. C., Olson K. D.. The Demand for Farm Machinery [Z]. Vniversity of Minnesota, 1989.

190. Alesina, A., Rodrik, D. Distributive Politics and Economic Growth [J]. Quarterly Journal of Economics, 1994, 109 (2): 465 – 490.

191. Alston, J. M., A. Andersen, J. S. James, P. G. Pardey. Persistence Pays: U. S. Agricultural Productivity and the Benefits from Public R&D Spending [R]. New York: Springer, 2011.

192. Browning, H. & J. Singelman. The Emergence of a Service Society: Demographic and Sociological Aspects of the Sectoral Transformation in the Labor Force of the U. S. A. National Technical Information Service, Springfield, Virginia. 1975.

193. Caillaud B. and B. Jullien. Chicken & egg: competition among intermedia-

tion service providers [J]. RAND Journal of Economics, 2003, 34 (2): 309 -328.

194. Chancellor, W. J., Tractor Contractor System in Southeast Asia and the Suitability of Imported Agricultural Machinery, Agricultural Mechanization in Southeast Asia, (Kishida, Y. Ed.). Farm Machinery Industrial Research Corp, 1971: 58 -60.

195. Coffey, W. & Bailly, A. Producer Services and Flexible Production: an exploratory analysis [J]., Growth and Change, 1991 (22): 95 -117.

196. Eswarn, Kotwal. The Role of the Service Sector in the Process of Industrialization [J]. Journal of Development Economics, 2002, 68 (2): 401 -420.

197. Evans D. Some empirical aspects of multi - sided platform industries [J]. Review of Network Economics, 2003, 2 (3): 191 -209.

198. Ghosh, Bidyut Kumar, Determinants of Farm Mechanisation in Modern Agriculture: A Case Study of Burdwan Districts of West Bengal, International Journal of Agricultural Research, 2010, 5 (12): 1107 -1115.

199. Gillespie, A. E. and A. E. Green. The changing geography of producer services employment in Britain [J]. Regional Studies, 1987, 21 (5): 397 -411.

200. Goe, W. R. The Growth of Producer Services Industries: Sorting Through the Externalization Debate [J]. Growth and Change, 1991, 22 (4): 118 -141.

201. Gracia C., Judez L. Y., Torres D. Unmodelo parael estblecimiento de un Plan de utilization y de adquisicion demagquinaria adrfcola (A model for the establishment of a utilization and acquisition plan of agricultural machin - ery) [J]. Anales del Instututo Nacional de InvestigacionesAgrarias, 1982 (6): 97 -111.

202. H. Greenfield. Manpower and the Growth of Producer Services [R]. United states: Columbia University Press, 1966: 123 -126.

203. Jenny Clegg. Rural Cooperatives in China: Policy and Practice [J]. Journal of Small Business and Enterprise Development, 2006, 13 (2): 219 -234.

204. Kenneth A. Reiner. Rural Nonfarm Development: A Trade Theoretic View [J]. Journal of International Trade and Economic Development, 1998, 7 (4): 425 -437.

205. Klodt, H. Structural Change Towards Services: The German Experience

[R]. University of Birmingham IGS Discussion Paper, 2000.

206. Kulshreshtha, N. S. Ownership of Farm Trucks for Haul – ing Grain: an Application of Multivariate Logit Analysis [J]. American Journal of Agricultural Economics, 1975: 302 – 308.

207. Larry E. Greiner. Evolution and Revolution as Organizations Grow [J]. Harvard Business Review, 1998, 76 (3): 37 – 46.

208. Marshall J. N., Damesick P., Wood P. Understanding the Location and Role of Producer Services in the U. K [J]. Environment and Planning A, 1987, 19 (5): 575 – 595.

209. Markusen J. Trade in Producer Services and in Other Specialized Intermediate Inputs [J]. American Economic Review, 1989, 79 (1): 85 – 95.

210. Martin E. Adams, Vincent Ashworth, Philip Lawrence Raikes. Agricultural Supporting Services for Land Reform [J]. The Land and Agriculture Policy Centure, 2011 (5): 49 – 59.

211. Nikhade, D. M., Bhople, R. S. Constraints in adoption of farm innovations [J]. Rural India., 1989, 52 (10): 249 – 252.

212. North D. C. Institutional Change and Economic Growth [J]. Journal of Economic History, 1971, 31 (1): 118 – 125.

213. Rochet J. C. and J. Tirole. Symposium on Two – sided Markets – Introduction [J]. Rand Journal of Economics, 2006, 37 (3): 643 – 644.

214. Takigawa, T., B. Bahalayodhin, M. Koike, P. Usaborisut, T. Sakuma, Yinsheng Yang, Development of the Contract Hire System for Rice Production in Thailand (Part 1) – Managerial Aspects of Contract Hire System in Nong Pla Mor Village, Ratchaburi Province. Journal of the Japanese Society of Agricultural Machinery, 2002, 64 (5): 51 – 59.

215. Tschetter, J. Producer services industries: Why are they growing so rapidly? [J] Monthly Labor Review, 1987, 110 (12): 31 – 40.

216. Wander, Alcido Elenor, Regina Birner, Heidi Wittmer, Can Transaction Cost Economics Explain the Different Contractual Arrangements for the Provision of Agricultural Machinery Services? A Case Study of Brazilian State of RIO Grande DO

SUL Teoria e Evdiencia Economica. Passo Fundo, 2003 (11): 10 – 25.

217. Whitson R. E., Kay R. D., Lepori W. A., Rister E. M., Ma – chinery and crop selection in weather risk [J]. Transac – tions of the ASAE, 1981, 24 (2): 288 – 295.

218. Yasunobu, K. and Morooka, Y., A Contract System for Rice Farming Work in the Muda Plain, Peninsular Malaysia. Farming Japan, 1995, 29 (2): 25 – 30.

219. Young, A. Increasing Returns and Economic Progress [J]. the Economic Journal, 1928 (38): 527 – 542.